事例演習労働法

第4版

水町勇一郎
緒方　桂子 編著

有斐閣

Copyright © 2023.
Keiko OGATA／Fumiko OBATA／Hiroyuki KAJIKAWA／
Yumiko KUWAMURA／Yojiro SHIBATA／Masato HARA／
Yuichiro MIZUMACHI／Michiyo MOROZUMI

緒方桂子／小畑史子／梶川洋之／桑村裕美子／柴田洋二郎／原昌登／水町勇一郎／両角道代

Printed in JAPAN.
株式会社　有斐閣

第4版　はしがき

　私たちが本書第3版を公刊した2017年以降，労働法分野では大きな法律の動きがあった。それに対応するため2019年に第3版補訂版を公刊したが，その後も，重要な法改正および裁判例が続いた。またこの間，2020年初頭から新型コロナウイルス感染症のパンデミック（世界的大流行）が発生しその対応のため世界中で大きな社会的混乱が生じた。そのようななかで，労働法の分野でも，新たな論点を提起するような，あるいは長らく潜んでいた課題が顕在化したような問題がいくつも発生した。こういった現象は世界中にみられるが，日本ももちろん例外ではない。

　本書のコンセプトは初版以来変わっていない。Case として設定した事例を読み，そのなかから法的問題を析出し，法を適用して適切かつ妥当な解決を導く技術を習得するというものである。しかし，いかに技術を習得することに重点を置くとはいえ，そこで設定される Case があまりに社会の現実から遊離したものであってはならないのは当然である。第4版では全体の構成や Case の内容等をあらためて見直し，より社会の現実に寄り添ったものとなるよう心がけた。

　構成についていえば，従来，「解雇」と「解雇以外の終了事由」という Unit を置いていたが，これをあらため，「雇用関係の終了」にまとめた。そして，「非正規労働」という Unit を新設し，「解雇以外の終了事由」および「雇用差別」の Unit に組み入れていた非正規労働に関わる諸問題（雇止めや均等・均衡処遇をめぐる問題）をまとめた。

　Case については，求人票掲載情報と労働条件の成否との関係，障害者雇用促進法の合理的配慮の意義，有期契約労働者の無期転換をめぐる問題，偽装請負と派遣先の労働契約申込みみなしの成立，シフト制労働と休業手当支払義務，会社内やその周辺での組合活動の正当性

といった問題を新たに加えた。また，複数の Case について，従来の設定をアレンジしつつも，この間に行われた法改正を強く意識させるような内容になるよう手を入れた。そのほか，Case の事件発生日などを中心に全体的な修正を行っている。

　本書第4版を手に取られたみなさんが，本書を利用した学習を通じて，単に法的な諸技術の習得にとどまらず，社会とそのなかで生きる労働者，労働組合，そして使用者・企業の現実へと迫っていく姿勢を習得してくだされば望外の喜びである。

　第4版を改訂するにあたっては有斐閣の渡邉和哲さんに行き届いたサポートと的確なご助言をいただいた。

　心より感謝申し上げたい。

　　2023 年 8 月

著者を代表して

緒 方 桂 子

第3版　はしがき

　人と人との間で対立が生じたときに，そのなかから法的問題を析出し，法を適用し，適切かつ妥当な解決を導くこと，そしてその解決への道筋をわかりやすい文章で表現すること——これは一定の訓練を必要とする技術である。そう考えた私たちは，労働法の領域で，これらの技術を実践的に学ぶためのテキストを作りたいと考え，約2年間にわたる準備期間を経て，2009年に本書の初版を公刊した。

　本書の特徴のひとつである *Example* が，あたかも唯一の「解答」のように受けとめられてしまう可能性は否定できず，初版公刊当初から，そのことに対するさまざまなご意見やご批判をいただくこともあった。しかし，本書の賢明な読者の方は，*Example* で用いられている判断枠組みや思考の方法が，たとえば最高裁判例を単純になぞっただけのようなものでないことにはお気づきであろう。また，本書の *Example* を丸暗記すれば，さまざまな国家資格試験等に対応できるようになるわけではないことは言わずもがなである。*Example* では，労働法そのものへの理解に加えて，労働紛争のなかに潜む法的諸問題の発見の仕方，争点設定のあり方，法解釈及び法適用の方法，説得的かつ論理的な文章を書くためのテクニックといった点を学んでいただければ幸いに思う。そうすれば，本書を執筆した私たちの企図は果たされたといえるだろう。

　本書第2版を公刊したのは2011年であったから，今回は6年ぶり2度目の改訂となる。この間に，労働法分野でも，いくつか重要な裁判例が出され，また大きな法改正も行われた。今回の改訂ではそういった点を反映させることを意識しながら，約20事例ほど差し替えや新設を行った。そのため，第2版と比して事例数もさらに増えることになったが，全体の頁数を大幅に増やすことのないよう，改訂にあたり，第2版にあったコラム欄 *Coffee Break* を削除した。もっとも，*Coffee Break* では，法文書作成や労働法学習にあたり意識しておくべき重要な事柄を扱っているので，機会があればご覧いただきたいと思う。

　第3版への改訂にあたっては，旧版に引き続き，有斐閣の一村大輔さんや渡邉和哲さん，三宅亜紗美さんに行き届いたサポートと的確なご助言をいただいた。また，法科大学院で労働法を選択している学生有志のみなさ

んにも貴重なご教示やご指摘をいただいた。

みなさんに，心より感謝申し上げたい。

2017 年 2 月

著者を代表して
緒 方 桂 子

第 3 版補訂版　はしがき

本書第 3 版を公刊して以降，労働法においては，労働基準法やパートタイム労働法，労働者派遣法などの改正を内容とする「働き方改革関連法」（平成 30 年法律第 71 号）の成立など，かなり大きな法の動きがあった。関連法の大部分は，別に定められている場合を除き，2019 年 4 月 1 日から施行あるいは 2020 年 4 月 1 日から施行される予定となっている。また，民法の債権法関係の改正（平成 29 年法律第 44 号）部分も，一部の規定を除き，予定どおり，2020 年 4 月 1 日から施行される見通しである。

こういった事情を踏まえ，私たちは，このたび，新法に対応した補訂版を公刊することにした。Case については事件発生日などを中心に修正し，*Keypoints* 及び *Example* については新法に則した内容に加筆・修正を行った。みなさんが，本書を手に取ったとき，Case の事件発生日が，ほんの少し未来の日付になっているかもしれないが，それはこういった理由による。他方で，請求権に関する時効の特例（労基法 115 条）など，民法改正に伴う改正が予定されているものの，いまだ詳細が審議中の事項については現行法に則して記述している。

近年，法の動きはめまぐるしく，労働法も例外ではない。本書が，実践的な法のあり方を最先端で学ぼうとするみなさん方の熱意と期待に応えるものとなれば幸いである。

第 3 版補訂版の刊行にあたっては，旧版に引き続き，有斐閣の三宅亜紗美さんに行き届いたサポートとご助言をいただいた。

心より感謝申し上げたい。

2019 年 10 月

著者を代表して
緒 方 桂 子

第2版　はしがき

　初版を刊行してから約2年が経った。幸いなことに，初版は法学部や法科大学院の学生だけでなく実務の方々など数多くの人に読んでいただき，たくさんのご意見やご助言を得た。また，この2年の間に，裁判例や学説の展開など労働法をめぐる新たな動きも少なからずみられた。これらの読者の方々からのご指摘や労働法の新たな動向を取り込んで，第2版を刊行することにした。

　版を改めるにあたり，①社会的に重要性が高まっているテーマ（「労働者」性，労働者の人権，団体交渉，団体行動，不当労働行為，労働市場法など）のCaseを新たに増設し，②読者からの要望が大きかった，Caseをみる際にテーマが予測できない総合的考察（複合問題）の数も大幅に増やした。また，③旧版で内容や説明が不十分と思われたものなどについては，Case全体を書き直した。その結果，Caseの数は旧版の33から46に増え，全体の半数は新設（または全面改訂）されたものとなっている。さらに，④旧版から大きくは変更されていないCaseについても，読者の皆さんからいただいた数多くのご指摘を踏まえ，より明確で適切な内容にすべく適宜修正を加えた。このような観点から本書を全面的に見直し，バージョンアップした。

　第2版を執筆するにあたっては，初版時の6名に加えて，小畑史子さん（京都大学），両角道代さん（明治学院大学）にも新たにご参加いただいた。これら8名による会合や推敲を繰り返し，本書全体を書き上げていった。

　第2版を出版するにあたっては，旧版に引き続き，有斐閣の一村大輔さんに行き届いたサポートと的確なアドバイスをいただいた。また，新司法試験に合格し労働法を専門とする弁護士として活躍されている方や，法科大学院で労働法を選択している学生有志の皆さんに本書の草稿を読んでいただき，貴重なご教示・ご指摘をいただいた。木版画家の河村亜紀さんには，本書の表紙に新作「朝と夜」を使うことで快諾いただいた。

　本書を支えてくださっている皆さんに，心からお礼申し上げたい。

　2011年1月

著者一同

初版　はしがき

　本書は，事例を素材にした労働法の演習書である。主に法科大学院や法学部で労働法を受講した学生が演習や自習のために用いることを想定している。

　この本を執筆した6人は法科大学院や法学部で労働法の授業を行っている。そこでは労働法の基礎理論の講義や基本判例を題材にした議論は行っているが，授業のなかで労働法の事例を素材にした法律文書の作成の訓練まで行うことは難しい。しかし学生の立場からすると，いくら理屈を頭に入れ法的に考えてみても，実際に文章を書く訓練をしていないと，自分の法的思考を文章で表現することは簡単なことではない。また，実際に文章を書いていくなかで自分の法的思考の詰めの甘さや論理的な矛盾点に気がつくこともある。本書のねらいは，このような学生の悩みに応えつつ，労働法の総合的な理解力や思考力を育てていくことにある。また，実際に労働紛争の解決に取り組まれている労働審判員，社会保険労務士，産業カウンセラー等の方々から，実際の紛争を労働法の教科書に書かれている法理にあてはめていく作業はそう簡単なものではないとの声も聞く。これら実務の方々にとっても，本書が労働法の理解を深める手引書となればうれしい。

　本書は，著者6人が約2年にわたって会合を重ね共同で作り上げたものである。各Unitを執筆するにあたっては一応の分担を決めて原案を作成したが，その後全員で議論やチェックを重ね，それぞれのUnitと全体の完成度を高めていった。各Unitの執筆者名を示していないのは，それが全員の共著といえるものだからである。

　有斐閣の一村大輔氏には，全国に分散した6人の著者のテレビ会議をセットしていただくなど，本書の企画から刊行に至るまで行き届いたサポートと的確なアドバイスをいただいた。また，本書を完成させるにあたり，京都大学・同志社大学の法科大学院の有志の皆さんに本書の草稿を読んでいただき，貴重なご意見や適切なご指摘をいただいた。心からお礼を申し上げたい。

　　2009年1月

著 者 一 同

本書の利用方法

本書はテーマごとに設定された 22 の Unit と最後に複数のテーマが交錯する総合的な Unit の合計 23 の Unit から構成されている。Unit の範囲や重要度に応じて 1 つの Unit に複数の Case が置かれているところもあるため，Case の数は全部で 54 となっている。

各 Unit で使われている用語の意味・位置づけはそれぞれ次のとおりである。
・Case と *Question*(s) ……素材となる事例と問題。「事案の概要」や「言い分方式」など様々な形式を織り交ぜている。難易度は簡単なものから難しいものまで Unit ごとに様々であるが，難しい事例・問題についても *Keypoints* などを参考にしながら訓練を積み重ねていってほしい。
・*Keypoints* ……各 Case を法的に分析するうえでポイントとなる点の解説。法的な論点，論点のなかで判断の分かれる点，事実をあてはめる際のポイントなどを示している。参考となる判例・裁判例も適宜指摘している。
・*Example* …… Case と *Question*(s) に答える文書の一例。あくまで一つの例にすぎず，唯一の答えというわけではない。内容的には判例・通説に沿ったものもあるし，判例・通説を批判する見解に立つものもある。この例を参考にしながら，自分で書いた文書の内容や論理を確認し発展させていってほしい。
・*Checkpoints* ……その Unit のテーマ全体を復習する際に押さえておくべき点を挙げたもの。Case と *Question*(s) に関連する問題ではなく，逆に Case そのものには関連していないが Unit のテーマ全体を理解するために必要と思われる点を主としてまとめたものである。労働法全体の復習を行っていくうえで利用してほしい。
・*Materials* …… Unit のテーマと対応する労働法のテキストのページ数を指摘したもの。Case と *Question*(s) に対応するページ数ではない。各 Case や *Question*(s) に答えていくうえでは，その Unit のテーマを超えた問題に触れる必要がある場合もあるが，そのような点については *Keypoints* のなかで適宜参照すべき他の Unit や Case を指摘しているので，それを参考にしてほし

い。テキストとしては次のものを取り上げた。

　荒木尚志『労働法〔第 5 版〕』（有斐閣，2022 年）

　菅野和夫『労働法〔第 12 版〕』（弘文堂，2019 年）

　土田道夫『労働法概説〔第 4 版〕』（弘文堂，2019 年）

　西谷敏『労働法〔第 3 版〕』（日本評論社，2020 年）

　水町勇一郎『労働法〔第 9 版〕』（有斐閣，2022 年）

　これらに引用されている文献や判例等も適宜参照しながら，さらに思考を深めていってほしい。

目　　次

執筆者紹介 (50音順，＊は編者)

□緒方　桂子（おがた・けいこ）＊
　南山大学法学部教授

□小畑　史子（おばた・ふみこ）
　京都大学大学院人間・環境学研究科教授

□梶川　敦子（かじかわ・あつこ）
　元神戸学院大学法学部准教授

□桑村　裕美子（くわむら・ゆみこ）
　東北大学大学院法学研究科教授

□柴田　洋二郎（しばた・ようじろう）
　中京大学法学部教授

□原　昌登（はら・まさと）
　成蹊大学法学部教授

□水町　勇一郎（みずまち・ゆういちろう）＊
　東京大学社会科学研究所教授

□両角　道代（もろずみ・みちよ）
　慶應義塾大学大学院法務研究科教授

略 語 一 覧

1．書　籍

荒木　　荒木尚志『労働法〔第 5 版〕』（有斐閣，2022 年）

菅野　　菅野和夫『労働法〔第 12 版〕』（弘文堂，2019 年）

土田　　土田道夫『労働法概説〔第 4 版〕』（弘文堂，2019 年）

西谷　　西谷敏『労働法〔第 3 版〕』（日本評論社，2020 年）

水町　　水町勇一郎『労働法〔第 9 版〕』（有斐閣，2022 年）

2．主 な 法 令

育介休法	育児休業，介護休業等育児又は家族介護を行う労働者の福祉に関する法律（育児介護休業法）
高年齢者雇用安定法	高年齢者等の雇用の安定等に関する法律
均等法	雇用の分野における男女の均等な機会及び待遇の確保等に関する法律（男女雇用機会均等法）
パートタイム労働法	短時間労働者の雇用管理の改善等に関する法律
パートタイム・有期雇用労働法	短時間労働者及び有期雇用労働者の雇用管理の改善等に関する法律
働き方改革関連法	働き方改革を推進するための関係法律の整備に関する法律
労基法	労働基準法
労基則	労働基準法施行規則
労契法	労働契約法
労災保険法	労働者災害補償保険法
労働施策総合推進法	労働施策の総合的な推進並びに労働者の雇用の安定及び職業生活の充実等に関する法律
労組法	労働組合法
労働者派遣法	労働者派遣事業の適正な運営の確保及び派遣労働者の保護等に関する法律

3．判 例 集

民集	最高裁判所民事判例集
判時	判例時報
労判	労働判例
労経速	労働経済判例速報

第 I 部　労働法総論

Unit 1 ┃ 労働法上の「労働者」

【Case 1 - 1】

　フルート奏者のXは，A財団が主催するオーディションに合格し，同財団が運営するBオーケストラの楽団員となった。Xら楽団員は，A財団と1年間の出演契約を締結し，同契約に基づいてA財団が決めたスケジュールに従って公演（年30回程度）に出演して指揮者の下で演奏を行うこととされている。また，公演のための稽古やリハーサルにもすべて参加することを義務づけられている。公演の予定は契約締結時にA財団から示されるが，年度の途中で変更されることもある。

　Xら楽団員は，A財団が指定した公演への出演を辞退することは，急病や事故などやむをえない事情による場合を除き，許されていない。出演を辞退した者に対しては，A財団が特別な事情を認めない限り，次年度以降の出演契約が更新されない。

　A財団がXに支払う報酬としては，月15万円の固定給のほかに，公演に1回出演するごとに3万円の手当がある。それに加えて，1日の稽古時間が1回5時間を超えたときは超過手当が支払われ，稽古に欠席・遅刻・早退したときは固定給部分から一定額が差し引かれる。所得税の源泉徴収や社会保険料の控除はされていない。公演が地方で行われるときの旅費や宿泊費はA財団が負担する。

　Xら楽団員は，上記の公演や稽古などに支障がない限り，自由にソロ活動などをすることを許されている。XもA財団から支払われる報酬だけでは生活できないので，アルバイトとして自宅近くの音楽教室で週2回フルートを教えている。

　Xは，ある日，稽古中に倒れてきたハープの下敷きになってケガをし，治療のため休業した。そこで労災保険法所定の療養補償給付と休業補償給付を請求したところ，所轄の労働基準監督署長であるYは，Xが労災保険法の適用対象ではないとして不支給処分をした。

Ｑ１　あなたがＸの代理人としてＹ（国）を相手方として訴えを提起する場合，どのような請求をすることができるか，述べなさい。

Ｑ２　Ｑ１で述べた請求をする場合に問題となる具体的論点を挙げ，それらについて検討しなさい。

本 Case において，ＹはＸが労災保険法の適用対象ではないという理由で労災保険給付の不支給処分を行っています。そこで，Ｘが労災保険法の適用対象である「労働者」に該当するか否かが問題となります。労災保険法には「労働者」の定義はなく，その範囲は労基法上の「労働者」と一致すると考えられているため，結局はＸが労基法９条の定める「労働者」にあたるか否かが争点となります。労基法上の「労働者」概念は，「使用される」ことと「賃金を支払われる」こと（使用従属性）を要件としており，この概念は他の多くの個別労働法規や労働契約法理が適用される「労働者」の範囲と基本的に一致すると考えられています（労契法２条１項参照）。

Ｘが労基法上の「労働者」にあたるかについて，本 Case では，これを肯定する方向にはたらく事実と否定する方向にはたらく事実が混在しており，その判断は微妙なものになります。この具体的なあてはめが本件の鍵です。この *Example* では，公租公課の負担を重視しないとの立場に立っていますが，もし判例のようにこれを考慮要素とする立場に立つと結論は逆になるかもしれません。参考になる判例（裁判例）として，横浜南労基署長（旭紙業）事件・最１小判平成８年11月28日労判714号14頁，新宿労基署長（映画撮影技師）事件・東京高判平成14年７月11日労判832号13頁，新国立劇場運営財団事件・東京高判平成19年５月16日労判944号52頁などがあります。

１　ＹがＸに対して行った不支給処分が違法であるとして，この処分の取消しを求めることが考えられる。

２　本件では，Ｘが労災保険法の適用対象であるか否かが争われている。労災保険法の適用範囲は労基法と一致するものと解されるから，ここでは，Ｘが労

基法上の「労働者」にあたるか否かが問題となる。なお，本件では出演契約という名称が用いられているが，労基法上の労働者にあたるか否かを判断するに際しては，契約の名称・形式にとらわれず，その実態に即した判断をしなければならない。使用者が契約形式を操作することによって強行性をもつ労働法規の適用を免れようとすることを回避するためである。

　労基法が適用される「労働者」とは，「職業の種類を問わず，事業又は事業所……に使用される者で，賃金を支払われる者」である（9条）。すなわち，労基法上の「労働者」とは，①「使用」されていること，②「賃金」を支払われていることの2つの要件を満たす者である。ここでいう「使用」されるとは，他人の指揮命令ないし具体的指示の下に労務を提供することを指し，「賃金」とは名称の如何を問わず，労働の対償として使用者が労働者に支払うすべてのもの（11条）をいう。

　判例は，労働者性の判断にあたって「使用従属性」という基準を用いている。使用従属性の有無や程度は，契約の形式にかかわらず，客観的な就労状態に着目し，様々な要素を総合的に考慮して判断される。使用従属性の判断要素としては，①仕事の依頼，業務の指示等に対する諾否の自由の有無，②業務の内容および遂行方法に対する指揮命令の有無，③勤務場所・時間についての指定・管理の有無，④労務提供の代替可能性の有無，⑤報酬の労務対償性，⑥事業者性の有無（機械や器具の負担関係，報酬の額など），⑦専属性の程度，⑧公租公課の負担（源泉徴収の有無や社会保険料の負担方法など）が挙げられる。これらのうち，①〜④は「使用」されていること，⑤は「賃金」を支払われていることの有無および程度を判断する基準であり，⑥〜⑧は限界的事例において判断を補強する要素として位置づけられる。

　本件についてみると，XはBオーケストラのフルート奏者として，他の楽団員とともに，A財団の決めたスケジュールや曲目に従って公演や稽古に参加し，指揮者の下で演奏活動を行っている。すなわちXは，他人の指揮命令の下に業務を遂行し（②），場所的・時間的な拘束も受けているが（③），これらはオーケストラの楽団員という仕事の性質から当然に必要とされるものであるから，それだけで「労働者」としての使用従属性を認めることはできない。もっとも，同じ音楽演奏家でもソリストと比べると，労務提供における本人の裁量の余地

は明らかに狭いといえる。また，日程が変更された場合も含めて公演への出演を拒否する自由がなく（①），A財団が決めたスケジュールに強く拘束されていること（③）は使用従属性を肯定する要素といえる。さらに，報酬の労務対償性を基本的に肯定できること（固定給部分はXを拘束することに対して支払われているといえる。⑤），宿泊費等の負担関係等（⑥）を総合的に考慮すると，専属性が低いこと（⑦）や楽器を所有していること（⑥）等の消極的要素はあるが，全体としてはXの労働者性を肯定すべきであると解される。なお，源泉徴収や社会保険料の控除の有無は，使用者が容易に操作できる事項であるので，労働者性の判断にあたってあまり重視すべきでないと考える。

　以上を前提とすると，Xは労基法上の「労働者」に該当し，労災保険法の適用を受ける者と解されるため，稽古中の事故によるケガの治療について療養補償給付（労災保険法13条）と休業中の賃金について休業補償給付（同法14条）の支給を受けることができ，Yのなした不支給処分は取り消されるべきものと解される。

Checkpoints

1　労働法上の「労働者」概念としてどのようなものがあるか。それらはそれぞれどのような意味をもっているか。

2　1で挙げた「労働者」性はそれぞれ法律上どのように定義され，どのような点を基準として判断されているか。

3　「労働者」性は当事者の意思や契約の文言・形式を重視して判断されるか，客観的な事実や実質的な事情を重視して判断されるか。それはなぜか。

4　労基法上の「労働者」性が肯定された例および否定された例としてどのようなものがあるか。それらではそれぞれどのような点を考慮してそのような判断がなされたか。

5　労基法上の「労働者」性と労働契約（法）上の「労働者」性は異なるものか。

【Case 1 − 2】

　電気製品の製造・販売を行っている Y 社では，製品のアフターメンテナンス部門の業務委託化を推進する方針を固め，それまで同社の一部門であったメンテナンス部の人員整理を行って同部を廃止し，同業務の委託先となる者を募集した。この募集に対して全国から 800 名を超える応募があり，選考の結果，応募者 400 名と Y 社との間で業務委託契約が締結された。この 400 名はカスタマーエンジニアと呼ばれ，製品の購入者から Y 社に修理補修の要望が来た場合に，Y 社からの連絡を受けて顧客を訪問し，製品の修理補修を行う業務を担うものとされた。Y 社は，カスタマーエンジニアとなった者に対し，契約締結後約 2 か月にわたって入念な技術指導や接客指導を行うとともに，Y 社のブランドイメージを維持するために，業務内容や接客態度についての詳細なマニュアルを作成し，カスタマーエンジニアの業務内容や顧客からの評価に応じたランキング制度やマイスター認定制度を設けていた。

　A は工業高校を卒業後，電気工事を行う B 社に採用され同社に 12 年間勤務していたが，Y 社の「あなたも起業してみませんか！」との募集広告を目にして独立心がかき立てられ，Y 社との面接を経て，Y 社と上記の業務委託契約を締結した（同時に B 社を退社した）。この業務委託契約の締結に際し，Y 社と A で契約内容を個別に交渉することはなく，A としては Y 社が提示した契約書をそのまま受け入れて同意・署名するか否かの選択しか与えられなかった。A はカスタマーエンジニアとして業務を遂行するために必要な器具や作業服を自ら購入し，Y 社による指導やマニュアルに従って Y 社製品の修理補修業務を行った。顧客を訪問する際には，Y 社から提供された「Y カスタマーエンジニア」との肩書きが入ったネームプレートを着用するよう Y 社に指示されていた。業務は Y 社から訪問先と時間帯の提示（訪問前日にメールで送信される）を受けて行われ，月曜から金曜の 9 時から 20 時までの時間帯に平均して 1 日 5 件の顧客を訪問していた（1 件あたりの平均作業時間は約 1 時間半）。Y 社と A との業務委託契約によれば，Y 社からの訪問先と時間帯の提示に対し，A は特段の事由がなければ

これを断ることはできないものとされており，実際にAはY社の提示を断ったことがなかった。Y社とAとの業務委託契約には，AがY社以外の業務を行うことについて特段の制限は課されていなかったが，実際上他社の業務を行う時間的余裕はなく，AはY社から依頼される製品の修理補修業務のみを行っていた。報酬は，修理補修業務の難易度と件数に応じて計算・支給されており，所得税の源泉徴収や社会保険料等の控除はなされていなかった。Aはその報酬を事業所得として確定申告しており，その他自らが負担する諸経費を差し引くと，実収入は月額20万円（年額240万円）程度であった。Aには他社で契約社員として働く妻と幼稚園に通う子どもがおり，Y社からの報酬と妻の収入によって生活していた。

　Aは，Y社のカスタマーエンジニアとしての業務の大変さと報酬の低さに不満をもち，地域合同労組であるX労働組合に加入した。X労働組合は，地域の企業横断的な労働組合であり，そこには様々な会社の労働者が加入していた。そのなかには，ファミリーレストランC社の店舗で店長として働くDも加入していた。Dは，C社の就業規則上「管理監督者」と位置づけられ，時間外労働に対する割増賃金が支払われていないことに不満をもち，X労働組合とその対応について相談していた。Dは店舗の責任者として店舗従業員の勤務シフトを決定する権限をもち，店舗の売上げや営業方針についてC社の営業担当取締役に報告し協議する立場にあったが，店舗を超えたC社全体の経営に関わる職務や権限は与えられていなかった。Dは自分の勤務時間を自らの裁量で決定することができ，その賃金は他の店舗従業員よりも相当程度高く（たとえば就業規則上「管理監督者」として取り扱われていない副店長の割増賃金込みの賃金より2割程度高く）設定されていた。

　X労働組合は，Aの処遇についてY社に団体交渉を求めたが，Y社は「Aは当社の労働者ではなく，Dが加入するX労働組合も適法な労働組合とはいえない」と述べ，X労働組合との団体交渉に応じようとしない。

Questions

Q1　あなたがX労働組合の代理人としてY社に対し訴えを提起する場合，どのような請求をすることが考えられるか。

Q2　Q1の訴えを提起する場合に問題となる法的な論点を挙げたうえで，それぞれについて検討しなさい。

Keypoints

　この Case では，Y社との業務委託契約に基づいて業務に従事しているAの労働条件について，Y社は，Aが加入するX労働組合との団体交渉を拒否しています。ここでは，この団体交渉拒否は適法か（労組法7条2号参照→Unit 18），それが違法だとすると裁判所でどのような救済を受けられるか（不当労働行為と司法救済→Unit 18・21）が問題となります。そして，その判断の前提として，そもそもAは労組法が適用される「労働者」にあたるか，X労働組合は労組法の保護を受けうる「労働組合」にあたるかが，本Case の重要な争点となります。

　労組法上の「労働者」性（3条）については，最高裁（国・中労委〔INAXメンテナンス〕事件・最3小判平成23年4月12日労判1026号27頁など）が，その具体的な判断基準を明らかにしています。ここでは，本Case における諸々の事実をこの判断基準にあてはめて判断することが重要になるでしょう。

　労組法上の「労働組合」性については，特に労働組合の自主性（使用者の「利益代表者」が参加していないこと。労組法2条ただし書1号）の有無が解釈上問題となります。*Example* では，法の趣旨に遡りながら実質的に判断し，Dの利益代表者性を否定する結論を導き出していますが，事実の評価の仕方によっては異なる結論をとる（たとえば店舗従業員に対し監督的地位にあることを重視して利益代表者性を肯定する）ことも考えられるでしょう。なお，労組法上の「利益代表者」と，労基法上の労働時間・休憩・休日規制が適用除外される「管理監督者」（労基法41条2号→Unit 14）とは，法的に異なる概念であり，両者は直結しない（本問では前者のみが問題となっており後者を論じる必要はない）ことは，本問の前提としてきちんと理解しておくべき点です（→Case 14-2）。

Example

[1]　X労働組合は，Y社に対し，団体交渉を求める地位にあることの確認（労組法7条2号），および，団交拒否によって生じた損害の賠償（民法709条）を請求することが考えられる。

[2]　上記の請求をするうえでは，(1)Aは使用者の団体交渉義務（労組法7条2号）を定めた労組法の適用を受ける労働者（同法3条）にあたるか，(2)X労働組合は労組法の保護を受けうる労働組合（同法2条・5条2項）にあたるか，(3)不当労働行為（同法7条違反）に対しいかなる司法救済を受けることができるかが主たる争点となる。

(1)　労組法上の「労働者」性

労組法は，同法における「労働者」とは，職業の種類を問わず，賃金，給料その他これに準ずる収入によって生活する者をいうと定義している（3条）。この労組法上の「労働者」性は，経済的に弱い地位にある労働者に団体交渉を通じた労働条件対等決定を促そうとする労組法の趣旨（1条1項参照）に照らし，①労働者が事業組織に組み込まれているか，②契約内容が使用者により一方的に決定されているか，③報酬が労務の対価（賃金に準ずる収入）としての性格をもつか，という労働者の経済的従属性を基礎づける事情を考慮しつつ，これに，④業務の依頼に応じるべき関係（諾否の自由の欠如），⑤指揮監督関係の存在（時間・場所の拘束性など），⑥事業者性（独立した経営判断に基づいて業務内容を差配し収益管理を行っていること）の希薄さという事情をあわせて，判断すべきものと解される。

本件においては，①Y社は，Y社製品の修理補修業務を担う労働力として400名のカスタマーエンジニアと業務委託契約を締結し，Aは，その一員としてY社のブランドイメージを維持するためにY社から詳細な指導と指示を受けて「Y社カスタマーエンジニア」との肩書きが入ったネームプレートを着用してその業務に従事し，実際上Y社から依頼される業務のみに専属的に従事しているなど，Y社の事業組織に必要不可欠な労働力として組み込まれていると認められ，②その業務委託契約の内容は，個別交渉の余地なく，Y社により一方的に決定されており，③Aの報酬は，修理補修業務の難易度と件数に応じて，その労務提供の対価として支払われており，その額（年額240万円）は一般の労働者と比べても決して高いものではなく，Aはそれを元に生活していた。また，④Aは，特段の事由がない限りY社からの訪問先と時間帯の提示を断れないものとされ，実際にこれを断ることなくY社の指示に従って業務に従事しているなど，Y社からの業務依頼に応じるべき関係に置かれており，⑤Aは，Y

社から訪問先と時間帯の提示を受けて，その時間と場所の拘束を受けながら業務に従事し，その業務遂行方法についてもＹ社からの詳細な指示・マニュアルに従って行っていた。さらに本件では，⑥Ａに顕著な事業者性が認められるような事情はうかがえない。これらの事情からすると，Ａは賃金等の収入によって生活する者として，労組法上の労働者に該当するものと解される。なお，Ｙ社は，Ａと業務委託契約との名称の契約を締結し，Ａへの報酬から所得税の源泉徴収や社会保険料等の控除を行わないなど，Ａを独立事業主として取り扱っているが，当事者が容易に操作しうるこれらの形式的な事情は，強行的な性格をもつ法規（労組法7条等）の適用範囲を決定する際には重視すべきでない。

　(2)　労組法上の「労働組合」性

　労働組合が，労組法上の保護を受けるためには，ⓐ労働者が主体となって，ⓑ自主的に，ⓒ労働者の経済的地位の向上を図ることを主たる目的とし，ⓓ組織する団体または連合団体であり，ⓔ法定事項を記載した民主的な規約を作成していることが求められる（労組法2条・5条2項）。本件Ｘ労働組合については，特に，Ｃ社で「管理監督者」と位置づけられているＤが加入しており，使用者の「利益代表者」の参加を許すもの（同法2条ただし書1号）として，Ｘ労働組合の自主性（ⓑ）が否定されることにならないかが問題となりうる。

　労組法2条が労働組合に自主性を要求し，使用者の利益代表者の参加を許すものの自主性を否定した趣旨は，労働組合が労働者の真の利益を代表して活動を行う組織となるように，使用者からの独立性を求めることにある。この趣旨からすると，使用者の利益代表者にあたるか否かの判断は，形式的な肩書き（「管理監督者」としての取扱い）等ではなく，使用者からの独立性確保という趣旨に照らし，実質的な観点からなされるべきである。

　本件のＤについてこれをみると，Ｃ社の店舗の責任者として実質的に店舗従業員の監督を行う地位にあるという側面は否定できないが，店舗を超えたＣ社全体の経営に関わる職務や権限は与えられておらず，使用者の「利益代表者」としてＸ労働組合の使用者からの独立性を損なわせる危険性は小さいものと考えられる。したがって，Ｘ労働組合は，この点では自主性を欠くものとはいえず，他の要件（ⓐからⓔ）をあわせて満たしている場合には，労組法上の労働組合として労働法の保護を受けうるものと解される。

（3）　不当労働行為に対する司法救済

　Aが労組法上の労働者にあたり，かつ，X労働組合が労組法上の労働組合にあたるにもかかわらず，Y社が，Aの処遇（業務の大変さや報酬の低さ）という義務的団交事項についてのX労働組合の団交申入れを拒否している場合，Y社のこの態度は団交拒否の不当労働行為（労組法7条2号）に該当する。

　労組法7条については，労働委員会が行政救済を行うための根拠規定にすぎないという見解もあるが，判例は，同条について，団結権保障（憲法28条）を具体化した規定であり，司法救済の根拠となると解釈している。

　団交拒否の司法救済については，労組法7条2号違反を根拠として，団体交渉を求める地位の確認を請求することができる。かつての裁判例には，団体交渉請求権（団交応諾仮処分）自体を肯定するものもみられたが，誠実団体交渉という給付内容を具体的に特定することは困難であり，団交を求める地位確認請求のみが認められるものと解される（現在の判例は同様の見解に立っている）。また，団交拒否によってX労働組合に経済的損害や社会的評価の低下等の損害が発生した場合には，不法行為（民法709条）としてその損害の賠償を請求することも可能である。

Checkpoints

1　労組法上の「労働者」性はどのように定義されているか。

2　労組法上の「労働者」性は労基法上の「労働者」性と異なるものか。どのような趣旨からそのようにされているか。

3　労組法上の「労働者」性が肯定された例および否定された例としてどのようなものがあるか。それらではそれぞれどのような点を考慮してそのような判断がなされたか。それらの判断は妥当か。

Materials

荒木45〜62頁・650〜664頁，菅野173〜186頁・827〜843頁，土田27〜31頁・354〜360頁，西谷29〜35頁・48〜54頁・594〜603頁，水町51〜61頁・363〜365頁

Unit 2 　労働法上の「使用者」

【Case 2】

　甲デパートを経営するＹ社は，店舗販売員を直接雇用するのではなく，子会社で雇用して甲デパートの店舗で働かせる形態をとることとし，その株式を100％所有する子会社Ａ社を設立した。Ａ社の代表取締役社長を含む取締役の多くはＹ社から出向した者であり，Ａ社はＹ社の意向を踏まえて経営方針を決定していたが，Ａ社内の人事や財務についてはＡ社が独立して管理していた。

　2019年4月1日にＡ社に雇用されたＸは，甲デパートに派遣され，Ｙ社の従業員であるフロア長や店長から業務に関する指示を受けながら販売業務に従事していた。Ｘの給料はＡ社名義でＸの銀行口座に毎月振り込まれていたが，その実際の手順は，時間外労働手当を含む給料の計算をＹ社の人事部が行い，それに基づいてＹ社の経理部がＡ社名義でＸの銀行口座に振り込むという方法で行われていた。

　2020年9月，Ｙ社は甲デパートの売上げ激減のなかで店舗販売員の大幅な削減を行うためにＡ社を解散することとし，Ａ社は，9月10日に従業員であるＸら100名に対し10月10日付けで解雇する旨の解雇予告をした。

　Ｘはこの取扱いに不満をもち，同年10月1日，その地域で組織されているＺ労働組合に加入した。Ｚ労働組合は，10月5日，Ｘらの解雇をめぐる問題についてＹ社に対し団体交渉を申し入れたが，Ｙ社はこれに応じなかった。Ａ社は，10月10日，予告どおりＸら100名を解雇した。

　同年10月15日，弁護士であるあなたは，ＸおよびＺ労働組合から，この事態を打開するために，Ｙ社を相手方として訴えを提起したいとの相談を受けた。

Questions

Q1　あなたがＸおよびＺ労働組合の代理人としてＹ社に対し訴えを提起する

場合，どのような請求をすることが考えられるか，述べなさい。

Q2　Q1で挙げた請求をする場合に問題となる具体的な論点について，想定される相手方の反論も考慮しつつ，検討しなさい。

　（なお，本問では，労働者派遣法をめぐる問題〔同法 40 条の 6 の派遣先による労働契約申込みみなし等〕については論じなくてよい。）

Keypoints

　この Case では，形のうえではA社と労働契約を締結していたXおよびXが加入するZ労働組合が，A社に影響力を及ぼしうる立場にあったY社を相手方として，何らかの法的請求をすることができるかが問題となっています。特にここでは，労働契約上の地位確認や賃金支払といった労働契約上の権利と，団体交渉を求める地位の確認という労組法上の権利を，Y社に対して請求できるのかが問題となります。これは，労働契約上の「使用者」および労組法上の「使用者」概念といわれる問題です。

　労働契約上の「使用者」性を根拠づける法理としては，「法人格否認の法理」と「黙示の労働契約成立の法理」があります。本件のポイントの1つは，これらの法理の要点を説明しつつ，本 Case の事実関係に照らしてその成否を判断する点にあります。参考になる裁判例・判例として，黒川建設事件・東京地判平成 13 年 7 月 25 日労判 813 号 15 頁，パナソニックプラズマディスプレイ（パスコ）事件・最 2 小判平成 21 年 12 月 18 日労判 993 号 5 頁などがあります。労組法上の「使用者」性については，朝日放送事件・最 3 小判平成 7 年 2 月 28 日民集 49 巻 2 号 559 頁が有名な法理を提示しており，その法理を本件にうまくあてはめることができるかが，本件のもう 1 つのポイントとなります。

Example

1　XからY社に対し，労働契約上の権利を有する地位の確認および賃金支払の請求，Z労働組合からY社に対し，団体交渉を求める地位の確認および団交拒否によって生じた損害の賠償を請求することが考えられる。

2

　(1)　Xの請求について

　XからY社に労働契約上の地位確認および賃金支払という労働契約上の権利

を主張する場合，Y社は，Xと労働契約を締結していたのはA社であり，Y社はXに対し労働契約上の義務・責任を負わないと反論する可能性がある。これに対し，Xは，(a)法人格否認の法理，ないし，(b)黙示の労働契約成立の法理を援用し，Y社がXとの関係で労働契約上の「使用者」にあたることを主張することが考えられる。

　(a)　法人格否認の法理

　法人格否認の法理とは，実質的に関係を支配している者が，法人格が異なることを理由に責任の帰属を否定することが正義・衡平の原理に反すると考えられる場合に，信義則（民法1条2項，労契法3条4項）上そのような主張を許さないとする法理である。この法理は，①法人格が形骸化している場合と②法人格が濫用された場合の2つの場合に認められる。

　法人格の形骸化による法人格の否認（①）が認められるためには，たとえば親会社が子会社の株式を所有し支配を及ぼしているだけでなく，親会社が人事・財務・業務執行等の面でも子会社を実質的に支配・管理し，子会社の法人格が全くの形骸にすぎないことが必要である。本件では，Y社はその子会社であるA社の株式を100%所有し，取締役の多くを出向させるなどして，A社の経営に影響を及ぼしていたことがうかがえる。しかし，A社内の人事や財務についてはA社が独立して管理していたとされており，Y社としては，A社の法人格は全くの形骸にすぎなかったとはいえないと反論してくることが考えられる。この反論を覆すためには，人事や財務等の面でも実質的にはY社がA社を支配・管理していたという事実（ⓐ）を示すことが必要になる。

　法人格の濫用による法人格の否認（②）が認められるためには，法人を背後から支配している者（「支配」の要件）がその法人格を違法・不当な目的で濫用した（「目的」の要件）という事情が存在することが必要である。本件では，Y社はA社に取締役を多数出向させており，A社の経営方針はその意向を踏まえて決定されるなどA社に一定の支配を及ぼしていたことがうかがわれる。しかし，Y社がどのような目的でA社を利用していたかは明らかでない。Y社としては，A社の利用について違法・不当な目的はなかったと反論してくることが考えられるが，これに対しては，Y社が労働者派遣法等の法規制を潜脱する目的でA社の法人格を利用していたことを示す事実（ⓑ）を明らかにすることが

必要になる。

　上記の事実（ⓐまたはⓑ）を明らかにすることができれば，Ｘは，Ａ社の法人格を否認し，Ｙ社を労働契約上の「使用者」として労働契約上の地位確認および賃金支払の請求をすることが可能である。

　(b)　黙示の労働契約成立の法理

　Ｘは，Ｙ社との間に黙示の形で労働契約が成立していることを立証できれば，Ｙ社に労働契約上の責任を追及することもできる。黙示の労働契約の成立が認められるためには，①当該企業の指揮命令下で働き，②その対価として当該企業から賃金の支払を受けていたこと，および，③これらの点について両当事者に共通の認識（意思表示の合致）があったことが必要である（労契法6条参照）。

　本件では，ＸはＹ社の従業員であるフロア長や店長から指示を受けて販売業務に従事しており，Ｙ社からの指揮命令という要件（①）は満たしているものと思われる。Ｙ社からは，Ｘの賃金についてはＡ社からＸに支払われておりＹ社から賃金支払をした事実はない（Ｙ社の経理部が振込手続をしたとしてもそれは事務手続を代行したにすぎない）との反論がなされることが考えられる。これに対しＸは，実質的な賃金額の計算や決定，支払がＹ社によって行われていた（Ａ社名義とされていたのは形式的なものにすぎない）こと（②）を示す事実を明らかにしつつ，Ｙ社による指揮命令とＹ社からの賃金支払についてＸ・Ｙ社間に共通の認識があったこと（③）を立証することが必要になる。これらの点を立証できれば，ＸはＹ社に対し，労働契約上の「使用者」として労働契約上の地位確認および賃金支払の請求をすることができる。

　(2)　Ｚ労働組合の請求について

　Ｚ労働組合からＹ社に対し団体交渉を求める地位の確認および団交拒否によって生じた損害の賠償を請求する場合，Ｙ社がＸとの関係で労組法上の「使用者」にあたるかが論点となる。Ｙ社から，Ｙ社はＸの使用者ではなく，労組法上「使用者」に課されている団体交渉に応じるべき義務（労組法7条2号）を負わないという反論がなされることが考えられるからである。

　Ｙ社が(1)で述べた労働契約上の「使用者」にあたる場合，Ｙ社はＸの労働条件等について責任をもつ立場にあり，労組法上の「使用者」として団体交渉に応じるべき義務を負う。

　Ｙ社が労働契約上の「使用者」にあたらない場合であっても，労働条件対等決定の促進という労組法の趣旨（1条1項参照）に照らし，Ｙ社がＸの労働条件等について現実的かつ具体的に支配・決定できる立場にある場合には，当該労働条件等についてＹ社は労組法上の「使用者」として団体交渉に応じるべき義務を負うものと解される（最高裁朝日放送事件判決参照）。Ａ社はＹ社の意向に従って解散を決定しＸらを解雇したという本件の事実関係からすると，Ｙ社はＡ社の解散およびＸらの解雇について現実的かつ具体的に支配・決定できる立場にあったものと認められるため，Ｘらの解雇をめぐる問題についてＸが加入するＺ労働組合からの団体交渉の申入れに応じるべき義務を負うものと解される。したがって，Ｚ労働組合からの団体交渉を求める地位の確認，および，団交拒否によって損害が生じている場合にはその賠償を求める請求は，認められる。

Checkpoints

① 労働法上の「使用者」概念としてどのようなものがあるか。それらはそれぞれどのような意味をもっているか。

② ①で挙げた「使用者」性はそれぞれどのように法的根拠に基づき，どのような点を基準として判断されているか。

③ 労働契約上の「使用者」概念の拡張が認められた例としてどのようなものがあるか。その場合，誰に対してどのような請求が認められるか。

④ 労基法上の「使用者」概念とはどのようなものか。課長や係長が「使用者」とされることはあるか。

⑤ 労働契約上の「使用者」性と労組法上の「使用者」性はどのような点が異なるか。労組法上の「使用者」性が認められた例としてどのようなものがあるか。持株会社は子会社の従業員にとって労組法上の「使用者」にあたるか。

Materials

荒木 62～69頁・759～767頁，菅野 186～193頁・1004～1016頁，土田 31～35頁・425～429頁，西谷 35～38頁・54～55頁・626～637頁，水町 61～66頁・409～413頁

Unit 3 | 強 行 法 規

【Case 3】

　Y社では，新規事業を始めることとなり，従業員を何人か新たに採用することとなった。Xは新たに採用されることとなった従業員の1人である。Xは採用の際に，Y社から，通常の労働時間は1日8時間であるが，新規事業が軌道にのるまでは1日10時間程度働いてもらわなければならないことがある（ただし完全週休2日制は保障する），給料もこうした事情を考慮して，初任給としてはやや高めであるが月あたり定額30万円を支払う旨の説明を受け，それに対して特に異存はない旨述べていた。このように採用時に個別相談等によって労働条件を決める方式は，もともとY社は従業員数が10人に満たない零細企業であり（この点は新規採用によっても変わらない），従来からの慣行に則ったものであった。またY社では，この新規事業開始に先立ち，A社長が，従業員全員が加入する親睦団体の代表である従業員Bを呼び出して，1日の時間外労働の最長時間を2時間とすることを含む所定事項を定めた労使協定を締結し，労働基準監督署長への届出も行っている。

　ところで，Xは，入社後半年ほどたった頃から，仕事よりもプライベートを優先させたいと思うようになり，たびたび上司の指示を断って，通常の労働時間とされる8時間だけ働いて退社するようになった。これに対し，Y社は，業務命令違反を理由に，Xを解雇した。

Questions

Q1　あなたがXの代理人としてY社に対し訴えを提起する場合，どのような請求をすることができるか，述べなさい。

Q2　Q1で述べた請求をする場合に問題となる具体的論点を挙げ，それについて検討しなさい。

　この Case では，Y 社が X に対して行った業務命令違反を理由とする解雇の無効を主張して，労働契約上の地位の確認請求ができるかが主たる争点となります。この争点との関係では，特に X と Y 社間の労働契約のうち 1 日 10 時間労働を定める部分が労基法 32 条に定める労働時間規制に反するものであることから，かかる契約およびそれに基づく業務命令が有効であったのかが問題となります。そして，この問題を検討するうえでは，労基法の規定に違反する労働契約等について労基法はどのようなスタンスをとっているのか，特に本件においては，労基法の規制を解除するための要件となる労使協定の締結・届出について正確な理解ができているかが重要なポイントとなるでしょう。参考となる裁判例として，トーコロ事件・最 2 小判平成 13 年 6 月 22 日労判 808 号 11 頁（〔原審〕東京高判平成 9 年 11 月 17 日労判 729 号 44 頁）があります。

　また，本件で X は，入社後半年間は，実際に法定労働時間を超えて働いていたようですから，その超えた時間分については労基法 37 条に基づき割増賃金を請求できるどうか，できるとすればいかなる額を請求できるのかも争点となります（→ Unit 14）。この争点との関係では，特に本 Case のように X と Y 社の間の労働契約のうち労働時間に関する部分が労基法に反するような場合に，賃金に関する部分はどうなると解釈されるのかが重要な論点になるでしょう。

１　X から Y 社に対し，(1)本件解雇は無効であるとして労働契約上の権利を有する地位の確認および解雇期間中の賃金の支払，(2)入社後半年間において実際に時間外労働に従事した時間につき，労基法 37 条に基づき未払割増賃金の支払およびそれと同額の付加金の支払命令（同法 114 条）を請求することが考えられる。

２

(1)　労働契約上の地位確認および解雇期間中の賃金の支払請求

　本件で X は，1 日 8 時間を超えて働く旨の Y 社による業務命令（以下「本件業務命令」という）を拒否したこと（業務命令違反）を理由に解雇されているが，本件解雇の有効性を判断するうえでは，そもそも X が拒否した本件業務命令，すなわち労基法 32 条に定める法定労働時間（1 日 8 時間）を超える労働を命じ

る本件業務命令自体が有効であったかが問題となる。もし本件業務命令自体が無効であったと解されるならば、Xにはそもそも業務命令違反の行為はなかったことになり、本件解雇には合理的理由がなく無効と解されることとなる（労契法16条）。そこで以下では、本件業務命令の有効性について検討していくこととする。

まず本件で、Xは採用の際、Y社より新規事業が軌道にのるまでは1日10時間程度働いてもらうことがある旨説明を受け、それに対して異存がない旨述べていることから、XとY社間の労働契約においては、Xの労働時間は新規事業が軌道にのるまでは1日最長10時間とする内容で合意がなされたものということができ、したがって、労働契約上、Y社は1日最長10時間まで労働を命じる権利があり、またXも1日最長10時間まで労働する義務を負うと解することができる。

しかし労基法は、同法で定める基準に達しない労働条件を定める労働契約はその部分については無効とし、無効となった部分は同法の定める基準に修正するとしている（13条参照）。そこで、XとY社間の労働契約についても、1日10時間労働を定める部分は、労基法32条で定める基準に達しないものであるゆえ、この部分については無効となり、労基法に定める基準である1日最長8時間労働に修正されることになる。そして、そのように契約内容が修正されるとすれば、Y社による本件業務命令は契約上の根拠を欠くこととなり、無効となる。

もっとも、上記労基法の規制には例外もある。特に本件で問題となった法定労働時間の原則に関する規制については、労使協定（三六協定）の締結および届出という要件を満たせば、その規制が解除され（労基法36条参照）、法定労働時間を超えて働かせる旨の労働契約上の定め、およびそれに基づく時間外労働命令も、無効にはならない。したがって、本件において、XとY社間の労働契約のうち10時間労働を定める部分およびそれに基づくY社の本件業務命令が有効か否かは、最終的には、この例外的要件を満たしているかにかかってくる。そこで次に、この点について検討する。

まず労使協定は、使用者が、事業場の労働者の過半数で組織する労働組合があればその労働組合、そのような組合がなければ事業場の労働者の過半数を代

表する者（以下「過半数代表者」という）との間で締結されていなければならない（労基法 36 条）。過半数代表者については，民主的手続を保障すべく，①管理監督者（同法 41 条 2 号）であってはならず，また，②法が規定する過半数代表者を選出することを明らかにして実施される投票，挙手等の方法によって選出された者であって，使用者の意向に基づき選出されたものでないことが求められている（労基則 6 条の 2）。

　本件で問題となるのは，労使協定を締結した従業員Ｂが過半数代表者といえるかである。Ｂが管理監督者であったかは定かではないが，そうであった場合には過半数代表者となりえない。しかしそうでなくても，本件では，協定締結前に全従業員にその事実を知らせ，締結の適否を判断させる趣旨の集会を開催するなど民主的な手続を踏んで選出されたわけではない。そのため，いずれにせよ従業員Ｂは法のいう過半数代表者とはなりえず，したがって本件における労使協定は法の要件を満たさず無効と解される。なお，本件でＢが代表者となっている親睦団体が過半数組合といえるかも問題となりうるが，文字どおり親睦を目的とした団体である限り労働組合とはいえず，労使協定は無効であるとの結論は変わらない。

　そうすると，本件におけるＸとＹ社間の 1 日 10 時間労働を定める契約部分およびそれに基づくＹ社の本件業務命令は無効であり，ゆえにＸの解雇は合理的理由がなく無効であるとして，ＸはＹ社に対し，労働契約上の地位確認および解雇期間中の賃金の支払（民法 536 条 2 項参照）を請求できると解される。

（2）　未払割増賃金の請求

　本件では，Ｘは，入社後半年間は業務命令を拒否せず，実際に法定労働時間を超えて働いていたようである。したがって，かかる時間外労働につき，労基法 37 条に基づき割増賃金を請求できるのか，できるとすればいかなる額を請求できるのか，特に割増賃金の算定基礎たる通常の労働時間の賃金をどのように解するかが問題となる。

　まず第 1 に，労基法 37 条は「……前条……の規定により労働時間を延長し」た場合に割増賃金の支払を必要とする旨規定しているところ，本件でＸが行った時間外労働は，同法 36 条（労使協定の締結・届出）に基づくものではないため，Ｙ社に 37 条に基づく割増賃金支払義務が発生するか否かが問題となる。

しかし，36 条の要件を満たさない違法な時間外労働においても 37 条の割増賃金の支払は当然必要であると解されるため（判例も同様の見解に立っている），本件においても Y 社は 37 条に基づく割増賃金支払義務を免れない。

　もっとも，第 2 に，本件で Y 社は 8 時間を超える労働があることを想定して X に月給 30 万円を支払っていることから，この 30 万円のなかに割増賃金相当分が含まれていると解し，それゆえに X に支払われるべき割増賃金はすでに支払い済みである（したがって X は未払割増賃金を請求できない）と解しうるかが問題となる。しかし，そのように解するためには，少なくとも割増賃金にあたる部分と通常の労働時間の賃金にあたる部分が明確に区別されている必要があり（判例も同様に解釈している），かかる区別がなされていない本件においては，労基法 37 条に基づく割増賃金は既払であると解することはできない。

　したがって，Y 社には労基法 37 条に基づいて支払うべき割増賃金の未払があることになるが，この未払割増賃金額の計算にあたっては，割増賃金の算定基礎となる通常の労働時間の賃金をどのように算定するかが問題となる。

　通常の労働時間の賃金は，月給制の場合は，月によって定められた賃金（月給）を月の所定労働時間で除して計算される（労基則 19 条 1 項 4 号）。月の所定労働時間については，本件ではもともと通常の労働時間は 8 時間とされており，また(1)で述べたように，X と Y 社間の労働契約は 1 日最長 8 時間に修正されたものと解されることから，1 日 8 時間に月の所定労働日数を乗じた時間ということになる。他方，月給については，30 万円で計算すべきなのか，それとも労基法 13 条により 1 日の最長労働時間が 10 時間から 8 時間に縮減されたのに比例して，賃金も月あたり 24 万円に縮減されたと解して，24 万円で計算すべきなのかが問題となりうる。

　本件で X の賃金額（30 万円）が決定される際，労働時間が 10 時間まで延長されうることが考慮に入れられているようであるが，30 万円という額は，X が常に 1 日 10 時間働くことを前提としてそれに応じて定められたというよりも，日によっては通常の労働時間である 1 日 8 時間だけ働くことも想定され，そのことを前提としつつ定められたものと解される。また，X の賃金は時間給ではなく月給制で，もともと労働時間と賃金の対応関係が希薄であることをも考慮すれば，X と Y 社間の労働契約のうち賃金の部分については労働時間の縮

減によっても影響はなく，30 万円のままであると解すべきである。

　以上のことからすると，X は Y 社に対し，30 万円÷月の所定労働時間（8 時間×月の所定労働日数）×割増率（125%）×時間外労働時間数という計算方式に基づいて算定された未払割増賃金の支払およびそれと同額の付加金の支払命令（労基法 114 条）を請求できると解される。

Checkpoints

1　労基法は，各規定において労働条件の最低基準や労働契約の基本原則を定めているが，それを使用者に守らせるために，どのような方法を用意しているか。

2　労基法の規定に反する内容であっても，労働者自身が納得をして労働契約を締結した場合には，そのような契約は有効なものと解されるか。労基法以外の法律，たとえば，均等法，育介休法，労契法などに反する内容の契約についてはどうか。

3　労基法上の規制のうち，労使協定が問題となる規定にはどのようなものがあるか。労使協定の締結主体たる過半数代表の要件はどのようなものか。

4　労使協定にはどのような効力が認められるか。労働協約とはどのような違いがあるか。

5　労使委員会とは何か。労使委員会の決議と労使協定とでは，その効果の点でどのような違いがあるか。

Materials

荒木 33〜37 頁，菅野 168〜172 頁・190〜193 頁，土田 15〜18 頁・24〜26 頁，西谷 42〜47 頁・56〜63 頁，水町 67〜72 頁

Unit 4 就 業 規 則

【Case 4 - 1】

　Y社はここ数年，ライバル会社との競争の激化のなかで業績が伸び悩み，赤字が続くとともに業界における経営指標のランキングで最下位になった。これに危機感をもったY社の経営陣は，頑張った者が報いられる賃金制度にするという基本方針を打ち出した。従来，Y社の就業規則においては，基本給と歩合給からなる賃金制度が定められており，80％を占める基本給は年功給であったが，新賃金制度検討委員会を立ち上げて，新しい賃金制度の導入へ向けて検討を行うことにした。この委員会は各部署から選ばれた優秀な従業員を中心に幅広い年齢層から構成されており，事務局として総務課，人事課からも数名が参加していた。

　委員会は自社の経営状況，従業員の意識，業界の動向，国際情勢など様々な角度から検討を行うことにした。全従業員を対象とする社内アンケートを実施したところ，新賃金制度に対する関心は高く，ほとんどの従業員が回答した。これらの検討を踏まえ，委員会は年功給を30％にまで縮小し，70％は歩合給制度とする新賃金制度実施案をまとめ，Y社の経営陣に提出した。

　ところで，Y社には各事業場において従業員の約30％を組織するA労働組合と従業員の約20％を組織するB労働組合が存在する（残りの約50％は労働組合に所属していない）。A労働組合は歴史も古く，Y社と賃金等の労働条件について労働協約を締結している。一方，B労働組合は比較的新しい労働組合で，これまで労働協約を締結したことはなく，Y社との様々な意見交換を活動の中心としている。Y社は新賃金制度実施案をA，B両組合に提示し，新賃金制度の導入に向けて協議を行った。当初A労働組合は新賃金制度実施案に反対の態度をとっていたが，10回にわたる協議の結果，①新賃金制度の実施を予定より1年遅らせること，②実施から2年後に，新賃金制度をそのまま継続するかどうか検討委員会を組織して検討すること，③実施から2年間は賃金原資の減額を行わないこと，④実施から

　2年間は従業員食堂の値下げキャンペーンを行うこと，以上4点を条件に新賃金制度実施についてY社との間に合意が成立し，その合意に沿って労働協約が改訂された。他方，Y社とB労働組合は20回を超える協議を繰り返したにもかかわらず，最終的には合意に至らなかった。

　Y社は新賃金制度実施案およびA労働組合との改訂労働協約に沿って就業規則を変更した。その際，Y社は従業員の親睦会の会長であるCの意見を聴取し，Cの「特段異議はない。」との意見を付して労働基準監督署長に届け出た。この親睦会は，全従業員が入社と同時に自動的に加入することになっている組織である。変更の内容については朝会で全従業員に口頭で説明されたほか，旧制度からの変更点のポイント，変更された規定の新旧対照表をまとめたA4版4ページの資料が全員に配付された（就業規則そのものは総務課の金庫のなかに厳重に保管されている）。

　新賃金制度の実施後，若手従業員の賃金は増加か少なくとも現状維持となる者が多く，たとえば31歳のDの賃金は年収で約30％増加した。ところが，B労働組合の組合員X（56歳）の賃金は変更前と比較し年収で約30％減少することとなり，Xは大いに不満をもっている。弁護士であるあなたは，Xから，Y社を相手方として何らかの訴えを提起したいとの相談を受けた。

Questions

Q1　あなたがXの代理人としてY社に対し訴えを提起する場合，どのような請求をすることが考えられるか，述べなさい。

Q2　Q1の請求をする場合に問題となる具体的な論点を挙げたうえで，それぞれについてあなたの見解を述べなさい。

Keypoints

　このCaseでは，就業規則の不利益変更の拘束力が問題となっています。労働条件を引き下げる際に就業規則を変更するというのはよく用いられる手法ですが，法規制としては，秋北バス事件・最大判昭和43年12月25日民集22巻13号3459頁以来の判例の蓄積があり，その法理は労契法9条・10条に立法化

されています。一方的な就業規則の不利益変更は原則として許されないが，変更に合理性があり，かつ，変更後の就業規則が周知されれば，変更に反対する者をも拘束するというのが基本的な枠組みです。また，就業規則の変更に労働者が真に同意していれば，その同意を根拠に当該労働者は変更後の就業規則に拘束されると解されます（このことを導く根拠として *Example* では労契法 9 条の反対解釈を挙げましたが，同法 8 条を挙げる解釈もありうるでしょう。→ Case 4 - 2）。

　まず，変更の合理性の有無については，労働者の受ける不利益の程度，不利益緩和措置の有無，労働条件の変更の必要性，変更後の就業規則の内容の相当性，労働組合等との交渉の状況（手続の妥当性）といった要素について検討し，就業規則の変更に合理性があるかどうか総合判断を行うことになります。本Case では，各判断要素に関係する事実をもれのないようにピックアップし，あてはめを行うことが求められます。本件事案の特徴としては，労働組合との交渉の結果追加された 4 条件にいかなる意義があるのか（たとえば不利益緩和措置がとられたといえるのか），2 つの労働組合と協議を重ねたことで手続が尽くされたといえるのか，といった点が挙げられるでしょう。検討の際には，各要素に言及しつつ，その事案の特徴的な点などを特に丁寧に論じて，説得力のある文章とすることを心がけてください。参考となる判例として，第四銀行事件・最 2 小判平成 9 年 2 月 28 日民集 51 巻 2 号 705 頁，みちのく銀行事件・最 1 小判平成 12 年 9 月 7 日民集 54 巻 7 号 2075 頁などがあります。

　次に，労働者への実質的な「周知」についても，忘れずに検討する必要があります（フジ興産事件・最 2 小判平成 15 年 10 月 10 日労判 861 号 5 頁参照）。本Case では労基法所定の周知（労基法 106 条，労基則 52 条の 2）は行われていないようですが，労契法上の「周知」はそれにとらわれないとするのが通説です。そのため，はたして実質的に労働者が知ろうと思えば知りうる状態に置かれたといえるのか，事実を拾い上げて検討する必要があります。

　このほか，届出，意見聴取など就業規則の変更に関する労基法上の義務も，労契法 10 条の「その他の……事情」などとして合理性判断の要素になると解されています（なお，届出，意見聴取を労契法 10 条の効力発生要件と解する学説もあります）。これらの義務が尽くされていない場合，合理性を否定する補助的な要素として評価できるでしょう。

　以上，本 Case では，最終的な結論よりも，労契法の関係する規定に沿っ
て，必要な事実関係をピックアップし検討しているかどうかが，より重要なポ
イントとなります。

■ *Example*

[1]　Xは，変更後の就業規則には拘束されないとして，Y社に対し，変更前の
就業規則に基づく賃金額と変更後の就業規則に基づく賃金額の差額を請求する
ことが考えられる。

[2]　本件においては，就業規則の変更により，Xに賃金額の減少という実質的
な不利益が生じている。就業規則の変更によって賃金などの労働条件を労働者
に不利益に変更することは，原則として許されない（労契法9条）。この点，就
業規則の不利益変更に労働者の同意があれば，その同意を根拠に変更後の就業
規則が当該労働者に対し拘束力をもつと解されるが（同条の反対解釈），本件で
はXが就業規則の変更に同意したとの事情はない。しかし，(1)就業規則の変更
に合理性があり，(2)変更後の就業規則が労働者に周知されている場合には，労
働者が変更に同意していなくとも，労働契約の内容である労働条件は変更後の
就業規則に定めるところによるものとされる（同法10条）。よって本件では，
上記(1)(2)の有無が具体的な論点となる。

　(1)　就業規則変更の合理性

　就業規則の変更が合理的であるか否かは，①労働者の受ける不利益の程度
（②不利益緩和措置の有無），③労働条件の変更の必要性，④変更後の就業規則の
内容の相当性，⑤労働組合等との交渉の状況，⑥その他の就業規則の変更に係
る事情に照らして総合的に判断することになる（労契法10条）。なお，判例が
従来重視してきた不利益緩和措置の有無（②）の要素は，労契法の文言上は明
示されていないが，労働者の受ける不利益の程度（①）に含まれると解釈され
るため，この点もあわせて検討することにする。以下，①から⑥について，本
件事案に沿って検討する。

　①労働者の受ける不利益については，Xは賃金が30％減額されることにな
り，Xの不利益は非常に大きいと評価できる。

　②不利益緩和措置については，A労働組合との交渉の結果追加された実施予
定の繰り下げや2年間は賃金原資を減らさないといった経過措置がとられてい

る。また，従業員食堂の値下げキャンペーンを通して福利厚生の面でも若干の代償措置がとられているといえる。

③変更の必要性については，賃金など重要な労働条件の不利益変更に関しては，変更に高度の必要性が求められるが，Ｙ社の業績が伸び悩み，赤字が続き経営指標も悪化していることからすると，「頑張った者が報いられる賃金制度」を目指すべく歩合給制度中心の新賃金制度を導入することに高度の必要性が認められる。

④変更後の相当性については，業界，社会の状況などが参考になるが，本件では新賃金制度検討委員会が自社の経営状況，業界の動向，国際情勢などを踏まえて検討していること，また，回収率の高い社内アンケートも踏まえていることなどからすると，相当性が認められる。

⑤労働組合等との交渉については，まず多数組合であるＡ労働組合と交渉を重ね，変更後の就業規則と同内容で労働協約を締結（改訂）していることが挙げられる。また，合意には至っていないものの，Ｂ労働組合とも交渉を重ねている。非組合員に対しての説明・協議は明らかではないが，全従業員に対してアンケートを行って意見を吸い上げようとしている点は，Ｙ社が労働者側の意見を聴こうという態度をとったものと評価しうる。

⑥その他の事情については，就業規則の変更にあたって，労基法所定の手続が尽くされているかといった点も問題となりうる。具体的には，届出（労基法89条），意見聴取（同法90条）である（同法106条の周知義務については後記(2)で検討する）。本件においては，労働基準監督署長への届出の点では特に問題はない。しかし，意見聴取においては，就業規則の変更について選ばれた過半数代表者ではなく，従業員の親睦会の会長に意見を聴取している。このような意見聴取は労基法90条，労基則6条の2第1項2号の要件を満たしているとはいえず，労基法所定の意見聴取手続が行われたとはいえない。意見聴取手続は就業規則の効力発生要件ではないが，合理性判断のいわば補助的な一要素として考慮すべきである。

以上の各要素の状況を総合考慮すると，⑥その他の事情にはやや疑問もあるものの，残りの要素をみれば，全体としては変更に合理性があると判断できる。

(2)　変更後の就業規則の周知

　次に，変更後の就業規則が周知されているといえるかを検討する。労契法
10 条における周知は，労基法 106 条および労基則 52 条の 2 所定の周知（法所
定の周知）方法，すなわち，作業場への掲示・備え付け，労働者への書面の交
付，パソコン（社内ネット）等を通して労働者が常時確認できるようにする，
という 3 種類の方法にとどまらず，労働者に対してその内容が実質的に「周
知」されていればよい。

　この点，本件においては，就業規則そのものは金庫に保管されており，法所
定の周知方法はとられていない。しかし，変更内容が口頭で説明され，かつ変
更点のポイントや新旧対照表が文書で労働者に配付されている。こうした方法
は，就業規則の具体的な内容を労働者が実質的に知ることができる状態に置い
たものと評価することができる。したがって，本件においては変更後の就業規
則が労働者に周知されていると解される。

　以上の検討から，X の労働条件は変更後の就業規則の内容（すなわち新賃金制
度）によることになり，X が個別に反対の意思をもっていても変更後の就業規
則に拘束されることになる。したがって，X による差額賃金請求は認められな
いと解される。

Checkpoints

1　就業規則に関する手続的規制にはどのようなものがあるか。

2　就業規則の法的効力はどのようなものか。また，就業規則の法的性質に関
　してはどのような議論があるか。

3　就業規則の不利益変更の拘束力について，判例法理はどのような内容か。
　また，判例法理は理論的にどのように説明できるか。

4　労契法における就業規則に関係する規定にはどのようなものがあるか。

5　就業規則の不利益変更における「合理性」判断の具体的要素はどのような
　ものか。労契法 10 条が挙げる内容と判例法理の内容に違いはあるか。

6　「合理性」判断における判例の傾向はどのようなものか。手続の妥当性を
　重視するといった傾向はあるのか。

7　就業規則の効力発生要件は何か。また，そこで挙げられる「周知」とは具
　体的にどのようなものか。労基法所定の周知（労基法 106 条，労基則 52 条の
　2）とは異なるものか。

【Case 4 - 2】

　メーカーのY社に営業担当として勤務していたX₁は，自己の営業ノル
マを達成したように見せかけるため，架空受注を計上するなど不正経理を
行った。不審に思った上司Aの調査で不正経理が発覚し，Y社が詳細な調
査を行ったところ，X₁の不正経理によって同社に少なくとも700万円の
損害が生じていることが判明した。X₁の行為は許されないものの，なる
べく穏便に事を済ませたいと判断したY社は，X₁を解雇（普通解雇）する
とともに，通常の計算であれば退職金が1000万円であるところ，同社就
業規則47条に基づき，半額の500万円のみ支給することとした（就業規則
は後掲）。さらに，その退職金500万円を，実際には支給せずに，Y社が
X₁に対し住宅資金として貸し付けていた500万円と相殺するとX₁に通
告した（住宅資金貸付制度は後掲）。X₁は，自分が不正経理をやってしまっ
た以上，解雇についてY社と争うつもりはないが，貸付金は分割で別途返
済するつもりであるから一方的に相殺と言われても困るし，自分と家族の
生活もあるので，せめて退職金の支給だけは受けたいと思っている。

　X₁の一件の後しばらくして，Y社は同業の大手企業B社との競争で劣
勢となり，経常収支が赤字になるなど経営状況が大きく悪化した。Y社は
経営立て直しのため，残業の見直しなど人件費削減の取組を行い，その一
環として退職金制度の変更を行うこととした。新しい退職金制度では，各
人の功労に対応する部分と，功労にかかわらず勤続年数×10万円で一律
に計算する固定部分の二本立てとし，功労対応部分を従来の制度よりも縮
小することで，各人の退職金の額を従来と比較して2割程度減らすことと
した。なお，従来の退職金額は同業他社と比べてやや高額であり，変更後
の額は同業他社とほぼ同水準となる。この案を各事業場でY社の従業員の
7割が加入するY社労働組合（以下「組合」という）に提案したところ，組
合は最初反対していたが，3回の協議を経て，経営再建のためやむをえな
いとして，制度変更から3年以内に退職する者へは経過措置を設けること
を条件にY社の提案に同意するに至った。経過措置として，対象者につい
ては功労対応部分につき特別割増が設けられ，減額の幅は従来の退職金額

から１割程度に抑えられることになった。Ｙ社は以上の制度変更を盛り込んで就業規則を変更し，届出など労基法所定の手続をすべて済ませた。

　この新退職金制度の施行から２か月後，Ｙ社の研究開発部門で働いていたＸ₂は，Ｂ社からの誘いを受け，Ｙ社を退職し，Ｂ社に好待遇で転職することとした。この情報を知ったＹ社経営陣は，よりによってＢ社へ転職するのは許せないとして，就業規則47条を根拠にＸ₂に対する退職金を支給しないこととした（なお，退職金制度の変更の際，47条に変更はなかった）。Ｘ₂の退職金の額を計算すると，旧制度では1000万円，新制度では固定部分200万円＋功労対応部分600万円で計800万円，新制度の経過措置適用下では功労対応部分に特別割増100万円を加え計900万円となる。Ｘ₂は，転職は個人の自由であると考えており，退職金が支給されないことに対し不満を抱いている。また，新退職金制度の導入に同意した事実はなく，組合の同意も加入の誘いを断り続けて非組合員でいる自分には関係がないから，新退職金制度は自分には適用されないと思っている。

〔変更前のＹ社就業規則（抜粋）〕：Ｙ社の各事業場で従業員に周知されていた

第６章　退職金（第６章の49条以下は省略）

第47条【支払対象者】

　従業員が退職しまたは解雇された場合には退職金を支給する。ただし，勤続年数が３年未満の者，懲戒解雇された者およびそれに準ずる重大な非違行為を行った者，退職後同業他社に転職した者については，退職金を減額または不支給とすることがある。（※１も参照）

　　※１　退職金制度の変更の際，48条以下および別表は大きく変更されたが，47条の規定には変更が加えられなかった。

第48条【退職金額】

　退職金額は，退職時または解雇時の基本給額に，別表１（定年退職，会社都合退職，業務上の傷病による退職または死亡の場合）または別表２（自己都合その他の事由による退職の場合）所定の勤続年数に応じた支給率を乗じた金額とする。（※２も参照）

※2　別表1，2は省略。なお，支給率は別表1，2とも勤続年数が増
　　加するほど（単純な比例ではなく）累進的に大きく上昇する仕組みとな
　　っている。また，同一の勤続年数で比較した場合，別表1の方が別表
　　2よりも支給率が高く設定されている。

〔Y社の住宅資金貸付制度〕
　従業員に対する福利厚生として，住宅ローンを抱えるなど住宅資金が必
要な者に対し，勤続年数等に基づき定められた一定額までを無利息で貸し
付ける制度。返済は，在職中は毎月分割で行う。解雇の場合や退職の場合
は，原則として残額を一括で返済することとされていたが，Y社との協議
で分割返済が認められる例もあった。

Question

Q　X₁，X₂は，Y社に対し訴えを提起し，できるだけ多くの退職金の支払を
　求めたいと考えている。この相談に対し，あなたが弁護士として回答する場
　合に検討すべき法律上の問題点をX₁，X₂それぞれについて指摘し，各問題
　点についてあなたの見解を述べなさい。

Keypoints

　このCaseではX₁，X₂とも退職金の減額と不支給が問題となっています。
しかし，具体的な法律上の問題点はX₁とX₂とで異なります。
　まず，X₁については，背信行為を理由に退職金が減額され，さらに，賃金
債権の相殺によって退職金が不支給とされています。退職金の減額の可否を判
断するには，退職金の法的性格を明らかにする必要があります。退職金の法的
性格は，一般に，賃金後払的性格と功労報償的性格を有すると解されてきまし
たが，こうした性格は，退職金減額・不支給条項の合理性や，当該条項の適用
の当否にどのような影響を及ぼすでしょうか。そして，退職金を減額すること
ができるとしても，具体的な減額の度合いについては，本Caseの事実関係を
拾い上げて，勤続の功労の減殺の程度を判断しなければならないでしょう（非
違行為を理由とする退職金の減額に関する裁判例として，小田急電鉄〔退職金請求〕事

件・東京高判平成 15 年 12 月 11 日労判 867 号 5 頁があります）。そのうえで，賃金債権の相殺については，労基法 24 条の賃金全額払原則が問題となります。そもそも労働者の賃金債権の相殺が許されるかどうか，許されるとしたらどのような場合か，確認しておきましょう。*Example* では調整的相殺の可能性を探ってみましたが，福島県教組事件・最 1 小判昭和 44 年 12 月 18 日民集 23 巻 12 号 2495 頁が調整的相殺の認められる具体的な要件を示しています。

　次に，X_2 については，請求できる退職金額が変更前の就業規則によるものなのか，変更後の就業規則によるものなのかがまず問題となります。本 Case では，X_2 は就業規則の変更に同意していないので，労契法 10 条に照らして就業規則の変更に合理性があるかどうかを検討します。そして，X_2 が請求できる退職金額が確定したら，退職金の法的性格を明らかにして，退職金の減額・不支給の可否を判断することになります。近年，より賃金後払的性格の強い退職金がみられていますが，恩恵的な要素の認められない退職金を不支給とする規定や合意を公序良俗に反し無効とする裁判例として，中部ロワイヤル事件・名古屋地判平成 6 年 6 月 3 日労判 680 号 92 頁があります。退職金の減額・不支給措置の有効性については，Case 5-2 や Case 13-1 の *Example* も参考にしてみてください。

Example

① X_1 について

　X_1 は Y 社に対して，非違行為による解雇を理由とする退職金の減額（以下，①において「本件減額」という）が許されないことを主張し，退職金全額（1000 万円）の支払を請求すること，および退職金を Y 社の住宅資金貸付金と相殺することは許されないとして，退職金の支払を請求することが考えられる。以下，これらの請求が認められるか検討する。

（1）退職金の減額の適法性

　（a）本件退職金の法的性格

　退職金請求権は当事者間の合意に基づいて発生する。本件退職金は就業規則に定められているが，その内容には合理性が認められ，また，従業員に周知されていたことから，労契法 7 条により X_1・Y 社間の労働契約の内容となっている。したがって，X_1 には退職金請求権が認められる。

そこで次に，本件退職金の法的性格を明らかにする。退職金には一般に，賃金後払的性格と功労報償的性格の2つの性格が考えられる。X_1に適用される変更前の就業規則によれば，退職金額は基本給額を基準にしており，勤続年数に応じて支給率が上昇することから，賃金後払的性格を有する。もっとも，支給率は勤続年数とともに累進的に上昇し，退職事由によっても支給率に差が設けられていることから功労報償的性格もあわせもっているといえる。とすると，労働者のそれまでの勤続の功労を減殺してしまうほどの信義に反する行為があった場合には，その減殺の程度に応じた退職金の減額や不支給も許される。

以上から，Y社はX_1に対し労働契約上，退職金の支払義務を負うが，その功労報償的性格から，勤続の功労の減殺の程度に応じた退職金の減額や不支給も許されると解される。

　(b)　本件減額の程度の適法性

そこで，本件減額がX_1の勤続の功労の減殺の程度に応じたものといえるか検討する。

X_1の不正経理（以下「本件非違行為」という）は，営業ノルマの達成という自己中心的な動機からなされただけでなく，犯罪行為に相当する強い非難に値する行為である。また，本件非違行為により無視しえない現実の損害をY社に生じさせている。さらに，Y社は事後処理などの対応を余儀なくされるだけでなく，Y社に対しても社会的な非難が向けられ，その名誉や信用が損なわれることも避けがたい。

Y社は穏便に事を済ませたいことから普通解雇としているが，本件非違行為は，その重大性を考慮すると懲戒解雇も選択肢として検討されうる行為と思われる。したがって，就業規則47条にいう，懲戒解雇「に準ずる重大な非違行為」に該当すると考えられる。

以上からすると，本件非違行為は相当強度な背信性をもつ行為であり，本来支給されるべき退職金を減額または不支給とすることも認められるべきである。

具体的な退職金額について，本件非違行為の性格，内容や，Y社に実際に生じた損害額を考慮すれば，500万円に減額したことは妥当性を欠くものとはいえず，適法である。

(2)　退職金を住宅資金貸付金と相殺することの適法性

　もっとも，Y社は退職金を住宅資金貸付金と相殺する旨通告している（以下「本件相殺」という）。

　本件退職金は，就業規則にあらかじめ支給条件が明確に定められているため単なる任意的恩恵的給付とはいえず，「労働の対償」（労基法11条）にあたり，労基法上の賃金として保護すべきであると解される。とすると，使用者による賃金債権の相殺は，①過払賃金を清算するための調整的相殺，②労働者の同意に基づく相殺，③解雇無効期間中の賃金からの中間収入の控除について，平均賃金の6割を超える部分の相殺のいずれかに該当しない限り，賃金全額払原則（労基法24条）に違反するものとして許されない。

　本件相殺についてこれをみると，①調整的相殺と解し適法とすることが考えられる。調整的相殺は，その時期，方法，金額などからみて労働者の経済生活の安定を脅かすものでない限り適法になされうる。しかし，本件相殺は500万円と多額であることから，労働者の経済生活の安定を脅かすおそれがあるといえ，調整的相殺とは認められない。また，②について，本件では，X_1がこの相殺に自由意思に基づいて同意したと認められる合理的理由が客観的に存在しているという事実は認められない。さらに，本件事案は③にはあたらない。

　したがって，Y社は退職金を住宅資金貸付金と相殺することは許されず，退職金500万円をX_1に支給する義務を負う。そのうえで，住宅資金貸付金の返済は別途X_1に請求することになる。

② 　X_2について

　X_2はY社に対して，同業他社への転職を理由とする退職金の全額不支給が許されないことを主張し，退職金の支払を請求することが考えられるが，その際の退職金額を確定する必要がある。そのため，まず，退職金制度に関する就業規則の変更はX_2には拘束力が及ばないとして，旧制度の方法（変更前の就業規則）に基づく退職金額の支払の請求が認められるか検討したうえで，退職金の全額不支給の問題を検討する。

（1）　就業規則の変更の拘束力

　本件では，就業規則の変更により，X_2に退職金額の減少という実質的な不利益が生じており，しかも，X_2が就業規則の変更による新退職金制度に個別に同意した事実は認められない（労契法8条・9条参照）。しかし，その場合で

も，(a)就業規則の変更に合理性があり，(b)変更後の就業規則を労働者に周知させた場合には，労働条件は変更後の就業規則に定めるところによるものとされる（労契法 10 条）。そこで，(a)，(b)について検討する。

(a)　就業規則の変更の合理性

就業規則の変更が合理的であるか否かは，①労働者の受ける不利益の程度，(②労働者の不利益を緩和する措置の有無，)③労働条件の変更の必要性，④変更後の就業規則の内容の相当性，⑤労働組合等との交渉の状況，⑥その他の就業規則の変更に係る事情に照らして総合的に判断する（労契法 10 条）。以下，本件事案に沿って①から⑥について検討する。

①労働者の受ける不利益の程度については，X_2 は退職金額が 200 万円減額されることになり，X_2 の受ける不利益は非常に大きいと評価できる。

もっとも，②労働者の不利益を緩和する措置として，組合との協議を経て設けられた功労対応部分に係る特別割増の経過措置により，減額が 100 万円抑えられている。

③労働条件の変更の必要性について，退職金など労働者にとって重要な労働条件に関し実質的な不利益を及ぼす場合には，高度の必要性が求められる。この点，Y 社の経常収支が赤字になるなど経営状況が大きく悪化していることや，残業の見直しなどの人件費削減の取組を行っていることからすれば，功労対応部分を縮小し，従来と比較して額を減らした新退職金制度の導入に高度の必要性が認められる。

④変更後の就業規則の内容の相当性については，世間相場との比較（社会，業界，地域における状況）が参考になるが，本件では，変更後の退職金額が同業他社とほぼ同じ水準となることから，一定の相当性が認められると思われる。

⑤労働組合等との交渉の状況については，従業員の 7 割が加入する組合と複数回協議を行い，最終的に組合の同意を得るに至っていることからすれば，変更後の就業規則の内容は労使間の利益調整がされた結果として合理的なものと推測することができる。

⑥その他の就業規則の変更に係る事情については，労基法上の就業規則変更の手続（意見聴取，届出）を履践していない場合に，合理性を否定する事情として評価される。本件では，労基法所定の手続をすべて済ませており，この点に

ついて合理性を否定する事情はうかがわれない。

　以上を総合考慮すると，労働者の受ける不利益の程度は非常に大きいものの，労働者の不利益を緩和する措置がとられており，また，そのような不利益を受忍させることもやむをえない高度の必要性が認められる。さらに，変更後の就業規則の内容には相当性が認められ，労働組合等との交渉経緯やその他の事情をみれば，全体としては変更に合理性があると判断できると思われる。

　　(b)　変更後の就業規則の周知

　労契法 10 条の「周知」とは，労働者が知ろうと思えば知りうる状態に置くことをいう。この点，本件においては，労基法所定の手続をすべて済ませていることから，労基法上の周知がなされており，変更後の就業規則が労働者に周知されているものと考えられる。

　以上から，本件就業規則の変更に伴う新退職金制度は，X_2 に対しても効力を生ずるというべきであり，X_2 の請求しうる退職金額は，固定部分 200 万円，功労対応部分 600 万円，功労対応部分の特別割増 100 万円の計 900 万円ということになる。

　(2)　退職金の全額不支給の適法性

　　(a)　本件退職金の法的性格

　そこで次に，X_2 の請求しうる退職金 900 万円の全額不支給の適法性について検討する。[1](1)(a)で検討したのと同様，X_2 には退職金請求権が認められる。

　もっとも，本件退職金の法的性格については，変更後の就業規則による新退職金制度に基づいて明らかにする必要がある。すると，新退職金制度は固定部分と功労対応部分とからなり，かつ，それぞれの割合が明示されている点に特徴がある。このうち，固定部分は，功労にかかわらず勤続年数から一律に算出されることからすれば，賃金後払的性格が強いと考えられる。したがって，この固定部分を減額・不支給とするような就業規則の規定には合理性がなく，その旨を定める規定は公序良俗（民法 90 条）に反し無効であると解される。他方で，功労対応部分と特別割増については，功労報償的性格が認められることから，労働者のそれまでの勤続の功労を減殺してしまうほどの信義に反する行為があった場合には，その減殺の程度に応じた退職金の減額や不支給も許される。

　以上から，Y 社は X_2 に対し労働契約上，退職金の支払義務を負うが，固定

部分 200 万円の減額・不支給は許されず，功労対応部分とその部分に係る特別割増の計 700 万円については勤続の功労の減殺の程度に応じた減額や不支給も許されると解される。

　(b)　功労報償的退職金を不支給とする措置の適法性

　そこで，同業他社への転職の経緯や実態に照らし，X_2 の勤続の功労がどの程度減殺されたのかを検討する。

　本件において，X_2 は在職中から同業他社である B 社への転職を検討していただけでなく，X_2 が研究開発部門で働いていたことから，Y 社で得た知識や技術が B 社に伝わり，Y 社は企業経営上大きな不利益を受けることも考えられる。したがって，X_2 には大きな背信性が認められ，勤続の功労も大きく減殺される。

　以上から，新退職金制度のうち功労報償的性格を有する 700 万円について，Y 社が X_2 に支給しないことも相当であると考えられる。したがって，X_2 はY 社に対し，固定部分 200 万円についてのみ請求することができる。

Checkpoints

1　使用者は，就業規則の作成および変更にあたり，労基法上どのような手続をとることが求められているか。

2　就業規則の最低基準効とはどのようなものか。その効力発生要件は何か。

3　労契法 7 条にいう「合理的」（合理性）とはどのようなものか。また，同条にいう「周知」は，労基法 106 条にいう「周知」とどのように異なるか。

4　就業規則の変更に労働者が同意している場合には，就業規則の変更の周知や合理性の有無（労契法 10 条）を問うことなく労働契約の内容が変更されるか。それはどのような法的根拠によるか。

5　労働条件の変更を基礎づける労働者と使用者の合意（労契法 8 条）の認定にあたっては，どのような点に注意が必要か。

6　労契法 10 条は，就業規則の不利益変更の合理性の判断要素として，どのようなものを挙げているか。

Materials

荒木 394〜451 頁，菅野 196〜220 頁，土田 68〜77 頁・227〜241 頁，西谷 65〜70 頁・183〜202 頁，水町 73〜94 頁

Unit 5 ｜ 労 働 契 約

【Case 5 - 1】

　私（Ｘ）は25年前からＹ社の経営するＡ旅館で仲居として働いてきました。Ａ旅館は老舗の温泉旅館で，創業当初から約50年間，従業員に毎日の勤務終了後に旅館の温泉に入り疲れを癒してから退社することを認めてきました。温泉に入る時間は１人あたりだいたい30分ぐらいで，その時間も労働時間として賃金支払の対象とされていました。これについては創業者である先代の社長をはじめ誰も文句を言う人はいませんでした。先代の社長はよく私たちに「気持ちの良い環境で働いてもらえればそれでいい。Ａ旅館自慢の温泉で疲れをとって，また明日からよろしくお願いします」と言っていたものでした。

　しかし，ここ数年Ａ旅館の経営状況がだんだん悪くなってきたため，２か月前に取引銀行から新しい総務部長としてＢさんという人が送りこまれてきました。Ｂ部長は就任早々のあいさつで「従業員が勤務時間中にお客様用のお風呂に入るなんてありえない」と発言して，みんなを驚かせました。仲居のなかでも年配の私はみんなの意見を聞いたうえで，Ｂ部長に「みんなここのお風呂が大好きなんです。従業員からその楽しみを奪わないでください」とおそるおそる話してみました。するとＢ部長は，「そんな抗議は認められません。きちんとした規則を作ってそれに従ってもらいます」というにべもない返事をされました。その後，Ｂ部長は，Ａ旅館の就業規則に，「入浴した時間は就業時間には含まれない。」という規定を加える規則改訂を行い，所轄の労働基準監督署長に届け出ました。

　近隣の他の旅館ではどうなっているのかわかりませんが，Ａ旅館では50年も前からずっとこの習慣を続けてきたんです。それを突然変えるといわれても納得いきません。そこで私はこれまでどおり仕事の後に温泉に入り続けたのですが，Ｂ部長から「今後も続けたら懲戒処分を科しますよ」と口頭で注意されました。そして，その月の給与をみると入浴時間に相当する時間分の賃金は支払われていませんでした。

Q　本 Case で，X は Y 社に入浴時間に相当する時間分の賃金の支払を求める
　訴えを提起したいと考え，弁護士であるあなたのもとに相談にきた。この相
　談に関する法的な論点および請求にあたって明らかにすべき点について，あ
　なたの見解を述べなさい。

Keypoints

　X が賃金を請求できるといえるには，Y 社と X の間に入浴時間につき賃金を
支払う法的根拠がなければなりません。本 Case では勤務終了後の入浴に対し
賃金が支払われてきたというこれまでの取扱い（労使慣行）を就業規則の変更
（規定の追加）という方法で変えています。そこでまず，労使慣行に法的効力が
認められるのかが問題となります。本件では特に，B が就任するまでこれまで
の取扱いに異論がなかったのは規範意識があったからだといえるのかが判断の
ポイントとなるでしょう。参考となる裁判例として，商大八戸ノ里ドライビン
グスクール事件・最 1 小判平成 7 年 3 月 9 日労判 679 号 30 頁（〔原審〕大阪高
判平成 5 年 6 月 25 日労判 679 号 32 頁）などがあります。
　次に，就業規則の変更はこれに反対する労働者をも拘束するのかが争点とな
ります（就業規則の不利益変更の拘束力〔労契法 10 条→ Unit 4〕）。ここでは，本件
の状況を条文が定める各判断要素にあてはめて総合的に検討することが求めら
れます。また，労使慣行に法的効力が認められ，就業規則の不利益変更にも合
理性が認められるという場合に，本件のように就業規則よりも有利な内容の労
使慣行まで就業規則の変更によって変えることができるのかも問題となります。
就業規則より有利な労働契約と就業規則変更との関係について，労契法 10 条
の規定に照らして適切に判断できるのかも 1 つのポイントになるでしょう。

Example

　X が Y 社に入浴時間に相当する賃金の支払を請求することができるといえる
ためには入浴時間相当分の賃金を支払う法的根拠が必要となる。具体的には，
①入浴時間に相当する賃金を支払ってきたこれまでの取扱い（以下「本件労使慣
行」という）に法的効力が認められるか，②就業規則の変更はこれに反対する
労働者をも拘束するのかが争点となる。①について本件労使慣行に法的効力が

認められ，かつ，②において反対する労働者が拘束されない場合に，Xは労働契約上入浴時間に相当する賃金の支払を受ける権利を有する。

①　労使慣行の法的効力

　労使間で長期的に継続している取扱いについては，①当該取扱いが長期間にわたって反復継続して行われていること，②当事者が明示的にこれを排斥していないこと，③労使双方の規範意識によってこの慣行が支えられていることの３点が認められれば事実たる慣習（民法 92 条）として法的効力が認められる。

　本件についてこれをみると，本件労使慣行は約 50 年間にわたり毎日行われてきたことから長期間反復継続して行われているといえ（①），また，Bが来るまで本件労使慣行を労使が明示的に排斥しようとした事実はうかがわれない（②）。そして，先代の社長の発言からは，本件労使慣行は良好な職場を整備するものであるととらえていたことがうかがわれる。さらに，本件労使慣行はY社が黙認してきたという性質のものではなく，Y社による賃金の支払という積極的な行為が介在するものである。これらのことからすると，Y社は規範意識をもって本件労使慣行を支えてきたと判断することができる（③）。

　以上から，本件労使慣行には「事実たる慣習」として法的効力を認めることができる。

②　就業規則の不利益変更の拘束力

　もっとも，本件労使慣行に法的効力を認めることができるとしても，Bはそれを変えるために「入浴した時間は就業時間には含まれない。」という就業規則の改訂を行っている。この就業規則の変更は入浴時間を賃金支払の対象としないことを意味しており，Xに不利益を課す変更であるが，これに反対するXに対しても拘束力を有するのであれば，Xは入浴時間に相当する賃金の支払を求めることはできない。そこで次に，この就業規則変更の拘束力について検討する。

　労契法は，就業規則を労働者の不利益に変更することを原則として禁止しているが（9 条），その例外として，変更後の就業規則を労働者に周知することと就業規則の変更が合理的なものであることを条件に，労働者に不利益となる就業規則変更の拘束力を認めている（同法 10 条）。この就業規則変更の合理性は，①変更により労働者の受ける不利益の程度，②使用者側の労働条件の変更

の必要性，③変更後の就業規則の内容の相当性，④労働組合等との交渉の状況，⑤その他の就業規則の変更に係る事情を総合的に考慮して判断することとされている。そして，労契法によれば，就業規則変更によっては変更されないとの合意がない限り，就業規則よりも有利な内容の労働契約であっても就業規則の変更により変更することができるものとされている（10条ただし書参照）。

　本件についてこれをみると，これまで賃金支払の対象となっていた時間につき賃金が支払われなくなることは労働者にとって大きな不利益といえる（①）。他方で，ここ数年Ａ旅館の経営状況が悪化していることを考えると使用者にとっての変更の必要性も認められる（②）。そして，入浴時間は就業時間に含まないという取扱いやＹ社の賃金水準を同業他社と比べたうえで，こうした取扱いをしている同業他社が近隣にはなく，賃金水準も高い場合や，就業規則の変更に伴う不利益を緩和するような代償措置が講じられている場合には内容の相当性は認められる（③）。なお，ＸはＡ旅館の従業員の代表としてＢに話しているが，ＢからＸら従業員に対し状況の説明や交渉があったか否かは明らかではない（④）。また，労基法に規定する就業規則の変更の手続について，所轄の労働基準監督署への届出を行っているものの，過半数労働組合等への意見聴取が行われたか否かも明らかではない（⑤）。そして，本件では就業規則によっては変更されないとの合意が存在する事情はうかがわれない。

　以上，本件の事情からは明らかでない同業他社との比較や不利益を緩和する措置の有無・内容（③），労働組合等との交渉の状況（④），労基法上の就業規則変更の手続の履践（⑤）について明らかにし，本件不利益変更に関わる諸事情を総合的に考慮することになる。そのうえで，就業規則の変更が合理的であると判断され，かつ労働者に実質的に周知がなされていれば，変更後の就業規則は労働契約として効力を有するため，Ｘは入浴時間に相当する賃金の支払を請求することはできない。

Checkpoints

1　労働契約の解釈にあたって適用される一般的なルール（契約法における基本的な枠組み）はどのようなものか。

2　労使慣行に法的効力は認められるか。認められるとすれば，どのような場合にどのような根拠で認められるか。

3 　労働契約が就業規則よりも有利な規定を置いている場合，両者はどのような関係に立つか。

4 　労働契約上，使用者は労働者にどのようなことを命じることができるか。また，使用者の指揮命令権（業務命令権）はどのような制約を受けるか。

5 　リボン，バッジを着用して働くことは労働契約上の義務に反することになるか。

6 　私的な負傷や疾病により労働者がそれまでの仕事を完全には遂行できなくなってしまった場合に，なお「債務の本旨」（民法 493 条）に従った労働義務の履行であると認められることがあるか。

7 　労働者は使用者に対し労働することを請求する権利（就労請求権）をもつか。

8 　労働者が労働契約上の義務に違反して使用者や第三者に損害を与えた場合，労働者は損害賠償責任を負うか。その場合，使用者と労働者の間の経済力の差や危険責任・報償責任の原理をどのように考慮すればよいか。

【Case 5 - 2】

　全国規模で展開している大学受験の大手学習塾であるＸ塾では，各専任講師に次のような誓約書を署名捺印のうえで提出することを求めている。提出にあたっては誓約書の趣旨を十分に説明し，かつ諾否の自由も与えているが，これまで提出を拒否した専任講師はいない。

　「貴塾に就業期間中および退職後も貴塾に関わる重要な機密事項（特に『塾生の名簿』『授業で使用するテキスト類』）について一切他に漏らしません。また，理由のいかんにかかわらず，貴塾退職後１年間は在職時に勤務経験のある都道府県内の同業他社に就職し，あるいは同地域内で同種の事業を開業することはいたしません。これらに違反する行為を行った場合，当該違反行為により貴塾に現実に生じた損害の支払に加え，退職金を半額に減額する措置を講じられても一切異議を述べません。」

　Ｘ塾名古屋校に12年間勤務し，わかりやすい授業で看板講師となっていたＹは，Ｘ塾の用意するテキスト（講師はこのテキストの使用を義務づけられる）が最近の受験事情にあっていないと考え，Ｘ塾にテキストの改善を訴えたが取り合ってもらえないことに不満を抱くようになった。次第に仕事への意欲を失ったＹはほどなくＸ塾を退職し，退職金1500万円を受領した。この金額はＹが看板講師であったことも加味されて，Ｘ塾の同じ勤続年数の他の専任講師の場合と比べて５割上乗せされた金額であった。

　しばらくのんびりしようと思っていたＹだったが，退職して２か月ほど経過したとき，Ｙの状況を知った旧知の学習塾経営者から「君ほどの人材がもったいない。うちはＸ塾のような大手じゃないが，その分授業内容も講師の自由だ。もしよければうちで働かないか」と声を掛けられた。その塾なら自分の信念にあった教育ができると思ったＹはその誘いを快諾し，ただちに名古屋市内に展開する大学受験向けの学習塾であるＡ塾の講師となった。なお，ＹはＸ塾で使用していたテキストをＡ塾では使用していない。

Q1 あなたがX塾の代理人として訴えを提起する場合，どのような請求をすることが考えられるか，述べなさい。

Q2 Q1で述べた請求をする場合に問題となる具体的な論点を挙げたうえで，各論点に対するあなたの見解を述べなさい。

Keypoints

このCaseのYは，競業避止義務を定めた誓約書を提出したにもかかわらず，X塾を退職して2か月後にA塾の講師となっています。そこで，YはX塾を退職後もX塾に対して競業避止義務を負うのかが問題となります。このような事案では，競業行為の制限により労働者の職業選択の自由が制限されますが，他方で使用者の企業経営上の利益も保護する必要があります。そこで，誓約書の内容や制限の程度を検討して競業を禁止する規定の合理性（公序違反性）を判断することになります。この点，代償措置の有無を重要な考慮要素とするかどうか，考慮要素とするにしても何が代償措置と評価できるのか（退職金の増額は競業規制の代償といえるのか）については議論があり，これらの点をどう考えるかで *Example* とは結論が変わることも考えられます。参考となる裁判例として，フォセコ・ジャパン・リミティッド事件・奈良地判昭和45年10月23日判時624号78頁などがあります。

また，競業避止規定が有効だと認められる場合にどのような法的請求をすることが可能かも重要なポイントとなります。ここでは，債務不履行としての損害賠償請求のほかに，競業行為の差止請求が認められるか（どのような場合に認められるか）を検討することになります。退職金を半額に減額する措置の有効性についてはCase4-2やCase13-1が参考になります。

Example

①　X塾からYに対し，(1)誓約書に定める競業避止規定に違反したという債務不履行により生じた損害の賠償（民法415条），(2)競業避止規定に基づく競業行為の差止め，(3)支給した退職金の半額である750万円の返還を請求することが考えられる。

②　本件では，(1)誓約書に定める競業避止規定の有効性，(2)競業行為の差止め

の可否，(3)退職金を減額する措置の適法性が問題となる。

（1）　誓約書に定める競業避止規定の有効性

　労働者は在職中，信義則（労契法3条4項）に基づいて競業避止義務を負うと考えられるが，退職後における競業避止義務は退職労働者の職業活動を広く制約するものであるため，契約上の根拠が必要であると解する。本件では，YはX塾に署名捺印を付した誓約書を提出していることからX塾とYは誓約書の定めるとおり合意したと認められる。

　もっとも，退職後の競業避止義務に契約上の根拠がある場合でも，当該義務が労働者の職業選択の自由（憲法22条1項参照）を不当に侵害するものであると判断される場合には，公序良俗（民法90条）に反するものとして無効となる。具体的には，①保護される使用者の利益，②競業が禁止される期間・地理的範囲・職種，③代償措置の有無等を総合考慮して，この規定の有効性（公序良俗違反性）が決せられる。

　本件についてこれをみると，YがX塾と競業関係に立つ他の学習塾に転職し，または自ら開業することによりX塾の顧客が奪われる可能性があり，YがX塾で得た経験や知識を活用することによりX塾の指導方法が公開され不利益を受けることが予想されるため，X塾には正当な利益があるといえる（①）。次に，競業禁止の範囲について，その期間は退職後1年間と比較的短期間であり，また地理的にも在職時に勤務経験のある都道府県内という限定が付されている。この点，特にX塾が全国展開の塾であることを考慮すると競業が禁止される地理的範囲はきわめて狭いといえる。禁止の対象職種はX塾の同業他社および同種の事業とされており，X塾の行っている大学受験指導およびそれに関連するサービス全般に及ぶものと解されるため，限定的なものとはいえない（②）。そして，Yに対して支払われた退職金は，Yの専任講師としての貢献が大きかったことに照らしX塾における他の専任講師と比較して高額となっていることからすれば，競業行為の禁止によりYの受ける不利益に対する代償措置が一定程度講じられているということができる（③）。

　以上の①から③を総合的に考慮すると，誓約書に定める競業避止規定によってYの職業選択の自由が不当に侵害されているとはいえず，禁止の対象職種が大学受験指導およびそれに関連するサービス全般に及ぶことのみで誓約書の定

める競業避止規定の合理性が失われる（公序良俗に反する）とまではいえない。したがって，YはX塾に対し，誓約書の定める競業避止義務を負っていると認めるのが相当であり，X塾はYに対し債務不履行を理由とする損害賠償を請求することができる。

(2)　競業行為の差止めの可否

競業避止規定が有効であると認められる場合には，競業行為の差止めを請求することも考えられる。そこで，以下ではこの点について検討する。

差止請求が認められるためには，競業行為によりX塾の営業上の利益が侵害されているか，侵害される具体的なおそれがなければならない。具体的には，YがX塾で得たノウハウを用いることでX塾の特徴や同業他社との差別化が損なわれる，顧客が大きく奪われているなど，放置しておくとX塾にとって回復しがたい損害が生じているあるいは生じるおそれがあることを立証することが必要となる。

本件では，YはX塾で使用していたテキストは使用しておらず，また，名古屋市内とはいえ大手でないA塾で大学受験指導を行っているだけでは顧客が大きく奪われるおそれがあるともいえない。とすれば，X塾に回復しがたい損害が生じるおそれはない。

以上から，X塾はYに対し競業行為の差止めを請求することはできない。

(3)　退職金減額措置の適法性

退職金を減額する措置が許されるか否かを判断するにあたっては，退職金の性格を検討する必要がある。本件では退職金の支払や計算方法に関する規定は明らかではないが，退職理由により金額が増減するなど功労報償的な性格が認められる場合には，退職金の減額措置を定めることには合理性があるといえる。もっとも，その適用にあたっては，競業の経緯や実態に照らし，Yの在職中の功労がどの程度減殺されたのか検討する必要がある。

本件において，Yの競業行為はX塾に在職中から企図されたものではなく，またX塾の同僚をA塾に勧誘したり積極的に顧客を奪うなどの行為も認められない。したがって，Yに著しい背信性は認められず，在職中の功労を減殺するものとはいえない。

以上から，X塾はYに対し支給した退職金の半額である 750 万円の返還を請

求することはできない。

1 労働契約に付随した義務としてどのようなものがあるか。それらの法的根拠はどのようなものか。

2 労働契約の存続中（在職中）と退職後とで，競業避止義務や秘密保持義務の存否に違いはあるか。

3 労働者が競業避止義務や秘密保持義務に違反した場合，使用者はどのような法的請求が可能か。

4 労働者が使用者から取得しまたは開示された「営業秘密」（不正競争防止法2条6項）について不正に使用・開示した場合，使用者は同法上のどのような救済を求めることができるか。

5 従業者（労働者）は，使用者に職務発明の特許を受ける権利を取得もしくは特許権を承継させ，または専用実施権を設定する場合，発明した従業者は使用者から「相当の利益」（特許法35条4項）の支払を受ける権利を有するが，この額はどのように決定されるか。

【Case 5 - 3】

　X社は，一般区域貨物自動車運送事業を営む会社である。Yは，2015年4月から2018年3月11日までX社の従業員として勤務し，クレーン車の運転に従事していた。

　Yは，2016年11月20日午前10時15分頃，A県B市をX社所有のクレーン車（以下「本件自動車」という）を運転して走行中，クレーンのブームを歩道橋に衝突させる交通事故（以下「本件事故」という）を起こした。Yは，本件事故の際，本件自動車の荷台に，大型の荷物を長さで25センチ・メートル，幅で両側に30センチ・メートルずつ荷台をはみ出した状態で積載していた。Yは積載後，いったんクレーンのブームを前方にいっぱいに伏せて出発地の構内を出ようとしたが，荷物が荷台からはみ出した状態では，出入口の構造上，フェンスにフックが引っかかる危険があったため，本件自動車を円滑に転回させるために，いったんいっぱいに伏せたブームを斜めに上げて公道に出た。その際，Yは，再度ブームをいっぱいに伏せ直すべきであったが，指定された時刻までに目的地に到着しなければならないと気が急いて，これを元に戻すことを失念し，そのまま走行した結果，これを地上4.7メートルの歩道橋に衝突させ，本件自動車，歩道橋，荷物を破損させた。X社は，本件事故に関する第三者からの請求に応じて損害賠償を行った。

　X社は，クレーンにつき，H海上火災保険株式会社との間で機械保険契約を締結しているが，同契約にはクレーン移動中の事故に関しては保険金を支払わない旨の特約がある。その他，X社が本件自動車につき自損事故による車両損害を担保するタイプの損害保険契約を締結していた形跡はない。

　X社は，本件事故後，本件事故の賠償金名目で，Yの同意を得て，2017年1月から2018年2月まで月3万円宛て合計42万円を給料から差し引いた。ただし，差引きの終期につき合意はなく，これが終わったのはYが出勤を取りやめたからであった。なお，Yは，本件事故前に追突事故を起こしたことがあり，X社代表者はYの業務遂行能力や仕事ぶりを問題視して

いた。

　X社は本件事故についてYに対し訴訟を提起し，民法709条および715条に基づき，損害賠償金468万1247円およびこれに対する本件事故の日から支払済みまでの遅延損害金の支払を求めた。

Q1　あなたがYの代理人としてX社との訴訟に臨むなら，どのような主張を展開するか。

Q2　Q1で挙げた主張を展開する場合に問題となる具体的な論点を挙げたうえで，それぞれについてのあなたの見解を述べなさい。

　このCaseは，労働者の不法行為に関する第三者からの損害賠償請求に対し，賠償を行った使用者から当該労働者になされた，求償権の行使が許されるか否かを問う問題です。また当該不法行為により同使用者が被った損害の賠償請求が許されるかという問題でもあります。

　労働契約においては，労働者が使用者の指揮命令下で労働し，使用者がそれによって経済的利益を得ていることから，危険責任・報償責任の考え方により，使用者は職務遂行に伴って生じる損害を負担することが求められます。労働者の損害賠償責任については，そのような労働契約の特質を考慮し，資力に乏しい労働者に苛酷な結果をもたらすことのないよう，同責任を制限する判例法理が発展しています。

　すなわち，使用者は，不法行為に基づく損害賠償請求および求償権（民法715条）の行使に際して，「損害の公平な分担という見地から信義則上相当と認められる限度において」のみ，被用者に対し損害の賠償または求償の請求をすることができる（茨城石炭商事事件・最1小判昭和51年7月8日民集30巻7号689頁）とされているのです。責任制限の基準は，①労働者の帰責性（故意・過失の有無・程度），②労働者の地位・職務内容・労働条件，③損害発生に対する使用者の寄与度（指示内容の適否，保険加入による事故予防・リスク分散の有無等）に求められます（最高裁茨城石炭商事事件判決）。

　たとえば，労働者に業務遂行上の注意義務違反はあるものの重大な過失まで
は認められないケースでは，使用者によるリスク管理の不十分さ等の事情を考
慮して，使用者による（賠償請求や）求償請求が棄却されています（M 運輸事
件・福岡高那覇支判平成 13 年 12 月 6 日労判 825 号 72 頁等）。また重大な過失が認め
られるケースでも，労働者が居眠りにより高額な機械を破損したことにつき，
深夜労働中の事故であることや会社が保険加入等の措置をとっていなかったこ
と等を理由に，責任を損害の 4 分の 1 に限定した例（大隈鐵工所事件・名古屋地
判昭和 62 年 7 月 27 日労判 505 号 66 頁）があります。他方，背任等の悪質な不正
行為には責任制限はなされません（逆求償については福山通運事件・最 2 小判令和
2 年 2 月 28 日民集 74 巻 2 号 106 頁参照）。

　また，X 社は，Y の同意を得て Y の給与から月 3 万円を差し引いていますが，
賃金については労基法 24 条が全額払いの原則を定めており，労働者の同意を
得たうえでの相殺の場合でも，労働者の自由意思による同意であるか慎重に判
断しなければなりません（日新製鋼事件・最 2 小判平成 2 年 11 月 26 日民集 44 巻 8
号 1085 頁）。

Example

1　職務に関連する労働者の不法行為により損害を被った第三者からの損害賠
償請求につき，賠償を行った使用者がなす，労働者に対する求償権の行使およ
び，当該不法行為により自らが被った損害についての当該使用者からの損害賠
償請求権の行使は，損害の公平な分担という見地から信義則上相当と認められ
る限度に限られると主張する。また，相殺についての合意は，Y の自由意思に
基づくものではなかったことから，相殺は全額払いの原則に違反し許されない
と主張し，42 万円を X 社に請求する。

2

（1）　労働者の損害賠償責任の制限

　この Case のように，労働契約に基づき労務を提供する過程で，労働者が過
失により使用者に損害を与えることがある。また，労働者が不注意により第三
者に損害を与えることもある。前者の場合には，使用者が労働者に対し損害賠
償を請求することが考えられ，後者の場合には，第三者から使用者責任を追及
された使用者が第三者に損害賠償を行い，それを労働者に求償することが考え

られる。

　ただし，労働契約においては，労働者が使用者の指揮命令下で労働し，使用者がそれによって経済的利益を得ているという特質から，労働者の損害賠償責任を制限する法理が発展している。判例においても，使用者は，不法行為に基づく損害賠償請求および求償権（民法715条）の行使に際して，「損害の公平な分担という見地から信義則上相当と認められる限度において」のみ，被用者に対し損害の賠償または求償の請求をすることができる（最高裁茨城石炭商事事件判決）とされている。責任制限の基準は，①労働者の帰責性（故意・過失の有無・程度），②労働者の地位・職務内容・労働条件，③損害発生に対する使用者の寄与度（指示内容の適否，保険加入による事故予防・リスク分散の有無等）に求められる（最高裁茨城石炭商事事件判決）。

　(2)　本件の検討

　YはX社に雇用され，X社の指示に従い，本件自動車を運転していた。X社は，Yのこの労働により経済的利益を得ていた。

　この Case で問題となったYの不法行為は，過失によりクレーンのブームを元に戻し忘れたことによる歩道橋への衝突事故である。過失による事故である以上，損害賠償請求および求償が許されないとはいいがたい。

　しかし，YがX社の指揮命令下で働き，X社がそれにより経済的利益を得ている以上，Yの責任は制限され，X社によるYに対する損害賠償請求および求償権の行使は，信義則に照らし相当な限度にとどまらなければならない。判例によれば，責任制限の基準は，①労働者の帰責性，②労働者の地位・職務内容・労働条件，③損害発生に対する使用者の寄与度とされている（最高裁茨城石炭商事事件判決）。

　(a)　労働者の帰責性（①）

　責任制限の第1の基準である「労働者の帰責性」については，当該労働者の故意・過失の有無・程度を検討する必要がある。

　クレーンのブームを上げたままでは歩道橋に衝突することは明白であるにもかかわらず，Yがそれを元に戻さなかったことは明らかな過失である。しかし，その原因の一端は，Yが指定された時刻までに目的地に到着しなければならないことに気をとられたことにある。そうした過失を誘発するほどの過密スケジ

ュールであったとすれば，それはＹにとって汲むべき事情である。

(b)　労働者の地位・職務内容・労働条件（②）

第２の基準である「労働者の地位・職務内容・労働条件」については，まず，Ｙが管理職ではなく，働き始めて２年ほどの運転手であることを考慮すべきである。また，当該職場の労使の力の差が，Ｘ社によるＹに対する賠償金名目の月３万円の給料からの天引きが，容易に行われるほどはなはだしいものであったことも考慮する必要がある。そうした力関係の職場においては，Ｘ社から苛酷な命令がなされても，Ｙを含め労働者は逆らうことができない。そうした職場環境が，指定された時刻までに目的地に到着しなければならないことに気をとられるあまり，クレーンのブームを元に戻し忘れたというＹの過失と無縁とはいいがたい。

(c)　損害発生に対する使用者の寄与度（③）

第３の基準である「損害発生に対する使用者の寄与度」については，Ｘ社が締結していた機械保険契約が，クレーン移動中の事故をカバーしておらず，他に自動車による自損事故による車両損害を担保するタイプの損害保険契約を締結していなかったことに着目すべきである。機械の破損は，クレーン移動中にも起こりうることは十分予想できたはずであり，そのような事態をカバーするべく万全な保険契約をしていなかったことは，Ｘ社のリスク管理の不十分さとして考慮する必要がある。

また，Ｘ社が，Ｙの業務遂行能力や仕事ぶりに問題があると気づいていながら，全く指導を行っておらず，必要に応じて配置換え等の措置をとることもなかったことも考慮すべきである。

(d)　結　論

以上のことから，この Case においては，Ｘ社からＹへの損害賠償請求および求償権の行使は制限されるべきである。

(3)　合意相殺

Ｘ社は，本件事故の賠償金名目で月３万円を毎月Ｙの給料から差し引いており，その合計額はＹが辞職したときにはすでに 42 万円にのぼっていた。問題文では，Ｙの同意を得て相殺したとされているが，自由な意思に基づく同意か否かを検討する必要がある。最高裁判所は，相殺合意がある場合については，

その相殺合意が労働者の自由意思に基づいてなされたものであると認めるに足りる合理的理由が客観的に存在するときは，その相殺合意に基づいて賃金債権を相殺したとしても，全額払いの原則には違反しないという判断をしている（最高裁日新製鋼事件判決）。

　X社に強いられたのであれば，自由な意思に基づいて同意したとはいえず，全額払原則に違反し，無効であり，給料から差し引かれた42万円を請求することができる。

Checkpoints

1　労働者の損害賠償責任の制限の理論的根拠はどこに求められるか。

2　労働者の損害賠償責任の制限の基準として，どのような項目が挙げられるか。

3　労働者の損害賠償責任が制限されないケースとして，どのようなものがあるか。

Materials

荒木36〜37頁・81〜82頁・319〜330頁・451頁，菅野147〜163頁・220頁，土田51〜68頁・79頁・284〜289頁，西谷113〜117頁・172〜183頁・203〜229頁，水町94〜108頁

第Ⅱ部　雇用関係法

Unit 6 雇用関係の成立

【Case 6‑1】

[Xの言い分]

　私（X）は，大学院修士課程2年次に就職活動をし，Y社から2022年5月に採用内定通知書（別添）を受領して，同年10月3日には同社で開催された内定式に出席しました。内定式の直後のオリエンテーションでは，内定から翌年4月の入社に至るまでの経過などが説明され，そのなかで2月中旬に3日間の入社前研修があることの説明を受けました。

　2023年1月10日，私はY社から，「2月13日から15日まで入社前研修を行いますので，本社研修所にお集まりください。」との通知を受けました。ところが，不都合なことに，その3日間は，大学で行われる修士論文の報告会や修了認定の口述試験のため，Y社の研修に出席することが難しい状況でした。そこで，Y社の人事部に連絡して事情を説明したのですが，欠席は認められない旨の返答を受けました。

　しかし，修士論文の報告会や修了認定の口述試験に出席しないと修士課程を修了すること自体ができなくなってしまうため，私はY社の入社前研修を欠席しました。すると，その翌週の2月20日に，Y社から「採用内定通知書でお知らせしておいた内定取消となる事由のうち，『④　故意または重大な過失により，社会の風紀，秩序を乱したときおよびこれに準ずる不都合な行為をしたとき』に該当する行為がありましたので，貴殿への採用内定を取り消します。」との連絡がきたんです。こんなの納得いきません。どうにかならないでしょうか。

[Y社の言い分]

　当社は，社会人としての基礎をきちんと身につけていただくため，内定者に対しては数日を割いて入社前研修を行っております。入社前に研修があること，および，そのおおよその実施時期については内定式の後で説明しました。その際に，この入社前研修についてXから質問を受けたり異議

を述べられたりはしていません。

　それにもかかわらず，入社前研修の詳細な日程を知らせた直後にＸから学業への支障を理由に研修を欠席したい旨の電話がきましたので，「４月から必要になるビジネスマナーや基本技能を身につけてもらう研修ですので必ず出席してください。おおまかな日程は事前に連絡しておいたはずですし，毎年全員に出席してもらっています」とお答えしました。

　ところが，Ｘは入社前研修には出席しませんでした。とても大事な研修を欠席するような人を入社させたら，きちんと研修に参加してくれた他の内定者の士気が低下し，わが社の秩序が乱れてしまいます。内定取消も当然です。

〔別添〕　採用内定通知書

拝啓　時下ますますご清祥の段，お喜び申し上げます。

　厳正なる選考の結果，貴殿を採用内定することに決定しましたので，ご通知申し上げます。

　ただし，下記のいずれかの事態が発生した場合には，内定取消となりますのでご承知ください。

敬具

記

① 履歴書身上書等の提出書類の記載事項に事実と相違した点があったとき

② 2023年３月に修士号を取得できなかったとき

③ 入社までに健康状態が選考日より低下し勤務に堪えないと認められたとき

④ 故意または重大な過失により，社会の風紀，秩序を乱したときおよびこれに準ずる不都合な行為をしたとき

⑤ その他の事由によって入社後の勤務に不適当と認められたとき

Questions

Q1　あなたがＸの代理人としてＹ社に対し訴えを提起する場合，どのような

請求をすることが考えられるか，述べなさい。

Q2　Y社の言い分も考慮したうえで，Q1の訴訟で問題となる具体的論点を挙げ，それぞれについて検討しなさい。

Keypoints

この Case では，Y社から内定通知を受け，内定式にも出席したXが入社前研修に欠席後，Y社から採用内定を取り消されています。そこで，内定期間中の法律関係を明らかにしたうえで，内定取消の適法性を判断することが本 Case の重要なポイントとなります。

この問題を考えるには，まず，採用内定により労働契約が成立していたのかを判断する必要があります。そして，労働契約が成立したと判断される場合には，採用内定取消の適法性は，客観的に合理的で社会通念上相当として是認できる事由の存否から判断されることになります。そこで，本件採用内定取消が客観的合理性と社会的相当性という2つの要件を満たしているのかを検討しなければなりません。客観的合理性の判断にあたっては，Xに研修に参加する義務があったといえるのか否かがポイントとなります。労働契約が成立したと判断される場合でも，XとY社の間に入社後と同様の権利義務が生じるわけではありませんから，両者の間にどのような合意等があったのかを明らかにして研修参加義務の有無を判断することになります。また，研修を欠席したことが義務違反にあたる場合でも，Xが研修を欠席するに至った事情や経緯から内定取消の社会的相当性の有無を判断することも論点となるでしょう。以上について考えるにあたっては，宣伝会議事件・東京地判平成17年1月28日労判890号5頁が参考になります。

また，Xの採用に関する期待が法的保護に値し，Y社の内定取消によってこの期待利益が侵害されたといえる場合には，XはY社に対し損害賠償を請求することができます。この点については，採用内々定の取消しに関する事案であるコーセーアールイー（第2）事件・福岡高判平成23年3月10日労判1020号82頁が使用者の対応の誠実さ（信義則違反性）も加味しながら判断を行っており，参考になります。

Example

1　XからY社に対し，本件採用内定取消が無効であると主張して，労働契約上の権利を有する地位の確認，および，4月以降の賃金相当額の支払を請求することが考えられる。また，採用に対するXの期待利益が侵害されたと主張して，不法行為に基づく損害賠償請求をすることも考えられる。

2　本件では，(1)採用内定の法的性質，(2)採用内定期間中の法律関係，(3)内定取消の適法性が問題となる。また，(4)入社の直前に採用内定取消を行った点が期待利益の侵害（不法行為）とならないかが問題となりうる。

（1）採用内定の法的性質

採用内定の法的性質については，その実態が多様であるため，個々の事案における具体的な事実関係に即して検討する必要がある。

本件では，2022年5月に内定通知がなされた後，10月3日に内定式が行われ，直後のオリエンテーションで入社までの経過と2月中旬に3日間の入社前研修があることが説明されており，労働契約の締結に関しそのほかには特段の意思表示は予定されていないことがうかがわれる。

以上から，本件では遅くとも2022年10月の内定式の時点でXとY社の間に始期付解約権留保付の労働契約が成立したと考えられる。

（2）採用内定期間中の法律関係

採用内定により労働契約が成立したと考えられる場合であっても，そこからただちに両当事者間に入社後と同様の権利義務が生じるわけではない。したがって，本件ではXに入社前研修に参加する義務があったか否かについて具体的に検討する必要がある。

採用内定期間中の法律関係については，契約の締結過程における両当事者の合意や認識等に照らして両当事者の権利義務の存否・内容を明らかにする必要がある。本件では，内定式直後のオリエンテーションでY社から2月中旬に3日間の入社前研修があることが説明されており，Xはこれに対し質問や異議を述べていない。したがって，Xの入社前研修への参加につきXとY社の間に黙示の合意が成立し，Xは入社前研修に参加する義務を負うものと考えられる。しかし，使用者は内定者が学業への支障等研修への参加が困難となる理由に基づいて入社前研修への欠席を申し出た場合には，たとえ従前内定者が異議を述

べなかったとしても，入社前研修を免除すべき信義則上の義務を負う（労契法
3条4項）と解すべきである。

(3) 内定取消の適法性

以上を踏まえて，入社前研修への欠席を理由とする内定取消の適法性を検討
する。

採用内定により始期付解約権留保付の労働契約が成立している場合，採用内
定の取消しの適法性は留保解約権の行使（解雇）の適法性の問題となる。した
がって，解約権留保の趣旨・目的に照らし，解約権の行使（内定取消）が客観
的に合理的な理由を欠き，社会通念上相当であると認められない場合は権利の
濫用として無効となる（労契法16条）。

本件では，Xが内定式直後のオリエンテーションでは入社前研修への参加に
つき質問や異議を述べなかったことからXとY社の間に入社前研修に参加する
ことにつき黙示の合意が成立したが，Xが修士課程を修了するための報告会や
口述試験に参加することを理由に入社前研修を欠席することを申し出たことに
より，Y社は入社前研修への参加を免除すべき信義則上の義務を負っていたと
いうべきである。したがって，Xには入社前研修に参加する義務はなく，労働
契約上の義務違反にあたる事情が認められない以上，本件採用内定取消には客
観的に合理的と認められる事由が存在しないというべきである。

以上によれば，他に内定取消の合理性を基礎づける特段の事情がない限り，
入社前研修への欠席を理由とした本件採用内定取消は権利濫用として無効とな
ると解される。

かりにXに入社前研修に参加する義務が認められるとしても，①Xに対し入
社前研修の具体的な日程が通知されたのは研修を行うわずか1か月前のことで
あること，②Xが入社前研修に出席すると修士課程を修了することができなく
なり，そのことが別途内定取消事由となっているため著しい不利益を被ること
になること，③XはY社に事情を説明したうえで欠席していることを考慮する
と，これらの事情のもとで内定取消を行うことは社会的相当性を欠くものであ
ると解される。したがって，Xに入社前研修に参加する義務が認められる場合
でも，本件採用内定取消は権利濫用として無効となると解される。

(4) 期待利益の侵害の有無

　本件で，Ｙ社が入社直前の 2 月下旬になってＸに対し採用内定取消をしている点は，ＸがＹ社で就労できることについての期待利益を侵害するものとならないかが問題となりうる。この点につき，内定者の採用に対する期待が法的な保護に値するといえる場合には，使用者は内定者の期待利益を侵害した不法行為（民法 709 条）として損害賠償責任を負うものと解される。期待利益侵害の有無を検討する際には，採用内定取消に至った経緯に加えて，使用者は採用内定取消にあたり，内定者に対し，誠実な態度で対応すべき信義則上の義務を負う（労契法 3 条 4 項参照）と解される点も考慮すべきである。

　本件では，①Ｘは採用内定通知書を受領し内定式に出席していること，②Ｘに対し内定取消の連絡がきたのは入社まで 1 か月前に至った段階であること，③内定取消事由に列挙されている事項から修士号を取得できればＹ社で就労できるとＸが考えても無理はないと解されることを考慮すれば，Ｘの採用に対する期待は法的な保護に値すると解される。それにもかかわらず，Ｙ社はＸからの入社前研修を欠席したい旨の電話に対し，研修の必要性を具体的に説明することもなく，研修欠席者に対する代替措置を模索することもしておらず，Ｘに対し誠実な態度で対応したとはいえない。よって，Ｙ社の本件採用内定取消は，労働契約上の信義則に反し，Ｘの期待利益を侵害するものとして不法行為を構成する。

　(5)　結　論

　(1)から(3)で検討したことからすれば，本件における採用内定の取消しは無効であるから，ＸはＹ社に対し労働契約上の地位確認，4 月以降の賃金相当額の支払（民法 536 条 2 項参照）を請求することができる。また，(4)の検討により，Ｙ社の不法行為に基づく損害賠償（同法 709 条）を請求することも考えられる。

Checkpoints

1　採用内定が取り消された場合，内定者はどのような法的救済を求めることができるか。また，使用者はどのような場合に内定取消を行うことができるか。

2　本 Case のような新規学卒者の採用内定ではなく，中途採用者に対する採用内定についてはどのように考えたらよいか。

3　採用内定期間中に企業と内定者との間にはいかなる権利義務が発生するか。

④　採用内々定が取り消された場合，内々定者はどのような法的救済を求めることができるか。

⑤　採用内定を受けた者が内定を辞退する場合，会社側はどのような法的請求ができるか。

⑥　採用後の試用期間終了後に本採用を拒否された場合，労働者はどのような法的救済を求めることができるか。また，使用者はどのような場合に本採用を拒否できるか。

⑦　使用者が契約期間を付して労働者を採用し，当該契約期間中の勤務状態をみて再雇用するか否かを判定する旨を労働者に告げた場合，当該期間満了に伴い当然に契約関係を終了させることができるか。

【Case 6 - 2】

　Aは従前から障がい者の就職支援事業を営んでいたが，2023年4月1日から新たに若者の就職支援事業を行うため事業所Yを開設することとし，Yの代表者となった。Aはハローワークで，Yの管理責任者の求人を行うこととした。Aは，管理責任者になれる者であること，月給は25万円とすることを決めたが，その他の条件については部下のBに対し，できるだけ多くの人が求人に応募するように求人票を作成するよう指示した。それを受けて，Bは求人票（本件求人票。後掲）を作成し，2023年1月10日にハローワークに求人申込みをした。Aは，実際の契約内容は契約するときにあらためて決めればよいと考えていたため，Bの作成した求人票の内容を把握していなかった。

　X（50歳）は社会福祉士の資格を持ち，高齢者施設Cで生活相談員兼介護職員として，利用者やその家族の相談に応じる職務および利用者の日常生活の介助に従事していた。収入は月額20万円ほどであった。こうしたなか，Xはハローワークで本件求人票を閲覧し，月給25万円で賞与も支給されることと，契約期間の定めがないことに魅力を感じたため，2023年2月1日にAおよびBとの面接を受けた。面接において，Xが求人票記載の賃金額について質問したところ，Aは「求人票記載の賃金額は，現時点での見込み額です。経済情勢の変化，利用者数による事業の業績や経営状況の変動等によっては多少の変更をさせていただくこともございます。賞与額は賃金額に比例しますので，賃金額が変われば賞与額も変わります」と回答した。これに対し，Xは特に異議を述べなかった。賃金額および賞与について，Aから上記回答のほかには求人票記載の情報以外の説明はなかった。また，労働契約の期間の定めの有無については，特段の話し合いはなされなかった。面接後，YはXに対して採用する旨の連絡をした。この連絡を受けて，XはCを同年2月21日にて退職することとし，Cに対して所定の手続をとった。

　2023年2月20日，Aは同年3月1日からのXの労働条件について社会保険労務士と相談した。このとき，若者の就職支援事業に通じており，キ

ャリアコンサルタントの資格を有しているＡの知人が，近い将来管理責任者を引き受けてくれそうなことがわかっていたため，契約期間を１年間の有期契約とした。また，当初の予想よりも利用者数が少なくなりそうなことから賃金月額を減額することとし，賞与もなしとした。その後，以上について記載した労働条件通知書（本件労働条件通知書。後掲）を作成した。

　2023年３月１日からＸは稼働を始め，Ｙ開所の準備作業に従事した。同日，ＡはＸに対し本件労働条件通知書に署名押印するよう求めた。その際，Ｙの利用者が予想していた数の６割ほどにとどまりそうなことを告げたうえで，本件労働条件通知書を提示して記載事項を読み上げた。それに対し，Ｘは，すでにＣを退職してＹに就業した以上，これを拒否すると仕事と収入が完全になくなってしまうため，特に内容に注意を払うことなく，本件労働条件通知書に署名押印した。

　2023年４月１日にＹが開所して以降も，Ｘは，Ｙで就業し，賃金は月額23万円が支払われていた。Ｘは仕事のやり方に効率的でないと思う点が出てくるたびに，Ａと何度か話し合いの場をもち，自分の提案を伝えていた。話し合いでは，Ａは，ＸがＹで管理責任者をしていることで感じた提案をすることに感謝しており，また，Ｘの仕事ぶりや責任感を心強く思い，評価していることをたびたび伝えていた。しかし，結局Ａは「もう少しすれば慣れてきて効率が上がるから大丈夫」といって，具体的な対応はしなかった。Ｘはこうしたことが続くなかでＡに不満を抱くようになり，賃金が月額23万円で支払われていることも気になったため，2024年１月に個人加入型の合同労働組合に相談した。その際，組合側からの指摘により，有期労働契約であることや賞与がなしとされていることを認識した。

　Ａは，2024年３月１日より知人が管理責任者を引き受けてくれることになったため，2024年２月29日でＸとＹとの労働契約が終了したものとして取り扱った。なお，2023年３月１日から2024年２月29日までに賞与が支給されたことはなく，Ｘが仕事のうえで大きなミスをしたこともなかった。

〔本件求人票〕

ア　職種　管理責任者

イ　仕事内容　利用者（15～39歳）を対象とした就職支援事業所での相談
　　支援員業務を行っていただきます。また，現場の管理業務も担当してい
　　ただきます。

　　＊ 2023年4月新規オープン予定です。

ウ　雇用形態　正社員

エ　契約期間　期間の定めなし　2023年3月1日～

オ　定年　満65歳

カ　必要な資格　社会福祉士，精神保健福祉士，キャリアコンサルタント，
　　産業カウンセラーのうちいずれかの取得者が望ましい

キ　賃金　月額25万円

ク　賞与　年1回あり（月額給与2か月分）

ケ　就業規則　なし（常時使用する労働者数が10人未満のため）

〔本件労働条件通知書〕

ア　契約期間　期間の定めあり（2023年3月1日～2024年2月29日）
　　　　　　　　更新する場合があり得る。

イ　賃金　月額23万円

ウ　賞与　なし

Questions

Q1　あなたがXの代理人弁護士としてYを相手方として訴えを提起する場合，
どのような請求をすることが考えられるか，述べなさい。

Q2　Q1の訴えを提起する場合に問題となる法的な論点を挙げたうえで，そ
れぞれについてあなたの見解を述べなさい。

Keypoints

このCaseでは，求人票に記載された募集段階での労働条件と，その後に提
示された労働条件が異なっています（いわゆる「求人詐欺」）。この場合，いずれ

の労働条件が労働契約の内容となるかは，当事者間でどのような合意が形成されたかという労働契約の解釈の問題となります。判断にあたっては，労働契約の締結（合意の形成）の過程に着目し，当該労働条件の性質，当該労働条件についての説明の有無・内容等をみることになります。これらを踏まえて，募集段階での労働条件は，一応の見込み（未確定のもの）でただちに労働契約の内容となるものではない（八州事件・東京高判昭和58年12月19日労判421号33頁）とされたり，労働契約の内容になった（株式会社丸一商店事件・大阪地判平成10年10月30日労判750号29頁）とされたりするでしょう。また，その後求人票に記載された内容と異なる契約が締結されたことにより，当該契約の内容の合意が成立したものとなる（藍澤證券事件・東京高判平成22年5月27日労判1011号20頁）ことも考えられます。

　このCaseでは，使用者が労働条件通知書を提示して一定の説明をしており，また労働者もこの通知書に署名押印しています。これらは法的にどのように判断されるでしょうか。**Example**では，これを労働条件の変更と位置づけ，山梨県民信用組合事件・最2小判平成28年2月19日民集70巻2号123頁を参考に，労働者の同意の有無について検討しています。検討にあたっては，このCaseで問題となっている労働条件が，賃金，賞与，労働契約の期間の定めの有無であることも考慮する必要があるでしょう（福祉事業者A苑事件・京都地判平成29年3月30日労判1164号44頁も参照してください）。

Example

① XはYに対して，①賃金は月額25万円であり，月額23万円で支払われた賃金との差額を請求すること，②賞与として月額給与2か月分の支払を請求することが考えられる。また，③XとYの労働契約（以下「本件労働契約」という）は期間の定めのないものであり，Yによる解雇は無効であることを主張して，労働契約上の権利を有する地位にあることの確認を請求すること，④本件労働契約が期間の定めのあるものだとしても，Yによる雇止めは違法であり，従前の契約が更新されたと主張して，労働契約上の権利を有する地位にあることの確認を請求することが考えられる。そのうえで，⑤解雇または雇止めの翌日以降の賃金相当額の支払を請求することが考えられる。

② 本件では，(1)どのような内容の労働契約が成立したか，(2)成立した労働契

約の内容が本件労働条件通知書により変更されたといえるか，(3)労働契約が終了したといえるかが問題となりうる。以下，これらの点を順次検討する。

(1) どのような内容の労働契約が成立したか

(a) 求人票記載の労働条件の位置づけ

求人は労働契約申込みの誘引であり，求人票はそのための文書である。また，求人者が求人にあたり，ハローワークに対し労働条件を明示すべき義務が定められているのは（職安法5条の3），求人者が現実の労働条件と異なる好条件で求職者を勧誘し，それにより労働契約を締結した求職者が予期に反した悪条件で労働を強いられることを防止するためである。こうしたことからすれば，求職者は，求人票に記載された労働条件が労働契約の内容となるものと考えて労働契約締結の申込みをするものである。したがって，求人票記載の労働条件は，当事者間でこれと異なる合意をするなどの特段の事情のない限り，労働契約の内容となると解するのが相当である。

(b) 成立した労働契約の内容

本件では，Xは本件求人票を閲覧後，Yの面接を受けて採用されている。面接では，本件求人票で契約期間の定めはなしとされている点について特にやり取りはなされていない。他方で，賃金については，Xからの質問に対し，Aは，賃金額は見込み額であり，変更がありうること，賞与額も賃金額に応じて変わりうることを回答し，これに対しXは異議を述べていない。求人から就業の開始まで一定の期間があることを考慮すると，求人票に確定した賃金を記載することは難しい場合もありうるといえる。以上の面接後に，YはXに採用を通知していることからすると，本件労働契約は，賃金の見込み額を月額25万円とし，月額給与2か月分の賞与が年1回支給され，2023年3月1日を始期とする期間の定めのない契約として成立したものと考えられる。

(2) 成立した労働契約の内容が本件労働条件通知書により変更されたといえるか

もっとも，Aは2023年3月1日に，Xに対して本件労働条件通知書を提示し，Xは同通知書に署名押印している。このことは，成立した本件労働契約の内容（(1)(b)）を変更しようとするものと考えられるため，この点について検討する。

使用者と労働者は，その合意により労働契約の内容である労働条件を変更す

ることができる。しかし，使用者が提示した労働条件の変更が賃金や退職金に関するものである場合には，当該変更を受け入れる旨の労働者の行為をもって直ちに労働者の同意があったものとみるのは相当でなく，当該変更に対する労働者の同意の有無についての判断は慎重にされるべきである。その場合，当該変更により労働者の受ける不利益の内容および程度，労働者が当該変更を受け入れた経緯およびその態様，当該行為に先立つ労働者への情報提供または説明の内容等に照らして，当該行為が労働者の自由な意思に基づいてされたものと認めるに足りる合理的な理由が客観的に存在するか否かという観点からも，判断されるべきである。そして，このことは，賃金や退職金と同様の重要な労働条件の変更についても妥当するものと解される。

　本件についてこれをみると，賃金月額，賞与の有無，労働契約の期間の定めの有無について変更が行われている。賞与は，月額給与2か月分とされており，賃金年額の7分の1を占めることから，賃金と同様の重要な労働条件といえる。また，労働契約の期間の定めの有無も，労働契約に期間の定めがない場合の終了事由である解雇と，期間の定めがある場合の終了事由である雇止めとでは，適法性の判断基準や違法とされた場合の効果が異なり（労契法16条，19条参照），契約の安定性に大きな相違があることから，賃金と同様に重要な労働条件であるといえる。

　以上から，賃金，賞与，労働契約の期間の定めの有無について，Xが本件労働条件通知書に署名押印したことが，Xの自由な意思に基づいてされたものと認めるに足りる合理的な理由が客観的に存在するか否かを検討する必要がある。

　(a)　賃金月額の変更

　賃金月額を25万円から23万円とする労働契約の変更により，Xは不利益を受けるものの，賃金月額を8％減額することは重大な不利益とまではいえない。たしかに，Aが本件労働条件通知書を提示した時点で，XはCを退職してYでの就労を開始している状況にあり，これを拒否すると仕事と収入が完全になくなるという事情を考えて署名押印したと認められる。しかし，AはXに対して，面接の時点で求人票記載の賃金月額は見込み額であり，変更がありうることを伝えており，これに対しXは異議を述べていない。さらに，Xはこのときに就職しており，Cでの就労を継続するか，Yに就職するかを選択できる立場に

あった。そして，本件労働条件通知書を提示した時点でも，ＡはＹの利用者数が予想を下回っている旨を伝えている。以上からすると，賃金月額について本件労働条件通知書にＸが署名押印した行為は，その自由な意思に基づいてされたものと認めるに足りる合理的な理由が客観的に存在すると認められ，賃金月額を23万円とする労働条件の変更についてＸの同意があったと認められる。

(b)　賞与の有無

月額給与2か月分の賞与を，賞与の支給なしとする労働契約に変更することは，Ｘの不利益が重大であると認められる。また，面接では，Ａが賞与の支給を前提とした発言をしていることがうかがわれる。さらに，本件労働条件通知書を提示した時点で，Ｘは(a)で述べた状況と事情から署名押印したと認められる。以上のことに鑑みると，賞与をなしとする本件労働条件通知書にＸが署名押印した行為は，その自由な意思に基づいてされたものと認めるに足りる合理的な理由が客観的に存在するとは認められない。したがって，それによる労働条件の変更についてＸの同意があったと認めることはできず，ＸとＹとの労働契約は，月額給与2か月分の賞与を年1回支給することが内容になっていたと解される。

(c)　労働契約の期間の定めの有無

期間の定めのない労働契約を，1年の有期契約とする労働契約に変更することは，Ｘの不利益が重大であると認められる。また，面接では，労働契約の期間の定めの有無について，やり取りがなされていない。さらに，本件労働条件通知書を提示した際に，Ａが労働契約の期間の定めの有無について求人票と異なる労働条件とする理由を明らかにして説明したとは認められない。そして，本件労働条件通知書を提示した時点で，Ｘは(a)で述べた状況と事情から署名押印したと認められる。これらの事情からすると，労働契約の期間を1年の有期契約とする本件労働条件通知書にＸが署名押印した行為は，その自由な意思に基づいてされたものと認めるに足りる合理的な理由が客観的に存在するとは認められない。したがって，それによる労働条件の変更についてＸの同意があったと認めることはできず，ＸとＹとの労働契約は，期間の定めのないものであると認められる。

(3)　労働契約が終了したといえるか

(2)(c)によれば，XとYは期間の定めのない労働契約を締結しているところ，Xを解雇するには，解雇に客観的に合理的な理由があり，社会通念上相当であることが必要となる（労契法16条）。しかし，仕事のうえで大きなミスをしていないXを解雇することに，客観的に合理的な理由は認められない。したがって，Xの解雇は権利を濫用したもので無効であり，本件労働契約はなお継続していると認められる（仮に本件労働契約が期間の定めのあるものだとしても，XとAとの話し合いにおける発言からは，AがXを高く評価していることがうかがわれる。したがって，Xが契約期間満了時に当該労働契約が更新されるものと期待することについて合理的な理由があると認められる。そして，仕事のうえで大きなミスをしていないXを雇止めすることに，客観的に合理的な理由は認められない（労契法19条）。以上から，Yによる雇止めは違法であって，従前の契約が更新されたものと認められる）。

(4)　結　論

(1)から(3)で検討したことからすれば，XのYに対する，賃金月額の差額請求は認められないが，月額給与2か月分の賞与の支払請求は認められるため，YはXに46万円を支払わなければならない。また，XのYに対する，労働契約上の権利を有する地位にあることの確認請求および2024年3月1日以降の賃金相当額の請求は認められる。

Checkpoints

1　使用者は，労働契約の締結に際し，労基法上どのような労働条件をどのような方法で明示することが求められているか。

2　労基法のほか，（使用者以外の者に対するものも含めて）労働条件や就業条件の明示義務を課している法律にはどのようなものがあるか。

3　使用者によって明示された労働条件が事実と相違する場合，労働者は労基法上どのような権利があるか。また，この場合，使用者が労働者に必要な旅費を負担しなければならないのはどのようなときか。

4　労働者（求職者）に明示された労働条件と実際の労働条件が異なる場合，労働契約の内容となる労働条件はどのように決まるか。

Materials

荒木376〜393頁，菅野221〜244頁，土田36〜50頁，西谷156〜171頁，水町111〜124頁

【Case 7 - 1 】

　Xは，求人雑誌で衣料品等の販売を全国に展開するY社の販売員募集の広告をみて応募し，2011 年 4 月に期間の定めなく採用された。Xは，希望どおり自宅から徒歩 15 分のM店で販売員をすることになったが，雇用契約締結の際に，勤務場所や従事する業務について特別な話はなく，雇用契約書にもそれらの記載はなかった。Xの給与は，月額 25 万円（基本給のみ）であり，当月分が毎月 25 日に支払われ，また，毎年 6 月および 12 月には各 15 万円が賞与として支給されていた。Y社では，M店を含めて，所轄の労働基準監督署長に届け出られた就業規則が周知されていた。

　2023 年 8 月 20 日，M店店長（以下「店長」という）は，Xに対し，同年 9 月 1 日付けで，本社総務課勤務を命じた。Xは，自宅療養中で介護が必要な父親と小学校低学年の子 1 人の 3 人暮らしであり，毎年 1 月と 7 月に行われる店長との面談で，家族の状況を話し，勤務店を変わることはできないことを伝えていた。Xが「本社は自宅から片道 2 時間半以上かかり，通勤は不可能です。病気の父を抱え，家族が転居することはできないし，父と子を残して単身で転居することもできません。それに，これまで，希望していないのに販売員が異動になった例は，聞いたことがありません」と話すと，店長は，「会社の方針で，人件費削減のために，今後，販売員はすべて期間雇用のパートとして採用することになった。君は，これまで販売員として働いていたが，正社員なので，異動対象とした。本社での具体的な仕事は，まだ決まっていない。給与は，通勤手当が付くほかは変わらない。本社勤務ができないなら，辞めてもらうしかない」と話した。

　Xは，異動に納得ができず，同年 8 月 20 日以降，店長に対して，家庭の事情などを繰り返し伝えて異動に応じられないと話したが，店長は，異動に従業員の同意はいらないと言って聞き入れなかった。Xは，9 月 1 日にM店に行ったところ，異動辞令が出ていると言われ，店内に入れなかったため，その後，出社しなかった。Y社は，Xに対し，9 月 5 日および 9

月20日の2回電話をし，本社に出社するよう要請した。しかし，M店なら勤務すると答えるXに対し，Y社は「本社以外に勤務場所はない，M店では働かせることはできない」と告げた。

　同年9月25日には給与が振り込まれず，9月27日に，10月1日付けで解雇するとの通知書が送られてきた。Xは，すぐに店長に電話して，解雇には納得できないと抗議をしたところ，10月10日に，Xの銀行口座に25万円が送金されるとともに，同日，Y社から，「解雇理由は無断欠勤であり，これは就業規則第37条第1号および第5号に該当する。送金したのは解雇予告手当である。」旨の文書と，退職金の支給のための書類が送付されてきた。Xは，Y社に電話し，あらためて，解雇には納得できないと伝えたうえ，退職金支給書類を返送しなかった。Y社の退職金規程によれば，Xが9月末に退職した場合の退職金は105万円であった。

　なお，Y社は，Xの後任として，M店に，同年9月1日からパート従業員1名を採用している。また，Xは，生活のため，11月1日から12月31日までの2か月間，近所のコンビニエンスストアでアルバイトをし，11月と12月に各14万円の収入を得ているが，元のようにM店で働きたいと思っている。また，Y社の就業規則は，後記のとおりである。

〔Y社就業規則（抜粋）〕
第11条【転勤等】
　会社は，従業員に対して，業務の都合により，就業の場所または従事する業務の変更を命じることができる。
第37条【解雇】
　会社は，従業員が次の各号のいずれかに該当するときは，解雇する。
　一　職務遂行能力が不十分または勤務態度が不良でその職務に不適格であるとき
　二～四　（略）
　五　前各号に準じる事由があるとき

Q1　Xは，Y社で引き続き，就労したいと考えている。請求する内容を答えなさい。

Q2　Q1で述べた請求の可否について，法的に問題となる点を指摘し，それについて，あなたの考えを述べなさい。金銭債権に関して述べる場合は，2024年1月31日を基準として，金額を明示しなさい。ただし，遅延損害金は考えなくてよい。

Keypoints

　このCaseにおいてXはY社で継続して就労することを望んでいますので，争点は解雇の有効性です。そこで，労契法16条の要件に照らして判断を行うことになりますが，当該要件のうちの「客観的に合理的な理由」の存否に関して，転勤命令をめぐる法的諸問題を検討します。

　転勤命令の有効性に関して検討すべき事項は，大きくいえば，①個別特約がないか，②転勤命令権が労働契約上根拠づけられるか，③転勤命令権の濫用はないかの3点です。1つずつ事実を拾い，丁寧に検討してください。

　このCaseでは，解雇無効と判断された場合の賃金債権の処理の仕方も問題となります。Xは，9月から就労していない状況なのですが，9月と，解雇がなされた10月（*Example*では，10月10日を解雇日と認定しています）以降では，就労していない理由が異なります。この場合，「責めに帰すべき事由」（民法536条2項）の解釈を少し細やかに行う必要があります。また，中間収入の控除およびその際の賞与の処理方法に関する判例の見解についても確認してください。

Example

①　XがY社M店で就労する地位にあることの確認および2023年9月1日以降2024年1月31日までの未払賃金の支払を請求する。

②

（1）問題の所在

　本件においては，解雇の有効性が問題となっている。労契法16条によれば，解雇は客観的に合理的な理由と社会通念上の相当性が必要であるところ，本件

解雇は，XがY社本社に出勤しないことがY社就業規則37条1号および5号にあたることが理由となっている。しかし，Xが出勤していないのは，M店から本社への異動（以下「本件転勤」という）に応じられないためであることから，そもそもY社がXに対して行った本件転勤命令が有効といえるか，またかりに有効であり，本件解雇に合理的な理由が認められるとしても，それを理由に解雇をすることが社会通念上相当といえるかが問題となる。

また，本件においては，9月27日の解雇通告の時点で，労基法20条に則した30日前の解雇予告ないし30日分以上の平均賃金の解雇予告手当支払が行われていないが，10月10日にあらためて解雇が通告され，解雇予告手当が支払われていることから，解雇日は10月10日であることが認められる。そこで，Xが出勤していない9月1日から10月9日までの賃金債権の有無，および，解雇された10月10日以降の賃金債権の有無，そしてそれぞれの金額が問題となる。

(2)　本件転勤命令の有効性

(a)　勤務地ないし職種限定特約の有無

本件において，XがY社との間で，個別に，勤務地をM店に限定した特約あるいは販売員に限定した特約を締結している場合，Xが同意しない限り，Y社はXに対し転勤を命じることはできない（労契法8条）。

本件において，Xは求人雑誌で「販売員募集」の広告をみて応募していること，および，これまで希望していないのに販売員が異動になった例がないことから，X・Y社間で勤務地および職種を限定する個別特約が締結されたとみる余地がなくはない。

しかしながら，雇用契約締結の際には，勤務する場所および従事する業務について特別な話があった事情はうかがわれず，雇用契約書にもその旨の記載はない。そうであれば，勤務場所については，たまたまXの希望するM店での就業が可能であったにすぎず，また全国展開するY社の正社員として採用されている事実に照らせば，むしろ職種の限定は行われていないと解するのが妥当である。

したがって，X・Y社間に勤務地ないし職種限定の特約はなかったものと解される。

（b）　転勤命令権の有無

　Y社がXに対し転勤を命じ，それにXが応ずる義務があるというためには，Y社に転勤命令権が存しなければならない。本件においては，X・Y社間に個別に転勤命令権に関する合意はないが，Y社は就業規則11条に転勤命令に関する規定を置いている。そこで，同条がX・Y社間の権利義務を設定するものとなっているかが問題となる。

　労契法7条によれば，就業規則の規定に合理性があり，周知されていれば当事者間の労働契約内容を規律する。ここでいう合理性とは，使用者に企業経営上の必要性があり，労働者の権利義務を不当に侵害していないことをいい，また，周知とは労働者が知ろうと思えば知りうる状態にあることを指すと解される。

　Y社は全国に販売店を有する企業であり，そのため全国規模で従業員の配置転換を行う企業経営上の必要性があるといいうる。またY社就業規則はM店を含め周知されていたことが認められる。したがって，本件就業規則11条はX・Y社間の労働契約の内容となると解され，Y社はXに対して転勤を命じる権限を有し，Xはそれに応じる義務があるといいうる。

（c）　転勤命令権行使の適法性

　もっとも，使用者に従業員に対する転勤命令権が認められるとしても，その権利は濫用されてはならない（労契法3条5項）。一般に，濫用にあたる場合とは，①業務上の必要性がない場合，業務上の必要性があるとしても，②他に不当な動機・目的をもってなされた場合，あるいは，③労働者が通常甘受すべき程度を超える不利益を負わせるものである場合をいう。また，③に関しては，労働者の仕事と生活との調和（労契法3条3項）および育児介護を行う労働者に対する配慮（育介休法26条）にも留意する必要がある。

　そこで，本件について検討すると，Y社がXに対し本社転勤を命じたのは，人件費削減を理由にすべての販売員を期間雇用のパート従業員に入れ替え，それゆえ正社員で販売員であったXが余剰となったためであり，一応，異動についての業務上の必要性は認められる。しかしながら，Xの本社での具体的な仕事が決まっていないというのであるから，そのことを過大に評価することはできない。他方，Xがいわゆるひとり親として，父親の介護および小学校低学年の子の養育という重大な家庭責任を有していることに鑑みれば，通勤に片道2

時間半以上費やさなければならない事態は通常甘受すべき程度を著しく超える不利益とみるべきである。

したがって，本件転勤命令は権利の濫用にあたり，無効と解するのが相当である。

(3)　解雇の有効性

以上のとおり，Xが出勤しなかったのは無効な転勤命令によるものであって，勤務態度不良等（就業規則37条1号および5号）にはあたらないから，10月10日付けで行われた解雇は，客観的に合理的な理由を欠くものであり，社会通念上の相当性について検討するまでもなく，無効である（労契法16条）。よって，XがY社M店で就労することの確認請求は認められる。

(4)　賃金債権の有無

(a)　9月1日から10月9日までの賃金債権の有無

ところで，9月1日から10月9日までの間につき，賃金が支払われていないのは，Y社がXに対し2度電話をかけ出勤を促しても，Xが出勤せず就業しなかったためである。しかし，Xが出勤できなかったのは，前述のとおり，Xに無理を強いる無効な転勤命令によるものであって，XがM店に出勤したり，M店での就労を強く求めている事実に照らせば，XにはM店で就労する準備があるのであるから，それにもかかわらずXが労務不提供の事態に陥ったのはY社の責めに帰すべき事由によるものと解するのが相当である。したがって，Xはこの間の賃金の支払を請求することができる（民法536条2項）。

(b)　10月10日から口頭弁論終結時までの賃金債権の有無およびその額

(ア)　賃金債権の有無　　上記(3)のとおり，本件解雇は無効であり，無効な解雇によりXは就労できなかったものといいうるから，Xの賃金債権は消滅せず，Y社はこの間の賃金の支払を拒むことができない（民法536条2項）。

(イ)　中間収入の控除　　ところで，Xは，11月1日から12月31日までの2か月間について，他社で就労し利益を得ていることから，その利益をY社に償還しなければならない（民法536条2項後段）。

もっとも，労基法26条により使用者の責めに帰すべき事由がある場合に平均賃金の6割について休業手当が保障されていることとの均衡を考慮すれば，支払われる賃金額のうち平均賃金の6割に達するまでの部分については利益控

除の対象とすることが禁止されているとみるべきである。そして，控除の対象
となるのは，その利益の発生した期間が賃金の支給対象となる期間と時期的に
対応するものであることを要し，また，平均賃金算定の基礎に算入されない一
時金については全額利益控除の対象となると解するのが相当である。

(c)　支給されるべき賃金額

以上の点を考慮し，本件では次のように算定される。

9月分	25万円	……①
10月分	25万円	……②
11月分	25万円×0.6	……③
	25万円×0.4−14万円	……④
12月分	25万円×0.6	……⑤
	(25万円×0.4＋15万円)−14万円	……⑥
1月分	25万円	……⑦

以上，①〜⑦を加算するが，④についてはマイナスとなり，それ以上の控除
はできないため，0円として算定する。また，10月10日付けで支給された解
雇予告手当分25万円については，既払分として，上記算定額から控除する。
なお，当該控除は，過払金調整のための相殺であるから，労基法24条1項違
反の問題は生じないと解される。

その結果，Y社がXに対して支払うべき賃金額は91万円となる。

Checkpoints

1　使用者はいかなる法的根拠に基づいて，どのような場合に配転命令を行う
ことができるか。

2　使用者の配転命令権に対して，どのような法的規制が行われるか。

3　昇進，昇格，降格の内容および法的根拠はいかなるものか。

4　昇進，昇格，降格に対して，どのような法的規制が行われるか。

5　使用者の休職処分に対する法的規制について，傷病休職，事故欠勤休職，
起訴休職の場合に分けて説明しなさい。

【Case 7 - 2】

　製造業を営むY社では，人事管理において職能資格制度が用いられている。Y社の職能資格は職務遂行能力に基づく格付けであり，上から参与，参事，主事，社員とされ，各資格につき上から1級，2級，3級と等級が設定されている。役職（職位）は企業組織上の地位であり，部長は参与以上，課長は参事以上，係長は主事1級以上，主任は主事3級以上から人事考課に基づき任命されることになっている。基本給は職能資格に基づき決定され，役職に任命された場合，基本給に加えて役職に応じた役職手当が支給される。職能資格は基本的に人事考課に基づいて決定されるが，社員3級から社員1級までは一定の在級年数が経過すれば昇級するという運用がなされている。

　Y社営業二課の課長であるX₁（参事3級）は，部下のX₂（主事3級）とともに重要な取引先であるA社を担当していた。X₂が主任に昇進してからX₁はA社への対応のほとんどをX₂に任せるようになったが，X₂は1人で臨んだA社との商談で大きな失敗をし，大口の取引を失った。

　事態を重くみたY社は，X₁，X₂の役職を解き，両名を役職なしの一般社員（いわゆる平社員）に降格した。さらに，独断で商談を進め大きな失敗をしたX₂の職務遂行能力には特に問題があるとして，X₂の職能資格を主事3級から社員1級に降格した。なお，X₁，X₂の降格前の賃金（諸手当を含む）はそれぞれ月額45万円，32万円であった。

　それから2か月後，Y社はX₁に対し関連会社であるB社への出向命令を発した。Y社には「会社は，業務上の必要に応じて，従業員に対し，関連会社等への出向を命じることができる。」という就業規則の規定がある。また，B社の賃金水準はY社より低いが，Y社よりも賃金水準が低い会社に出向した場合，差額をY社が負担し出向中もY社の賃金額を維持すること，出向期間は最長3年間とし期間満了時には必ずY社に復帰させることなどを定めた出向規定も整備されている。

［X₁の言い分］

　降格には納得していません。たしかに，X₂に対し上司として適切にフォローできていたかと言われれば，私にも落ち度はあるかもしれません。しかし，課長から平社員への降格というのでは，社内での体面もありますし，役職手当も支給されなくなります。いくら何でもひどすぎます。それに，各社員に配付されている就業規則を再度調べてみたのですが，役職の解任については特に規定がありませんでした。会社が就業規則に書いていないことをやってもよいのでしょうか。

　B社への出向についても納得していません。仕事はともかく，B社には通勤時間が片道1時間30分はかかります。いまは片道30分なので，3倍になります。私には配偶者がおらず，1人で10歳と8歳の子を育てているのですが，これでは子どもたちとの時間が十分にとれません。

［X₂の言い分］

　主任の解任，職能資格の引下げ，いずれにも納得できません。A社との取引で会社に大きな迷惑をかけたことは自覚していますが，だからといって，せっかく主任になれたのにまた平社員なんて，家族にどう説明すればよいのでしょうか。職能資格については，たしかに「従業員の能力と業績が，属する職能資格に期待されるものと比べて著しく劣っている場合には，職能資格を引き下げることがある。」との規定が就業規則にありました。ですが，これまで大きなミスもなく会社に尽くしてきたのに，たった一度取引に失敗したぐらいで降格なんて，ひどい話です。これから子どもの教育費もかかるのに，基本給が2万円減額され，役職手当2万円がなくなるので，月額4万円も賃金が減ることになってしまいます。

［Y社の言い分］

　X₁がX₂にA社への対応を任せきりで，何らフォローもしていなかったために今回の一件が起きたわけです。X₁には役職手当として毎月8万円も支給していたのに，管理職としての自覚に欠けたものと評価せざるをえません。ですから，X₁に対する降格は当然のことと考えています。B

社への出向にしても，いままで部下として接してきた営業二課の課員と同僚として働くというのでは，X₁も色々とやりにくいこともあるだろうと考えていたところ，ちょうどB社から総務の経験豊富な人材を出向させてほしいと希望があったもので，むしろ当社の配慮と理解してもらいたいぐらいです。X₁は営業二課長になる前に総務課での豊富な業務経験がありますから，B社でその経験を活かし，3年後には当社に戻ってきてほしいと考えています。X₁の今後のキャリアという観点からすると，現状ではB社への出向以外に選択肢はないと当社は考えておりますので，家庭の事情は何とか自分でクリアしてもらう以外にありません。

　X₂については，取引に失敗したことだけでなく，その過程でX₁に助言や指導を求めなかった点，つまり仕事の進め方に大きな問題があると考えています。上司から仕事を任せられているといっても，自分で必要と判断すれば上司に相談すべきであり，その判断力もきわめて重要です。X₂の能力不足は明らかで，主事に昇格させ，主任の役職に就かせたのは当社の評価に問題があったといわざるをえません。ですから，役職の解任に加え，就業規則の規定に沿って，職能資格も引き下げたわけです。今後X₂が研鑽を積めばまた昇格し，役職に就くこともありえますが，いまは仕事に対する基本姿勢を一から学び直してほしいと思っています。

Question

Q　あなたが弁護士としてX₁，X₂から相談を受けた場合，どのように回答するか。法的に問題となる点を挙げ，それぞれについてあなたの見解を述べなさい。

Keypoints

このCaseでは，X₁，X₂ともに人事権の行使として降格させられています。人事権の行使としての降格には，①役職を低下させる場合（「昇進」の反対概念）と，②職能資格を低下させる場合（「昇格」の反対概念）があります。X₁については①のみが，X₂については①と②が同時に行われています。

①については，使用者の裁量の幅が広く，適格性の欠如や成績不良など業務

上の必要性があれば，権利濫用（民法1条3項，労契法3条5項）にあたらない限り，就業規則等の規定がなくても裁量によってこれを行うことができます。①の降格処分が裁量を逸脱したものといえるかどうかの判断枠組みを示している事案として，バンク・オブ・アメリカ・イリノイ事件・東京地判平成7年12月4日労判685号17頁があります。また，権利濫用に関する判断枠組みは，配転の法規制を示した東亜ペイント事件・最2小判昭和61年7月14日労判477号6頁が参考になるでしょう。

　②については，基本給に直結する職能資格を低下させる措置は，通常の職能資格制度では想定されていないことが多いため，そのような措置には特別の契約上の根拠が必要であると考えられます。そのうえで，実際に降格に値するような事情があったか，使用者側に権利濫用がなかったかが判断されます。職能資格の降格または職能給の号俸を引き下げた措置の適法性が問題となった事案として，アーク証券（本訴）事件・東京地判平成12年1月31日労判785号45頁があります。*Example* では，本件降格は適法であるとの立場をとっていますが，人事考課の相当性をより慎重に判断したり，降格に至る手続を厳格に判断したりする立場をとれば，降格は違法であるとする論理構成も可能です。

　X_1 については，さらに出向命令の適法性が問題となります。まず，出向を命じる際に必要な「労働者の承諾」（民法625条1項）がどのようなものかが問題となりますが，近年の最高裁判決（新日本製鐵〔日鐵運輸第2〕事件・最2小判平成15年4月18日労判847号14頁）は，条件付包括同意説に近い立場をとっています。どのような条件なのか確認してください。さらに，適法な出向命令といえるには，出向命令が権利濫用にあたらないことが必要です（労契法14条）。したがって，ここでも配転の法規制の判断枠組みが参考になります。特に，労働者への著しい不利益を判断するにあたり，配転の際に，労働者の子の養育や家族の介護の状況に配慮することを事業主に義務づけている育介休法26条や，仕事と生活の調和にも配慮しつつ労働契約を締結・変更すべきことを定める労契法3条3項が考慮されるべき規定と考えられます。*Example* では，家庭の事情を重視し，出向命令は権利の濫用であるとの立場をとっています。

Example

[1]　X_1 について

　X_1については，営業二課長の役職を解かれたことの適法性（(1)）と，B社への出向（以下「本件出向」という）命令の適法性（(2)）が問題となる。以下，これらの点を順次検討する。

（1）　X_1の降格の適法性

　降格には，人事権の行使としてのものと，懲戒処分としてのものがある。X_1の降格は職務上の適格性を理由としてなされたものと考えられるため，人事権の行使としての降格にあたる。人事権の行使としての降格について，その法的効力を検討する際には，①役職を低下させる場合（「昇進」の反対概念）と，②職能資格を低下させる場合（「昇格」の反対概念）とを分けて論じることが必要となる。

　X_1は営業二課長の役職を解かれているが，資格等級の低下を伴うものではない（上記①にあたる）。このような降格は，労働者の適性や成績を評価して行われる労働力配置の問題であり，このような人事権は，労働契約上，使用者の権限として当然に予定されていると解することができる。したがって，使用者側の人事権行使についての業務上，組織上の必要性の有無・程度，労働者がその職務・地位にふさわしい能力・適性を有するか否か，労働者がそれにより被る不利益の性質・程度等を総合考慮して，人事権行使が裁量権の逸脱または濫用（民法1条3項，労契法3条5項）にあたらない限り，就業規則等の根拠規定がなくても降格を行うことができる。

　本件についてこれをみると，X_1は重要な取引先であるA社の対応をほとんどX_2に任せ，適切なフォローを怠っていること，A社との取引を失う原因となった商談にはX_2を1人で臨ませていることから，部下を指導すべき立場にある課長としての職務適性の欠如が認められる。X_1の降格はこうした事態を受けてなされたものであり，部下を適切に指導できない者を課長のポストに就けておくことが組織上の観点からふさわしくないことからすれば，業務上の必要性が認められるだけでなく，不当な動機や目的によるものともいえない。もっとも，X_1は役職上，課長から3ランク下の一般社員に降格されることになり，課長まで経験したX_1の自尊心が大きく傷つけられたと考えられる。また，毎月8万円の役職手当は賃金の18%弱を占めていたことから，指導管理業務をしなくなることに伴うものであることを考慮しても，当該役職手当が支給さ

れなくなることの経済的な不利益は相当に大きい。これらからすれば，X_1 の降格は通常甘受すべき程度を著しく超える不利益といえる。

　以上から，X_1 が営業二課長の役職を解かれ一般社員に降格されたことは，Y社の有する裁量権を逸脱したものであり，人事権の濫用であるといえる。したがって，X_1 の降格処分は無効であり，当該降格処分を受ける前の地位（課長）にあることの確認請求および役職を解かれて以降の役職手当分の賃金差額請求が認められる。

(2)　本件出向命令の適法性

　出向は，法的には，出向元が労働者に対してもつ労務給付請求権を出向先に譲渡することを意味するため，これには「労働者の承諾」（民法625条1項）が必要となる。これについて，出向時における労働者本人の個別的同意が必要とも考えられる。しかし，実際に出向が頻繁に行われており，かつ労働協約や就業規則に根拠規定（出向規定）があり，出向規定のなかで出向労働者の利益への配慮がなされている場合には，出向が実質的に配転と同視できるといえ，使用者は配転の場合と同様に労働者の個別的同意なしに出向を命じることができると解される。もっとも，このように労働協約，就業規則等の包括的規定によって出向命令権が基礎づけられる場合でも，その行使が権利濫用など強行法規に反してはならない。この権利濫用性の判断は，①出向の必要性，②対象労働者の選定に係る事情，③その他の事情に照らして行われる（労契法14条）。

　本件出向命令は，Y社就業規則に基づいてなされたものであり，その内容には合理性が認められ，また，就業規則は各社員に配付されており従業員に周知されていたといえる。したがって，労契法7条により X_1・Y社間の労働契約の内容となっており，出向命令権の根拠が認められる。そこで，本件出向規定をみると，出向中の賃金について不利益を防止する措置が講じられており，出向期間の上限が定められ，出向期間満了後の処遇も整備されている。したがって，Y社は X_1 の個別的同意なしに出向を命じることができる。

　次に，本件出向命令が権利の濫用にあたるかどうかについて判断する。X_1 は総務課での業務経験があり，B社からの人材の希望とも適合することから，本件出向の必要性が認められるだけでなく（①），出向労働者の人選にあたり不当な動機や目的もうかがわれない（②）。しかし，X_1 がB社に出向すること

により，X_1 がひとり親で2人の子どもを養育しているなかで通勤時間が1時間30分（現在の3倍）となることには問題があると思われる。それは，子を養育する労働者に対して就業場所の変更を伴う配置の変更をしようとする場合においては，子の養育状況に対する配慮が求められることである（育介休法26条。労契法3条3項も参照）。たしかに，本件出向の一因が X_1 の職務上の失敗にあるとはいえ，出向命令の発令にあたっては，X_1 の家庭の事情に応じた誠実な対応・配慮を検討すべきである。それにもかかわらず，Y社が本件出向に至る過程で十分な対応や配慮をしているとは認められない。したがって，Y社の X_1 に対する対応は，育介休法26条の趣旨に反している。以上を総合すると，X_1 がひとり親として2人の子どもを養育する育児面での不利益は，通常甘受すべき不利益の程度を著しく超えるものである（③）。

　以上の検討からすれば，本件出向は出向命令権の濫用であって無効であり，X_1 は本件出向命令に従う義務はない。

2　X_2 について

　X_2 については，主任の役職を解かれたことの適法性（(1)），職能資格を主事3級から社員1級に引き下げられたことの適法性（(2)）が問題となる。以下，これらの点を順次検討する。

(1) 主任の役職を解かれたことの適法性

　X_2 が主任の役職を解かれたことは，懲戒処分として行われたものではなく，職務上の適格性を理由としてなされたものと考えられるため，その適法性を判断するにあたっては，1(1)①の場合の判断枠組みがそのままあてはまる。したがって，以下，それに沿って検討する。

　X_2 は重要な取引先であるA社との商談で大きな失敗をして大口の取引を失っていることから，職務適性の欠如が認められるだけでなく，Y社としても顧客の不満や不信感に対処するため何らかの対応措置をとるべき業務上の必要性があるといえる。X_2 の降格はこうした事態を受けてなされたものであり，不当な動機や目的によるものとはいえない。また，X_2 の降格処分は，役職上，主任から1ランク下の一般社員に降格するだけのもので，役職手当が不支給になることの不利益も賃金の6％強の違いにすぎないことを考慮すると，X_2 のこれらの不利益は，通常甘受すべき程度のものというべきである。

　以上から，X_2 が主任の役職を解かれたことが裁量を逸脱したものとは認められず，人事権の濫用であるとはいえないから，当該降格処分を受ける前の地位（主任）にあることの確認請求および役職を解かれて以降の役職手当分の賃金差額請求はいずれも認められない。

　(2)　職能資格を引き下げられたことの適法性

　これに対し，X_2 の職能資格が主事 3 級から社員 1 級に引き下げられたことは，職能資格を低下させる場合（$\boxed{1}$(1)②）にあたる。このような降格は，資格・等級と直結している基本給の変更をもたらすものであり，資格・等級の低下に伴い基本給が引き下げられる場合には，労働協約，就業規則上の規定や労働者の同意など契約上の根拠が必要である。また，このような降格に契約上の根拠がある場合にも，その契約内容に沿った措置か（たとえば就業規則上の降格規定の要件・手続に則った措置か），法律上禁止された差別・不利益取扱いや権利濫用など強行法規違反にあたる事情がないかを検討することが必要となる。

　本件についてこれをみると，Y 社就業規則には職能資格を引き下げることがある旨の規定がおかれている。その内容には合理性が認められ，また，各社員に配付されていたことから（X_1 の言い分）従業員に周知されていたといえる。したがって，労契法 7 条により X_2・Y 社間の労働契約の内容となっており，職能資格を引き下げることにつき契約上の根拠が認められる。

　次に，X_2 の職能資格の低下が就業規則に沿った措置か否かを検討する。X_2 が A 社との取引の過程で X_1 に助言や指導を求めなかったという仕事の進め方は，職能資格に期待される能力が劣っていることを示すものといえる。特に，主事 3 級という等級は，一定の在級年数により自動的に昇級するわけではないことに照らしても，厳格に能力判断を行うことは矛盾するものではない。そしてその結果，大口の取引を失ったことは，職能資格に期待される業績が劣っていることを示すものである。たしかに，X_2 は職務にあたり，A 社との取引に失敗するまでは大きなミスを犯していないが，大口の取引だったことからすれば，十分な慎重さをもって商談にあたることが求められる。こうした X_2 の態様は就業規則に定める降格規定の要件を満たすものといえる。

　また，X_2 の職能資格の低下は法律上禁止された差別・不利益取扱いにあたるものではない。さらに，職能等級にして 1 段階の降格にとどまることからす

れば，X₂ に通常甘受すべき程度を著しく超える不利益を課すものとはいえず，権利濫用であるとはいえない。

　以上から，X₂ の職能資格が主事3級から社員1級に引き下げられたことは適法であり，当該降格処分を受ける前の等級に基づく賃金と現に支給された賃金との差額の請求は認められない。

Checkpoints

1　人事考課が違法とされるのはどのような場合か。その場合，どのような救済が受けられるか。

2　昇進・昇格人事に不満がある場合，昇進・昇格した地位にあることの確認請求をすることは可能か。

3　人事権の行使としての降格のうち，役職を低下させる降格はどのような場合に認められるか。職能資格や資格等級の低下を伴う降格の場合はどうか。

4　懲戒処分としての降格はどのような場合に認められるか。

5　人事権の行使としての降格と懲戒処分としての降格の区別について，当事者がどちらの措置として行ったかによるべきか（主観説），両者の客観的な性質に即して両者を区別すべきか（客観説）。

6　使用者は労働者の同意なしに出向や転籍を命じることができるか。

7　出向命令権の行使の権利濫用性はどのように判断されるか。

8　労働契約上の権利義務のうちどの部分が出向元から出向先に譲渡されるか。

9　出向期間中の労働関係法規の適用について，出向元と出向先のいずれが法令上の責任を負うか。

10　合併，事業譲渡，会社分割，会社の解散とはそれぞれどのようなものか。

11　事業譲渡の対象から排除された労働者が移転を求めることはできるか。

12　傷病休職や事故欠勤休職の場合，休職期間満了の時点でどれくらい病状が回復していれば「治癒」と判断され，労働契約の終了という効果が発生しないか。

Materials

荒木463〜511頁，菅野719〜748頁・761〜774頁，土田165〜191頁・249〜258頁，西谷242〜276頁，水町124〜145頁

Unit 8 懲　　戒

【Case 8-1】

　Y社は，鉄道事業等を主たる業務とする株式会社である。Ｘは，1995
年4月1日から2019年12月5日までY社の従業員であった。

　Ｘは，入社以来約9年間，改札業務等に従事し，その後約15年間，案
内所で旅行業務の仕事に従事した。その働きぶりは真面目であり，職場で
は入社以来24年間，問題も全く起こしていなかった。

　Ｘは，2019年11月21日午前7時50分頃，JR高崎線の大宮駅とさい
たま新都心駅の間で，電車に同乗していた女子高校生に対して，スカート
の中に手を差し入れ尻を触るという痴漢行為を行い，大宮警察署に逮捕さ
れ，逮捕勾留の後，同年12月1日，埼玉県迷惑行為防止条例違反で正式
起訴された。

　Y社の懲戒規程である鉄道係員懲戒規程10条には，懲戒処分を行うに
あたっては本人の弁明の機会を与える旨が規定されているところ，Ｘは，
大宮警察署に勾留中の2019年11月24日，同月27日，同月28日，いず
れもY社従業員らの面会を受け，痴漢行為を認めるとともに，2010年頃
の痴漢行為についても自供し，Y社の知るところとなった。

　Y社は，労働組合の代表も委員になっている賞罰委員会の討議を経て，
2019年12月5日，Ｘが同年11月21日に痴漢行為を行い，逮捕勾留後，
埼玉県迷惑行為防止条例違反で起訴されたことをもって，鉄道係員懲戒規
程7条5号「業務の内外を問わず，犯罪行為を行ったとき，降職，昇給停
止または懲戒解雇（ただし情状により出勤停止）に処する。」に該当すると
して懲戒解雇した。

Questions

Q1　あなたがＸの代理人としてY社を訴える場合，どのような請求をするこ
　とが考えられるか。

Q2　Q1の請求をする場合，問題となる具体的な論点を挙げ，それぞれにつ

いてのあなたの見解を述べなさい。

Keypoints

　懲戒処分が有効とされるには，第1に，使用者に懲戒権が認められなければなりません。労契法15条は「使用者が労働者を懲戒することができる場合」と定めているところ，使用者の懲戒権を認めるには，懲戒の理由となる事由と，これに対する懲戒の種類・程度が就業規則上明記されている必要があります（フジ興産事件・最2小判平成15年10月10日労判861号5頁，労契法7条・10条参照）。

　第2に，懲戒事由該当性が必要です。労働者の具体的な問題行動が就業規則上の懲戒事由に該当し，労契法15条の「客観的に合理的な理由」が存在すると認められなければなりません。

　そして第3に，相当性が必要です。労契法15条のいうように，懲戒処分が，労働者の具体的な問題行動（「当該行為」）「の性質及び態様その他の事情に照らして，……社会通念上相当であると認められない場合」には，懲戒権を濫用したものとして当該処分は無効となります。たとえば，当該行為に至る経緯や懲戒処分を受けた労働者のそれまでの職場での態度等の事情を考慮し，処分の内容が重すぎる場合や，同様の事例に関する先例とバランスがとれていない場合，従来黙認してきた行為と同じ行為をしたことにつき事前の警告なしに懲戒した場合には，相当性を欠き懲戒権を濫用したとされます。また，本人に弁明の機会を全く与えなかった場合や，就業規則等で労使の代表から構成される懲戒委員会の討議を経る等の手続が定められているにもかかわらずそうした手続を踏まなかった場合等も，手続的な相当性を欠くとして懲戒権の濫用とされます。

　このCaseでは，第3の「相当性」の判断がポイントです。鉄道会社に勤務する労働者が，勤務時間外とはいえ電車内で痴漢行為を行っており，しかも過去にも痴漢を行ったことを自供していることから，鉄道会社の労働者にあるまじき行為をしたとして，懲戒解雇に処すことが許されるかの判断が結論を左右することになります（小田急電鉄〔退職金請求〕事件・東京地判平成14年11月15日労判844号38頁，同事件・東京高判平成15年12月11日労判867号5頁，東京メトロ〔諭旨解雇・仮処分〕事件・東京地決平成26年8月12日労判1104号64頁，同〔本

訴〕事件・東京地判平成 27 年 12 月 25 日労判 1133 号 5 頁）。

Example

1　Xに対する懲戒解雇は，Y社による懲戒権の濫用であり無効であると主張し，Y社に対し，Xの労働契約上の地位確認を請求する。

2

　(1)　懲戒処分の効力

　Xに対する懲戒処分がY社による懲戒権の濫用であり無効であるというためには，第1にY社の懲戒権の有無を，第2にXの行為の懲戒事由該当性を，第3にY社によるXに対する懲戒処分の相当性を検討する必要がある。

　(2)　懲戒権の存在

　懲戒処分が有効とされるには，第1に，使用者に懲戒権が認められなければならない。労契法 15 条は「使用者が労働者を懲戒することができる場合」と定めているところ，使用者の懲戒権を認めるには，懲戒の理由となる事由と，これに対する懲戒の種類・程度が就業規則上明記され，労働者に周知されていなければならない（最高裁フジ興産事件判決，労契法 7 条・10 条参照）。

　この点，Y社においては，懲戒規程である鉄道係員懲戒規程 7 条 5 号が「業務の内外を問わず，犯罪行為を行ったとき，降職，昇給停止または懲戒解雇（……）に処する。」と規定している。この規定は，懲戒の理由となる事由と，これに対する懲戒の種類・程度を明記したものであり，Y社には懲戒権があると認められる。

　(3)　懲戒事由該当性

　懲戒処分が有効であるためには，第2に，懲戒事由該当性が必要である。労働者の具体的な問題行動が就業規則上の懲戒事由に該当し，労契法 15 条の「客観的に合理的な理由」が存在すると認められなければ，懲戒処分は無効となる。

　この Case でXは，痴漢行為を行ったとして逮捕勾留され，自ら痴漢行為を行ったことを認め，埼玉県迷惑行為防止条例違反で正式起訴されており，鉄道係員懲戒規程 7 条 5 号の「犯罪行為を行ったとき」という懲戒事由に該当するといえる。

　(4)　懲戒処分の相当性

懲戒事由該当性が認められたとしても，懲戒処分の相当性が認められなければ，当該懲戒処分は無効となる。労契法 15 条にあるように，懲戒処分が，「〔当該行為〕の性質及び態様その他の事情に照らして，……社会通念上相当であると認められない場合」には，懲戒権を濫用したものとして当該処分は無効といえる。本人に弁明の機会を与えるといった手続的な相当性とともに，当該行為に至る経緯や懲戒処分を受けた労働者のそれまでの職場での態度等，同様の事例に関する先例の処分内容とのバランス，従来黙認してきた行為と同じ行為をしたことにつき事前の警告なしに懲戒したのではないか等の点につき以下検討する。

鉄道係員懲戒規程 7 条 5 号によれば，犯罪行為を行った従業員に対する処分としては懲戒解雇のほかに「降職，昇給停止」という選択肢も用意されている。痴漢を行った X を，懲戒解雇とするのではなく，降職等にとどめる選択も一応可能である。

本件で，X は痴漢という犯罪行為を行った。被害者に与える影響からすれば軽微な犯罪ということはできないが，痴漢行為のなかにも様々な態様があり，その悪質性を考慮していかなる処分が適当かを判断する必要がある。たとえば，被害女性の臀部付近および大腿部付近を着衣の上から手で触るという行為が，同種事案との比較において悪質性が高いということはできないとされた例がある。

また X が痴漢を行ったのは，業務外の時間であり，勤務先会社の鉄道とは違う路線においてであった。車内の痴漢は，本来その被害を防止すべき立場にある鉄道会社の従業員として，決して行ってはならない行為ではあるが，X は日頃の勤務態度自体は真面目であり，痴漢行為を除けば入社以来 20 年間，問題も全く起こしていない。

X は，Y 社が面会に訪れ事情を聞いた際に，以前にも痴漢を行ったことがあると自供しており，2010 年と本件の 2 回痴漢行為を行っていた点をどれほど重視すべきかは 1 つのポイントである。X を車内で乗客と接触する業務に就かせることに慎重であるべきことは論を俟たないが，Y 社としては，X の痴漢が発覚したのは今回初めてであり，Y 社が X に対し適切な指導を行えば行動を改める可能性が残されているかを考慮する必要がある。たとえば，当時，各鉄

道会社において車内における痴漢の撲滅に力を入れ，盛んに従業員教育を行っていた等の事情があれば，それでもなお業務外とはいえ痴漢を行ったことはゆゆしき事態であり，適切な指導を行ってもXの行動が改まる可能性は低い。そうしたことも考慮されて，労働組合代表も委員になっている賞罰委員会の討議においても懲戒解雇という結論となった可能性もある。懲戒解雇が相当か，それとも極刑である懲戒解雇ではなく降職等にとどめ，指導を行ったうえで態度が改まらなかった場合に初めて懲戒解雇という手段をとるべきかは，そうした事情の有無にも依存する。

　手続的な相当性に関しては，留置場の限られた時間での面会であっても弁明の実質的保障があったといえるかが問題となりうるが，未だ申告していなかった過去の痴漢行為について自ら話していること等からして，自由に弁明ができないような状況ではなかったといえよう（小田急電鉄事件高裁判決参照）。

Checkpoints

1　使用者が労働者に対して行った懲戒処分が有効であるためには，いかなる要件を充足する必要があるか。

2　懲戒処分の相当性の判断において検討すべき内容として，具体的にどのようなものが挙げられるか。

3　懲戒処分を行う際に行うべき手続はどのようなものか。

【Case 8 - 2】

　Y社の総務課に勤めるXは，給料が低いことに常々不満をもっていた。
人あたりのよかったXは，バーを経営する知人から，自分のバーでバーテ
ンダーとして働いてくれないかとの誘いを受けた。Y社は従業員の兼業を
許可制としているが，Xは，就業時間（午前8時半から昼休み1時間を挟んで
午後5時半）外のことであるし，また，総務課の仕事はだいたい定時の午
後5時半で終わるため，退社後バーに直行すれば，誰にも気づかれずに働
けると思い，会社には内緒でバーテンダーとして働くことにした。そして，
平日はほぼ毎日，夜の12時過ぎまで，会社が休みの土日もどちらか1日
はバーで働くようになった。

　しかし，Xは就業時間中にぼーっとする，居眠りするといったことが目
立つようになった。書類作成上のミスも続き，Xのミスが原因で複数の取
引先とトラブルが発生するなど，業務に深刻な支障が生じるようになった。
不審に思った上司がXに事情を尋ねたところ，Xは終業後バーテンダーと
してアルバイトをしていることを告白した。Xが会社をないがしろにして
いると感じ激怒した上司は，さっそく会社上層部に報告し，Y社はXに対
し懲戒処分を行うことにした。Y社はXに何度か事情を聴く機会をもち，
その場でXは給料の低さを訴えるとともに，あくまで終業後のアルバイト
であって，会社には迷惑をかけないようにする，と必死に弁明を行った。
しかし，Y社は，書類作成上のミスから取引先とトラブルを起こすなど業
務に重大な影響を与えたことを重くみるとともに，兼業の申請さえ行わな
かったことは会社の規律を軽くみていることの表れであり，そのような者
は同社に必要ないとして，就業規則の懲戒事由（下記51条10号）に該当す
ることを理由にXを即時に懲戒解雇処分とした。

　なお，Y社の就業規則には，下記のような規定がある。Y社の就業規則
は労基法所定の手続に沿って作成・届出がなされ，社内のイントラネット
（総務課のページ）を通じて従業員に周知がなされていた。また，Y社は従業
員から兼業の申請があった場合，直近の上司および人事課が本人から事
情を聴いて判断し，Y社の仕事への悪影響がないかどうかを慎重に検討し

たうえで，許可するかどうかを決めていた。

〔Ｙ社就業規則（抜粋）〕

第 51 条【懲戒事由】

　従業員が，次の各号の一に該当する場合は，第 52 条および第 53 条の定めるところに従い，懲戒処分を行う。

　　（略）

　　一〇　会社の許可なく，他に雇用され，または，自ら事業を営んだとき

第 52 条【懲戒処分の種類】

　懲戒は，情状に応じて，次の区分に従って行う。（⑦以外は内容の説明を省略）

　　①戒告　②けん責　③減給　④出勤停止　⑤降格　⑥諭旨解雇

　　⑦懲戒解雇　即時に解雇する

第 53 条【懲戒手続】

　懲戒を行うにあたっては，本人に弁明の機会を与えるものとする。

Questions

Q 1　あなたがＸの代理人としてＹ社に対し訴えを提起する場合，どのような請求をすることが考えられるか，述べなさい。

Q 2　Q 1 の請求をする場合に問題となる具体的な論点を挙げたうえで，それぞれについてあなたの見解を述べなさい。

Keypoints

　この Case では，兼業許可制に関するＸの違反行為に対してＹ社が行った懲戒処分の効力が問題となっています。懲戒処分の法規制については，①就業規則に懲戒の根拠，種別や事由に関する規定（懲戒規定）があるかどうか，②懲戒事由に該当するか，③懲戒権の濫用（労契法 15 条）に該当しないかどうか，④罪刑法定主義類似の諸原則を満たすかという 4 点がポイントとなります。

　①について，就業規則の懲戒規定には 2 つの意味があります。1 つは，労契法 7 条によって労働契約の内容になり，懲戒の労働契約上の根拠になるという

意味です。もう１つは，懲戒には制裁罰として刑事処罰と類似性があるため，罪刑法定主義類似の要請から事前に懲戒の種別・事由を明定しておく必要があるという意味です（フジ興産事件・最２小判平成15年10月10日労判861号５頁参照。なお *Example* は懲戒権の法的根拠を契約に求める契約説を前提としていますが，固有権説の立場であっても，この判例によれば就業規則の懲戒規定が必要ということになります）。②については，（企業秩序維持の観点から）就業規則の懲戒規定には合理的限定解釈が求められますので，兼業の許可制に反したことを就業規則の文言どおり懲戒事由に該当すると判断してよいのか，検討が必要になります（小川建設事件・東京地決昭和57年11月19日労判397号30頁など参照）。③については，懲戒処分の客観的合理性・社会的相当性の有無を検討する際，特に懲戒解雇としたことが重すぎないか（相当性）が問題となります。なお，懲戒解雇については，懲戒処分に関する労契法15条を適用すれば足りるという見解も有力ですが，*Example* では15条と解雇に関する労契法16条が重畳的に適用されるという見解をとっています。15条と16条では判断の内容が同一ではありませんが，実際には，15条の合理性・相当性が認められれば，16条の合理性・相当性も認められることになるといえるでしょう。*Example* でも15条を中心に検討し，16条はいわば確認的に言及するにとどめています。最後に④については，二重処罰の禁止，遡及処罰の禁止，適正な手続（弁明の機会の付与など）が求められます。これらの諸原則に反する懲戒処分は，民法90条の公序に反するなどとして無効になると解されます（この点については，前二者に反する場合は契約上の根拠を欠き無効，適正な手続に反する場合は社会的相当性を欠き懲戒権の濫用で無効と説明される場合もあります）。

　また，訴訟で懲戒解雇の効力を争う場合，請求としては労働契約上の権利を有する地位にあることの確認請求が中心となります。これに加えて懲戒解雇処分の無効確認請求が可能か否かについては，訴えの利益に乏しい（地位確認がなされれば十分である）という見解もありえますが，他方で，懲戒処分をこれまで受けたことがない，ということを明確に確認しておくことは，その労働者の将来的なキャリアの面で必要であるとの見解もあります（懲戒処分歴が残れば人事上マイナスに評価されることも考えられるでしょう）。*Example* は後者の見解に立ち，労働契約上の地位確認に加え懲戒処分の無効確認も可能と構成しています。

　このほか，本件ではY社がXを即時に解雇したことが労基法上の解雇予告義務（20条1項）との関係で問題がないかどうかについても言及する必要があるでしょう。予告義務違反の法的効果をどのように考えるかで，論述の内容が変わってくる可能性があります。

Example

① 　Xは，本件懲戒解雇処分が無効であると主張して，本件処分の無効確認，労働契約上の権利を有する地位にあることの確認，解雇期間中の未払賃金の支払，本件処分によって生じた損害の賠償を請求することが考えられ，またかりに本件処分が有効であるとした場合，30日分の賃金の支払を予備的に請求することが考えられる。

② 　本件懲戒解雇処分の無効を主張するにあたっては，(1)Xの兼業が，Y社の就業規則上の懲戒事由（51条10号）に該当するか，(2)懲戒事由に該当するとしても，懲戒解雇処分が懲戒権の濫用として無効とならないか，(3)懲戒処分が適正手続など罪刑法定主義類似の諸原則を満たしているかが問題となる。また，かりに本件懲戒解雇処分が有効であるとしても，(4)Y社がXを即時解雇している点が労基法20条に反しないか（その法的効果はいかなるものか）が問題となりうる。以下，順に検討する。

（1）　Xの兼業の懲戒事由該当性

　まず前提として，Y社が就業規則で兼業を許可制とすることの可否について検討する。本件では，Xは就業時間外にバーで働くという兼業行為を行っている。兼業は，労働者に職業選択の自由（憲法22条1項参照）が認められることや，就業時間外に行われる私生活上の行為でもあるということから，使用者がこれを全面的に禁止することは許されないと解される。しかし，兼業によって働きすぎによる業務遂行への悪影響や機密漏洩等の危険が生じうることなどからすれば，全面禁止ではなく許可制とすることには合理性が認められる。よって，Y社就業規則51条10号のように，兼業を許可制とし，違反した場合に懲戒処分を課すという規定には合理性が認められ，かつ周知もなされていることから，同規定はXとY社の労働契約の内容になっていると解される（労契法7条）。また，懲戒が制裁罰として刑事処罰と類似性をもつことから，罪刑法定主義類似の要請により，あらかじめ懲戒の種別および事由を就業規則で定めて

おく必要があると解されるが，本件では就業規則51条以下によりこの点も満たされている。

　次に，Xの兼業行為が，就業規則51条10号の懲戒事由に該当するか否かを検討する。本件においては，Xは事前の許可を求めることなく無断で兼業行為を行っており，形式的には懲戒事由に該当する。しかし，懲戒は労働者に刑事罰類似の処分を行うものであるという性格から，就業規則の懲戒規定については合理的限定解釈を行うべきである。よって，兼業が実際にY社の企業秩序に影響を与えたか否かを考慮しつつ，実質的に懲戒事由該当性を判断すべきであると解される。この点，Xが就業時間中に居眠りをし，書類作成上のミスから業務に重大な影響を与えていることからすると，Xの兼業はY社の企業秩序を乱したものと解釈すべきであろう。よって，懲戒規定を合理的限定解釈したとしても，Xの兼業行為は懲戒事由に該当するものと考えられる。

(2)　本件懲戒処分が権利濫用か否か

　前記(1)の検討から，本件ではY社がXを「懲戒することができる場合」（労契法15条）にあたるといえるが，懲戒処分は，合理性・相当性を欠く場合には権利の濫用として無効となる（同条）。また，本件懲戒解雇処分は同時に解雇という性格もあわせもっており，解雇としての合理性・相当性も求められる（同法16条）。以下，まず労契法15条に照らし本件懲戒解雇処分の合理性・相当性について検討する。

　本件では，たしかにXは居眠りや書類作成上のミスによってY社に損害を与え，企業秩序を乱している。また，許可されれば兼業が認められるにもかかわらず，兼業に関する許可申請さえ怠っている点も，非難されるべき点といえよう。これらの点からすれば，本件懲戒解雇処分には客観的合理性が認められる。しかし，戒告やけん責など懲戒解雇よりも軽い処分を通してXに反省を求め，企業秩序を保つことも十分考えられることである。また，Xが過去に兼業を繰り返しているといった事情もみられない。以上からすると，懲戒処分の類型のなかでも最も重い懲戒解雇処分を行うのはXの行為と比較してあまりに重すぎるもので，社会通念上の相当性を欠くと考えられる。よって，本件懲戒解雇処分は権利濫用として無効である（同法15条）。

　また，労契法15条と16条の判断は同一ではないが，上記の諸点も踏まえて

労契法 16 条につき検討すると，本件懲戒解雇処分はあまりに X に酷で相当性を欠くと評価できる。よって，本件懲戒解雇処分は労契法 16 条に照らしても権利濫用であり無効である。

(3)　本件懲戒処分の手続の適正さ等

懲戒処分は刑事罰と類似性をもつことから，二重処罰の禁止，遡及処罰の禁止，労働者に対する弁明の機会の付与（適正な手続）といった罪刑法定主義類似の諸原則を満たすことが求められる。これに反する懲戒処分は公序違反（民法 90 条）または契約上の根拠を欠くものなどとして無効となると解される。この点，Y 社は X に対して複数回事情を聴く機会をもっており，また，本件では特に遡及処罰や二重処罰にあたる事情もみられないことから，懲戒処分の手続としては特に問題はない。

(4)　即時解雇の適法性

本件で，Y 社が X に対して解雇予告することなく即時解雇をしている点は，解雇に際し 30 日前の予告または予告手当の支払を求める労基法 20 条 1 項に反しないかが問題となりうる。かりに本件解雇が「労働者の責に帰すべき事由」に基づく解雇（労基法 20 条 1 項ただし書）に該当するのであれば，予告等の必要はない。そして帰責事由があるといえるか，すなわち，予告なしの解雇も適法といえるかという問題は，懲戒解雇の有効性とは理論的に別の問題として検討されるべきものである。この点，30 日前の予告または予告手当の支払を義務づけた労基法 20 条 1 項の趣旨に鑑みると，労働者の非違行為の悪質性が高くこれ以上継続して雇用すると企業経営に支障が生じるといえるような場合には，即時に解雇しても同項違反にはならないと解される。他方，そこまで悪質性が高いといえなければ，労基法 20 条 1 項の予告義務違反の解雇となる。予告義務違反の解雇の法的効力については，使用者が即時解雇に固執しない限り，解雇後 30 日間の経過または予告手当が支払われた時点で解雇の効力が発生するものと解される（判例も同様の見解に立つ）。

本件では，かりに懲戒解雇が有効であるとしても，X の行為にそこまで悪質性が高い点があるとはいえず，また，Y 社が X の即時解雇に固執している事情がないとすれば，即時解雇時から 30 日後に解雇の効果が発生したとして，30 日分の賃金の支払を請求できるものと解される（民法 536 条 2 項参照）。

(5)　結　論

以上，(1)から(3)で検討したことからすれば，XはY社に対し，本件懲戒解雇処分の無効確認，労働契約上の権利を有する地位にあることの確認，解雇期間中の未払賃金支払（民法536条2項参照）の請求，さらに未払賃金以外に本件処分によって生じた損害があればY社の不法行為（同法709条）に基づく損害賠償の請求が可能であり，またかりに本件処分が有効とされたとしても，(4)の検討により，30日分の賃金の支払を請求できるものと解される。

Checkpoints

1　懲戒権の法的根拠は何に求められるか。

2　懲戒事由にはどのような種類があるか。それぞれの特徴は何か。懲戒事由が経歴詐称，職場規律違反，内部告発であるとき，それぞれの法的問題点はどのようなものか。

3　懲戒権濫用法理（労契法15条）の特徴はどのような点にあるか。

4　懲戒処分に刑事処罰と類似の法原則（二重処罰の禁止，遡及処罰の禁止，適正手続など）の遵守が求められる理由は何か。

5　懲戒処分には一般にどのような種類があるか。減給にはどのような法規制がなされているか。出勤停止の法的な問題点はどのようなものか。

Materials

荒木512～532頁，菅野690～718頁，土田192～209頁，西谷229～241頁，水町145～157頁

【Case 9 - 1】

　航空運送事業を営むＹ社の就業規則には，傷病休職について，「従業員の業務外の傷病による欠勤が6か月以上に及んだときは12か月の休職を命じることができる。」，「休職期間満了までに休職事由が消滅したときは原則として原職に復帰させる。」，「休職期間が満了しても傷病が治癒しないために職務に復帰することができないときには就業規則の規定に基づき解雇する。」旨の規定が定められており，従業員に周知されている。Ｙ社でフライトアテンダントをしていたＸは，趣味のゴルフに熱中するあまり腰を痛め，重度の椎間板ヘルニアと診断された。このため長期の欠勤を余儀なくされたＸに対し，Ｙ社は就業規則の規定に基づき休職を命じた。

　12か月経過後，Ｘは，医師の診断書とともに，もはやフライトアテンダントとして復帰することは困難であるが，より負担の少ない地上勤務であれば，いますぐにでも行うことができる旨の上申書をＹ社に提出した。これに対し，Ｙ社は，職務をフライトアテンダントに限定してＸを採用し労働契約を締結したこと，そのことは採用時の契約書でも明示しＸも十分に理解していたはずであること，いままでフライトアテンダントを地上勤務に配置した例がないことを理由に，フライトアテンダントの職務を行えない状態では傷病が治癒したとはいえず職場復帰は認められないと主張し，Ｘは就業規則の解雇事由（「心身の故障により業務に堪えられないと認められるとき」）にも該当するとして，ただちに解雇予告を行い1か月後にＸを解雇した。Ｘはどうしても納得できないとして，弁護士であるあなたのもとに相談に訪れた。

Questions

Q1　あなたがＸの代理人としてＹ社に対し訴えを提起する場合，どのような請求を行うことが考えられるか，述べなさい。

Q2　Q1の請求をする場合に問題となる具体的論点を挙げ，それぞれについ

てあなたの見解を述べなさい。

Keypoints

この Case では，私傷病休職の期間満了に伴う解雇が問題となっています。同時に，私傷病による労働能力の低下を理由とする解雇の効力も論点となります。

第1に，休職については，就業規則等で制度化され，使用者がそれに基づき休職命令を発令するといった形式が一般的です。本 Case では，傷病休職の期間満了時に「治癒」した（休職事由が消滅した）といえるにはどの程度回復している必要があるのかが問題となっています。この点を検討するうえでは，従前の職務への復帰可能性はあるのか，労働契約上職種や職務が限定されていたのかといった点が判断のポイントとなるでしょう。なお，**Example** と異なり，休職期間満了時点では治癒していなくとも，将来的に（相当期間内に）従前の職務への復帰可能性がある場合には，治癒するまでの間，使用者は信義則を根拠に現実に配置可能なより負担の軽い業務へ配置すべき義務を負うとした例もあります（東海旅客鉄道〔退職〕事件・大阪地判平成 11 年 10 月 4 日労判 771 号 25 頁など参照）。

第2に，休職期間満了時に休職事由が消滅していなければ解雇または自動退職と扱われることが多いのですが，休職をはさんだからといって解雇が当然に有効になるわけではありません。たしかに休職は解雇の猶予措置としての性格をもつといわれていますが，解雇権濫用か否かの判断のなかで，Y 社が X の解雇にあたりどのような配慮をしたかが問題となりえます（全日本空輸事件・大阪高判平成 13 年 3 月 14 日労判 809 号 61 頁など参照）。本 Case は，解雇の客観的合理性は比較的容易に肯定できそうな事案です。そこで，解雇に社会的相当性が認められるかどうか，特に Y 社が他の職務への配転も検討せずに解雇したことが X にとって酷といえないかどうかについて，慎重に検討すべきでしょう。

Example

① X は，Y 社による解雇が無効であることを主張して，労働契約上の権利を有する地位にあることの確認請求，解雇期間中の未払賃金請求，違法な解雇に基づく損害の賠償請求をなすことが考えられる。

2　具体的な論点としては，①Xの傷病が「治癒」して休職事由が消滅したといえるかどうか，②治癒が認められない場合，休職期間の満了に伴う解雇が有効かどうかが問題となる。

(1)　休職命令の有効性と休職事由消滅の有無

(a)　休職規定（就業規則の規定）の合理性

まず前提として，本件で傷病休職について定める就業規則の規定（以下「本件休職規定」という）の効力について検討する。就業規則に合理的な労働条件が定められ，周知されている場合には，その内容が労働契約の内容になり（労契法7条），Y社が当該規定に基づきXに休職を命じることが可能となる。この点，休職制度は一般に解雇猶予措置としての性格をもち，私傷病という業務に関係のない理由で労働能力を低下・喪失させた場合でも解雇が猶予される意義があること，休職期間も12か月と傷病の治療のためには妥当な期間と解されることから，この規定には合理性があると考えられる。よって，就業規則が周知されている本件においては，Y社はこの休職規定に基づきXに休職を命じることができると解される。ただし，傷病が治癒していない場合に解雇することを定めている部分，および解雇事由について定めている部分については，そのような定めがあるからといって傷病期間満了に伴う解雇が当然に有効となるわけではなく，具体的に当該解雇が権利濫用にあたらないか否かが問題となる。この点は後記(2)で検討する。

(b)　治癒の有無

次に，休職期間満了時にXの傷病が「治癒」していたといえるかどうかを検討する。治癒していたといえれば休職事由は消滅していたことになり，休職期間満了による解雇には理由がないと解されるからである。

「治癒」したといえるためには，本件休職規定の趣旨に照らすと，原則として労働契約上想定されている職務を遂行できる状態まで回復することが必要であると考えられる。本件では職務をフライトアテンダントに限定してXを採用し労働契約を締結したことが明示されており，フライトアテンダントを地上勤務に配置した例もないため，Xの労働契約上想定される職務はフライトアテンダントに限定されている。よって，Xの傷病が「治癒」したといえるためには，原則としてフライトアテンダントとしての職務を遂行できる状態に回復してい

ることが必要であると解される。

　本件では，休職期間満了時に，Ｘはもはや従前のフライトアテンダントとしての職務に就くことは困難であることを医師の診断書を添えてＹ社に伝えており，たとえ負担のより軽い職務であれば就労可能な状態であるとしても，Ｘは治癒したとはいえないと解される。以上から，休職期間満了時にＸは治癒していたとはいえず，休職事由は消滅していなかったと考えられる。

　(2)　本件解雇の効力

　次に，本件でなされた解雇の効力について検討する。Ｘが解雇事由である「心身の故障により業務に堪えられないと認められるとき」に該当することは認められるが，本件解雇が合理性・相当性を欠き権利濫用にあたる場合には解雇は無効となるからである（労契法 16 条）。

　まず合理性について，本件においては，前記(1)で検討したとおり，休職期間満了時に休職事由が消滅しておらず，就業規則の規定に従って解雇がなされている。よって，本件解雇には合理的な理由があると解される。

　次に相当性については，慎重に判断する必要がある。治癒したか否かの解釈においては，前記(1)でみたとおり，本件では他の職務への配置可能性を検討する必要はないといえるが，解雇によって労働契約を終了させることが相当といえるかどうかについては，他の職務への配置可能性も検討する必要があると解される。そのような検討を行うことなく解雇が行われた場合，解雇はＸにとって重すぎるものであって相当性を欠く可能性があるからである。たしかに，前記(1)で検討したように本件では職種を限定した合意があると解される。しかし，このような場合であっても，解雇が労働者の生活に重大な影響を与えることを考えると，職種の限定を超えてＸに就労可能な職務があり，Ｙ社がＸをその職務に配置することに特段の支障が認められない場合には，Ｙ社はＸをその職務に配置すべき信義則上の義務を負うものと解される（労契法 3 条 4 項）。

　よって，Ｘの他の職務への配転可能性を何ら検討することなく，Ｙ社がただちに解雇手続に入っていることは，社会通念上の相当性を欠くと判断することができる。したがって，本件解雇は解雇権濫用であり，法的に無効であると解される（同法 16 条）。

　(3)　結　論

　Xは，本件解雇が解雇権濫用で無効であるとして，労働契約上の地位確認請求，解雇期間中の未払賃金請求（民法 536 条 2 項参照）をなしうるほか，未払賃金以外に損害があれば Y 社の不法行為に基づく損害賠償請求（同法 709 条）をすることができる。

Checkpoints

1　休職期間中，労働者は使用者に賃金を請求することができるか。

2　休職期間満了時に休職事由が消滅していない場合，自動退職とすることは法的に可能か。また，この場合，解雇に関する法規制は適用されないのか。

3　解雇とは何か。また，解雇に対する法規制にはどのようなものがあるか。

4　解雇権濫用法理とは何か。また，同法理における合理性や相当性とはそれぞれどのようなことを指すのか。

5　普通解雇事由としては通常どのようなものが挙げられるか。

6　変更解約告知とは何か。理論的に問題となるのはどのような点か。

7　解雇が無効と判断されることの法的な意味は何か。

8　解雇期間中に他所で働いて得た収入（中間収入）がある場合，使用者は解雇無効判決後に未払賃金を支払う際，それらの収入を控除して支払ってよいか。賞与（一時金）がある場合はどうか。

9　解雇予告義務に違反して行われた解雇の効力はどうなるか。

【Case 9‑2】

　家電製品の製造・販売を業とするＹ社では，国際競争の激化のなかで，2019 年頃から市場における自社製品の需要が減少し，経営状況が悪化してきた。このような局面のなか，Ｙ社は 2021 年以降，経営コストを削減するために，全社的に残業停止，新卒採用の停止，役員報酬の減額，工場の一時休業といった措置をとってきたが，経営状況は一向に改善されず，累積赤字はさらに増加していった。そこで，Ｙ社は，国内工場閉鎖もやむをえないと判断するに至り，日本に５つある工場の１つである仙台工場を閉鎖し，仙台工場で働く従業員 500 人全員を解雇する方針を 2022 年 3 月末に決定した。なお，仙台工場の直近の工場として水戸工場があるが，仙台圏からの通勤は難しいため，仙台工場から水戸工場やその他の工場への配転を試みることはなかった。

　Ｙ社は 2022 年 4 月にＡ労働組合と協議の場をもち，現在の経営状況および仙台工場閉鎖・従業員解雇の方針を説明した。Ａ労働組合はＹ社の全従業員のおよそ 70％を組織する労働組合であり，仙台工場においては従業員の約 80％が加入している（15％はどの労働組合にも加入しておらず，5％は管理職として非組合員扱いされている）。Ａ労働組合は，当初この会社方針に反対し，仙台工場閉鎖と解雇の撤回を要求した。しかし，十数回に及ぶ会社との協議のなかでＡ労働組合は次第に態度を軟化させ，2023 年 2 月末，退職金の上積みを条件に会社方針に同意し，その旨の書面による協定をＹ社と締結するに至った。なお，Ｙ社は労働組合に加入していない従業員に対しては特に説明の機会をもつことはなかった。最終的に，Ｙ社は 2023 年 3 月 1 日に仙台工場の従業員 500 人に解雇予告をし，その 30 日後に 500 人全員を解雇した。

　Ｙ社の仙台工場で 20 年間働いてきたにもかかわらず解雇の対象とされたＸ（労働組合には加入していない）は，この解雇に大きな不満をもっている。

Q1　あなたが弁護士としてＸから相談を受けた場合，Ｙ社に対しどのような
請求をすることが考えられると回答するか，述べなさい。

Q2　Q1の請求をする場合に問題となる具体的な論点を挙げたうえで，それ
ぞれについてあなたの見解を述べなさい。

Keypoints

　このCaseでは，Ｙ社が行った整理解雇の有効性が問題となっています。整
理解雇も解雇の一種ですから，解雇権濫用にあたるか否かが問題となります。
その判断にあたり，「整理解雇の4要素（4要件）」と呼ばれる4つの具体的な
判断要素（人員削減の必要性，解雇の必要性，人選の合理性，手続の妥当性）に照ら
して判断するというのが裁判例の基本的な立場です。

　本件でも，Ｘらに対する整理解雇がこの4つに照らして解雇権濫用といえる
か否かが問題となります。その際，結論そのものよりも，これらの4つの要素
に照らして具体的な事実関係を検討しているかどうかが重要なポイントとなる
でしょう。特に，仙台工場の全員を解雇対象とすることが「人選の合理性」等
の観点からどう評価されるか，Ａ労働組合との合意はあるがＡ労働組合以外と
は特に交渉等をしていない点が「手続の妥当性」の観点からどう評価されるか
といった点が重要な考慮点になります。これらの点の評価については論者によ
って解釈が分かれるかもしれません（閉鎖部門の全員を解雇した例として山田紡績
事件・名古屋高判平成18年1月17日労判909号5頁，労働組合の組合員以外との交渉
について赤阪鉄工所事件・静岡地判昭和57年7月16日労判392号25頁など参照）。
Exampleを参考にしつつ，これらの点について具体的に判断し論述する訓練を
積んでください。

Example

[1]　ＸはＹ社による解雇が無効であると主張して，労働契約上の権利を有する
地位の確認請求，解雇期間中の未払賃金請求，違法な解雇に基づく損害の賠償
請求をなすことが考えられる。

[2]　本件では，Ｙ社がＸの個別の事由ではなく経営上の理由に基づき解雇を行
っており，本件解雇は整理解雇にあたる。この整理解雇が法的に有効かどうか

が論点となる。

　整理解雇も解雇の一種であるから，客観的に合理的な理由および社会通念上の相当性を欠き解雇権濫用であると認められれば法的に無効となる（労契法16条）。ただし，整理解雇は労働者側の個別の事由ではなく経営上の理由に基づきなされた解雇であるから，より具体的な4つの判断要素を総合的に考慮して解雇権濫用か否かを判断すべきである。その判断要素は，①人員削減の必要性，②解雇の必要性（解雇回避努力を尽くしたか否か），③人選の合理性，④手続の妥当性（労使で話合いを尽くしたか否かなど）の4つである。裁判例のなかには，これらの要素のうち1つでも認められないものがあると，総合考慮の結果，整理解雇を解雇権濫用として無効と判断するものが多い。以下，本件事案について具体的に検討する。

　①人員削減の必要性については，Y社の経営状況が，累積赤字が増加し続けるほど悪化していることからすると，これを肯定できる。

　②解雇の必要性については，Y社が残業停止，新規採用の停止，役員報酬の減額，工場の一時休業といった措置をとっている点からすれば，解雇以外の方法で人件費の削減を行う解雇回避努力をある程度尽くしたともいえる。しかし本件では，他工場，特に直近の水戸工場への配転が全く試みられていない。この点を次の③とあわせて考慮すると，解雇回避努力を尽くしたとは認められない。

　③人選の合理性については，仙台工場を閉鎖しその全従業員500名を解雇対象としたことに合理性が認められるかどうかが問題となる。本件では，他工場への配転によって解雇を回避する余地もありうると思われるので，仙台工場に勤務していた労働者を全員解雇するという対応は疑問である。直近の水戸工場について仙台圏からの通勤は困難であるとの事情が示されているものの，解雇を避けるためであれば，たとえ転居を伴ったとしても水戸などへの配転に応じる従業員が出てくる可能性もある。よって，配転の可能性を探ることなく仙台工場の全従業員を解雇対象としたことには合理性が認められない。また，以上の検討を踏まえると，配転の可能性を探ることなく整理解雇を行った事実は，②解雇回避努力が尽くされたことを否定する要素としての意味ももつと考えられる。

　④手続の妥当性については，Y社はA労働組合との間で1年間にわたって十数回の協議を行っていること，A労働組合の組織率が仙台工場では80%と非常に高いことから，整理解雇に関する説明，協議を行っていると解釈できる。しかし，本件では組合員以外の従業員に対しては何ら説明を行っていない。A労働組合との交渉以外にも，たとえば従業員全体を対象とする説明会の開催や，非組合員に対する個別の面談・説明といった手続をとることも不可能ではない。それにもかかわらず非組合員に何ら説明を行うことなく解雇を行っている点からすると，本件では手続の妥当性は認められない。

　以上，4つの要素について総合的に判断すると，②から④が満たされているとはいえず，本件整理解雇は解雇権の濫用にあたると考えられる。結論として，Xによる労働契約上の地位確認請求ならびに解雇期間中の未払賃金請求（民法536条2項）が認められるほか，未払賃金以外に損害があれば不法行為に基づく損害賠償請求（同法709条）をすることができる。

Checkpoints

1　整理解雇とはどのような解雇か。

2　整理解雇の効力が「整理解雇の4要素」に沿ってより厳しく判断されるのはなぜか。

3　「整理解雇の4要素」とは何か。それらは法律上の厳格な要件か，それとも重要な判断要素と位置づけられているのか。

4　「整理解雇の4要素」の人員削減の必要性とは具体的にどのようなことを指すのか。企業の経営判断は尊重されるのか。

5　「整理解雇の4要素」の解雇の必要性（解雇回避努力の履践）とは具体的にどのようなことを指すのか。企業の規模などによって異なるのか。

6　「整理解雇の4要素」の人選の合理性とは具体的にどのようなことを指すのか。「適格性の有無」や「年齢」を基準とすることは合理的といえるのか。

7　「整理解雇の4要素」の手続の妥当性とは具体的にどのようなことを指すのか。労基法所定の解雇予告などの手続とは違うのか。

【Case 9 - 3】

　従業員 40 名の Y₁ 社は長引く不況の影響で経営が厳しくなり，赤字が続くようになったため，勤務成績が低位の者について人件費削減のため人員の削減を行うこととした。Y₁ 社に営業職として勤務していた 40 歳の X は，真面目に仕事に取り組むものの売上げには結びつかず，勤務成績は所属する第二営業部で常に最下位であった。解雇による紛争を避けたい Y₁ 社は，X に自発的に辞表を書かせる方向にもっていくよう，人事部長の Y₂ を担当者として退職勧奨を行うこととした。

　Y₂ は X を呼び出し，30 分程度「いくら頑張っても勤務成績が上がらないのは，この仕事に向いていないからではないでしょうか」，「向いていないのであれば，新しい道を探すのもあなたのためになるのではないでしょうか」などと話した。X は「もっと頑張ります」，「会社を辞めるのは勘弁してください」と繰り返すのみであった。このようなやり取りを 3 回行ったが，X は辞表を出そうとしなかったので，Y₂ は X を呼んで「お前みたいなのを給料泥棒と言うんだ！　同僚も皆迷惑しているんだ，嫌われているのがわからないのか！」，「仕事ができないのはお前の人間性の問題だ！」などと大声で罵倒し，「こんな成績が悪い人，見たことありません。これはもう成績不良で懲戒解雇しかないですよ」，「懲戒解雇だと退職金は出ませんが，自分から辞めるんだったら退職金は出ますよ」などと言うようになった。1 対 1 で話すだけでなく，X の同僚がミーティングで集まっている横に Y₂ が X を呼び，わざと同僚達に聞こえるように X を罵倒することもあった。Y₂ が罵倒するようになってからの面談は 1 回 1 ～ 2 時間程度で計 10 回に及び，X はうなだれて「すみません……」と繰り返すか黙るだけで，精神的に傷ついているようであった。

　X と Y₂ の最後の面談で，Y₂ から「早く辞表を出しなさい！　懲戒解雇でもいいのか！」と強い口調で言われたところ，X は，とっさに懲戒解雇よりは退職金をもらえた方がましだと思い，「辞めます」と発言し，机上のメモ用紙に辞表を走り書きして Y₂ に手渡すと，足早に会社を後にした。しかし，帰宅後に落ち着いて考えてみると，生活に困るので Y₁ 社を辞め

たくはないし，Y₂が自分を理不尽に怒鳴り続けたことも許せない。そこでXは弁護士であるあなたの事務所に相談に訪れたが，Xと一緒にあなたがY₁社の就業規則を確認したところ，どう解釈しても成績不良は懲戒解雇の理由として規定されていないことがわかった。

Questions

Q1　あなたがXの代理人としてY₁社，Y₂に対し訴えを提起する場合，どのような請求をすることが考えられるか，述べなさい。

Q2　Q1で挙げた訴えを提起する場合に問題となる法的な論点を挙げたうえで，それぞれについて検討しなさい。

Keypoints

　このCaseでは，退職勧奨を受けてなされた退職の意思表示（辞職あるいは合意解約の承諾の意思表示）の効力，違法な退職勧奨に対する損害賠償請求の可否が問題となっています。

　まず，Xの発言および辞表の提出は，退職の意思表示として有効といえるでしょうか。意思表示に錯誤，詐欺，強迫などがあったといえるかどうかが問題となりますので，民法の知識を活かして検討してみましょう（富士ゼロックス事件・東京地判平成23年3月30日労判1028号5頁など参照）。本Caseでは，執拗に退職勧奨が繰り返されたほか，本当は懲戒解雇事由がないのに懲戒解雇の可能性を示されたことがXの意思表示のきっかけになっている点が特徴といえますので，これらの点をきちんと考慮に入れて判断を行ってください。なお，本Caseでは直接問題となっていませんが，いったん行った辞職や合意解約の申込みの（有効な）意思表示を撤回できるか否かも1つの重要論点ですので，あわせて確認しておくとよいでしょう。

　次に，本Caseの退職勧奨が違法か否かが問題となります。退職勧奨は，社会的相当性を逸脱し，労働者の人格的利益を侵害する態様で行われれば，労働者の精神的自由や人格的利益を侵害する違法なものとして不法行為（民法709条）を構成します（下関商業高校事件・最1小判昭和55年7月10日労判345号20頁など参照）。具体的にどのような言動がなされたのかを拾い上げながら，違法か

否かを検討してください。また，退職勧奨を行った上司等について，個人の責任を追及することが可能な場合もあります。退職勧奨そのものというより，退職勧奨に関連して労働者を侮辱した場合，そのことが上司個人の不法行為と評価されることがありうるからです（パワー・ハラスメントに関する議論も参考になります→Case 10-2）。本Caseでは，Y₂がXの人格を攻撃し，侮辱を行っているといえそうです（ややきつい会話表現も出てきます）。Y₂個人の責任を認めずY₁社の責任のみを認めるという構成もありえますが，*Example*ではY₂の個人責任も追及できるとの見解をとりました。*Example*を参考にしながらそれぞれ検討してみてください。

Example

① 　Xは，本件でXが行った辞職あるいは合意解約の承諾の意思表示は取り消すことができると主張し，Y社に対し労働契約上の権利を有する地位にあることの確認請求をなすことが考えられる。また，Y₁社，Y₂に対して，執拗な退職勧奨や侮辱的言動により精神的苦痛を受けたと主張し，不法行為に基づく損害賠償（慰謝料）を請求することが考えられる。

②

(1)　Xの意思表示について

　本件において，Xが口頭で「辞めます」と述べたこと，および，辞表を書いてY₂に渡したことは，Y₁社との労働契約を一方的に解約する（つまり辞職する）意思表示，あるいはY₁社からの労働契約の合意解約の申込みに対する承諾の意思表示であるといえる。そこで，この意思表示が有効であったといえるかがまず問題となる。Xの意思表示が有効といえなければ，そもそも労働契約は終了しないと考えられるからである。

　具体的には，Xの意思表示が錯誤，本件では動機すなわち法律行為の基礎とした事情についての認識の錯誤（基礎事情の錯誤）として取り消すことができるかが問題となる（民法95条1項柱書および同項2号）。Xの意思表示は，Y₁社のXに対する退職勧奨を受けてなされたものである。特に，Xが意思表示をする決め手となったのは，自分から辞めると言わなければ成績不良を理由とする懲戒解雇処分を受け，退職金を受け取れなくなると誤信したことにある。ところが，Y₁社就業規則の懲戒解雇事由に成績不良は含まれていないのであるから，

Xにつき懲戒解雇事由は客観的に存在しなかった。Xの意思表示は，懲戒解雇を避けるためという動機でなされたものであるから，動機すなわち基礎事情の錯誤が問題となる。この点，Xの懲戒解雇を避けるという動機は黙示的にY₁社側に表示されていた（同条2項）と解されるし，かりにそうでなくとも，懲戒解雇事由がないにもかかわらず懲戒解雇の可能性をY₁社側（Y₂）が繰り返し述べていたことからすれば，Y₁社の側から動機の表示がなかったと主張することは信義則（民法1条2項，労契法3条4項）に反すると考えられる。Xの意思表示は重要な錯誤に基づくものであり，Xの重過失（民法95条3項柱書）の有無については，就業規則の懲戒規定を確認していなかった点に落ち度が全くないとはいえないが，執拗な退職勧奨が背景にあり，懲戒解雇の可能性を告げられたことが契機になっていることからすると，重過失までは認められないと解される。

　以上から，Xは，辞職ないし合意解約の承諾の意思表示が基礎事情の錯誤で取り消すことができ労働契約はなお存続しているとして，Y₁社に対し労働契約上の権利を有する地位にあることの確認請求ができる。

　このほか，Xは，懲戒解雇がありうることを告げられ畏怖した結果，意思表示をしたとして，強迫による意思表示の取消しを主張することや，懲戒解雇事由がないのにあるとしたY₁社の欺罔行為の結果，意思表示をしたとして，詐欺による意思表示の取消しを主張することを通して（以上，民法96条1項），上記の地位確認請求を行うことも考えられる。

(2)　損害賠償請求について

　Y₁社によって行われたXに対する退職勧奨は，社会的相当性を逸脱した強制的かつ執拗なもので，不法行為を構成すると考えられる。最初の面談でXが辞めたくないと述べているのにその後も執拗に繰り返した点，1回1〜2時間と長時間に及ぶ退職勧奨を10回も繰り返し行った点，大声による罵倒などXの名誉感情を害するような態様でなされた点，懲戒解雇事由が存在しないのに懲戒解雇の可能性があると伝えている点などを全体としてみれば，Xの自由な意思決定が妨げられる状況にあったことは明らかであり，本件における退職勧奨はXの精神的自由や人格的利益を侵害する違法なものといえる。

　また，退職勧奨の際になされたY₂の言動については，業務のことを指摘す

るだけでなく，「給料泥棒」，「同僚も嫌っている」，「人間性の問題」などと述べてXの人格を攻撃・否定したこと，わざと同僚の前で罵倒したことが認められる。これらはXの名誉感情を傷つけ，人格的利益を害する侮辱的行為といえる。Y₂の言動はY₁社における担当者として退職勧奨を行う際に社会的に許容される限度をはるかに超えており，これらの侮辱的行為はそれ自体単独で不法行為を構成すると解される。

　よって，Xは，自己の受けた精神的損害について，まず，Y₁社に対しては違法な退職勧奨を行ったことを理由として損害賠償請求を行うことができる（民法709条）。また，Y₂個人に対しては，主に侮辱的行為によって受けた精神的苦痛につき，損害賠償請求を行うことができる（同条）。なお，Y₂への請求については，侮辱的行為が事業の執行と密接な関連をもって行われたものといえるため，Y₁社はY₂の不法行為についての使用者責任（同法715条）を負うと解され，これをY₁社に請求することも可能である。

Checkpoints

1　労働契約の終了事由にはどのようなものがあるか。また，それぞれについて法規制はどのようになっているか。

2　辞職と合意解約の違いはどこにあるか。撤回の可能性についてはどうか。

3　辞職に関して，民法627条の規定は強行規定といえるか。

4　意思の不存在（意思の欠缺），瑕疵ある意思表示にはどのような種類のものがあるか。また，それぞれについて民法ではどのように規定されているか。

5　定年制に対する法規制にはどのようなものがあるか。

6　労働契約の終了後の法規制にはどのようなものがあるか。

7　パワー・ハラスメントが行われた場合，ハラスメントの行為者（加害者）はいかなる責任を負うのか。使用者はどのような根拠でいかなる責任を負うのか。

Materials

荒木331～363頁・483～487頁，菅野742～748頁・775～813頁，土田189～191頁・266～284頁，西谷266～269頁・452～481頁，水町143～145頁・157～174頁

労働者の人権

【Case 10-1】

①自動車メーカーであるY社の就業規則には，「社員としてふさわしい端正な服装で勤務すること」という服務規程がある。Y社の人事部の新人であるX₁（男性）は長めのヘアスタイルでピアスを付けており，総務部係長であるX₂（女性）は一切化粧をせずダークカラーのパンツスーツしか着用しないため，保守的な服装が主流であるY社内では目立つ存在となっていた。2人は，それぞれの上司から「その身なりはY社の社員としてふさわしくないので，改めなさい」と何度か注意されたが，どんな身なりをするかは本人の自由であると考えて従わなかった。そこでY社は，X₁およびX₂に対して，就業規則所定の懲戒事由である「業務命令違反」にあたるとの理由でけん責処分をした。

②Y社では全社員にパソコンを貸与しており，社員は会社のネットワークシステムを用いて電子メールを使えるようになっている。社内のインターネット利用に関する服務規程には電子メールの私的利用を禁止する旨の条項がある。A課長は，同じ部署の係長であるX₃が就業時間中に私用メールを同僚や部下に対して頻繁に送信し，そのなかでA課長を中傷している，という申告を他の社員から受けた。そこでA課長は，システム管理者の協力を得て，X₃には無断でサーバのログに残っていた同人の通信記録を調査したところ，「A課長は無能」「異常人格」「家庭が崩壊しているらしい」などという内容を含む私用メールが多数発見された。A課長はこのことを上司に報告し，これを受けてY社は事実を確認したうえ，就業規則所定の懲戒事由である「職場規律違反」にあたるとしてX₃をけん責処分に処した。

Questions

Q1　X₁とX₂はY社が行った懲戒処分に納得できない。あなたが弁護士としてX₁・X₂から相談を受けた場合，どのように回答するか。法的に問題と

なる点を挙げ，あなたの見解を述べなさい。

Q2　X_3 はＹ社が行った懲戒処分に納得できず，Ｙ社に対して何らかの訴え
を提起したいと考えている。あなたが弁護士として X_3 から相談を受けた場
合，どのように回答するか。法的に問題となる点を挙げ，あなたの見解を述
べなさい。

Keypoints

　本 Case では，Ｙ社が，①X_1 および X_2 の服装を理由として行った懲戒処
分の効力，②X_3 の私用メールを無断で調査したことの適法性と X_3 に対する
懲戒処分の効力が争われています。いずれも，労働契約関係において使用者が
どこまで労働者の私的領域（プライバシー）に介入することが許されるか，と
いう重大な問題を含んでいます。

　プライバシーとは個人の私生活や私事に属する事項であり，個人は人格権の
一環としてプライバシーに属する事項について他人の覗き見や干渉を受けない
権利（プライバシー権）を有しています。さらに，現代社会におけるプライバ
シー権は，前記のような消極的権利だけでなく，私的領域における自己決定権
や自己に関する情報をコントロールする権利をも含むものと理解されるように
なっています。

　労働契約関係においても，労働者は個人としてのプライバシー権（人格権）
を有し，使用者は信義則に基づく配慮義務として労働者のプライバシーを尊重
すべき義務を負っています（関西電力事件・大阪高判平成 3 年 9 月 24 日労判 603 号
45 頁および最 3 小判平成 7 年 9 月 5 日労判 680 号 28 頁参照）。他方で，労働契約関
係において，使用者は企業秩序を定立維持するために必要な事項を服務規程等
で定めたり労働者に命令したりする権限を有し，これらに違反する行為に対し
ては就業規則の懲戒規程に基づいて懲戒処分を行うことができるとされていま
す（国鉄札幌運転区事件・最 3 小判昭和 54 年 10 月 30 日民集 33 巻 6 号 647 頁）。使用
者はこれらの権限に基づいて，事業の運営のために必要かつ合理的な範囲に限
って，労働者のプライバシーに介入することがありえます。具体的に制約が許
される範囲は，どのような事項が問題となっているのかによっても異なってく
るので，個別的に判断することが必要です（たとえば，会社のパソコンから送信さ

れた私用メールを調査する場合と，思想調査のために企業外で労働者を尾行する場合では判断基準が異なってくるでしょう）。

　本 Case では，服装や電子メールの私的利用に関する Y 社の服務規程が適法なものであるか，これらの規程を合理的に限定解釈したうえで X₁ らについて義務違反および懲戒事由該当性が認められるかがポイントとなります。参考になる裁判例として，Ｑ1についてはイースタン・エアポートモータース事件・東京地判昭和 55 年 12 月 15 日労判 354 号 46 頁，株式会社東谷山家事件・福岡地小倉支決平成 9 年 12 月 25 日労判 732 号 53 頁，郵便事業事件・神戸地判平成 22 年 3 月 26 日労判 1006 号 49 頁など，Ｑ2については F 社 Z 事業部（電子メール）事件・東京地判平成 13 年 12 月 3 日労判 826 号 76 頁，日経クイック情報（電子メール）事件・東京地判平成 14 年 2 月 26 日労判 825 号 50 頁などがあります。

Example

1　X₁・X₂ について

　本件では，個人の身なりに関する自己決定が労働契約関係においてどのような制約を受けるかが問題となる。一般にいかなる身なりをするかは個人のプライバシーに属する事項であるが，使用者は労働契約上の業務命令権や企業秩序定立・維持権に基づいて，労務提供時の容姿や服装について一定の範囲で規則を定め，指示することができる。ただし，このような規制は企業の円滑な運営のために必要かつ合理的な限度にとどめるべきであり，労働者の人格や自由に対する過度の支配や拘束となるような方法・態様をとってはならない。

　本 Case についてみると，第 1 に，社員の身なりに関する Y 社の服務規程が適法であるかが問題となる。服務規程は「社員にふさわしい服装」という抽象的な言葉を用いているが，その趣旨を合理的に解釈するならば，同僚や取引先等に不快感を与えるような身なりを禁止するものと理解することができ，その限りにおいて企業秩序の維持や事業の運営という観点から必要性と合理性を認めることができる。

　第 2 に，X₁ および X₂ について就業規則の懲戒事由に該当する義務違反が認められるかが問題となる。まず，X₁ および X₂ の身なりは一般的に周囲に不快感を与えるものとは考えられず，上記のように合理的に解釈された服務規

程の内容に違反するとはいえない。そして，上司が両名に対して行った注意は，服務規程に基づいて周囲に不快感を与える身なりを改めるよう求めるものではなく，Ｙ社のドレスコードに従って「男性（女性）らしい」身なりをするよう求める趣旨だと考えられる。そうすると，両名の職務内容や地位に照らして，そのような身なりをすることが業務遂行に必要である等の具体的な事情が認められない限り，このような業務命令は労働者のプライバシーを過度に制約するものであって違法無効と考えられる（民法90条参照）。そして，本件では上記のような事情は認められないから，Ｘ₁およびＸ₂が上司の注意に従わなかったことは労働契約上の義務違反にあたらず，就業規則の懲戒事由に該当しないから，両名に対してなされたけん責処分は違法無効であり，Ｘ₁らは処分の無効確認を請求しうる。

2　Ｘ₃について

　Ｘ₃がＹ社に対して訴えを起こすとすれば，①本件の懲戒処分が無効であることの確認を求めること，②メールの内容を無断で調査したことがＸ₃のプライバシー権の侵害にあたるとして不法行為に基づく損害賠償請求をすることが考えられる。

　上記の請求が認められるか否かを検討するにあたっては，第1に，Ｙ社が社内メールの私的利用を禁止した服務規程の適法性と，Ｘ₃が同規程に違反しているか否かが問題となる。職場の電子メールシステムは会社が管理し，業務遂行のツールとして労働者に利用を許しているものであるし，労働者が就業時間中に私用メールを送信することは労働契約上の誠実労働義務に違反するから，使用者が企業秩序維持の観点から社内規程（就業規則）等でその私的利用を原則として禁止することには合理性があると考えられる。ただし，このような就業規則があっても，職務遂行を妨げず会社に過度の経済的負担をかけないような軽微な私的利用まで一切禁止することはできないと考える。通常の労働契約においては就業時間中にもある程度の私的行為（たとえば同僚との会話など）は許容されており，今日の社会において電子メールは日常生活を営むうえで重要な役割を果たしているからである。

　したがって，Ｙ社の就業規則も，上記のような軽微な私的利用までを一切禁止したものではないと合理的に解釈するべきであろう。しかし，Ｘ₃の行為

（上司を中傷する私用メールを頻繁に送信すること）は許容されるべき軽微な私的利用の範囲を明らかに超えているから，上記の規程に違反しており，就業規則所定の懲戒事由に該当するといえる。

　第2に，X₃が会社のパソコンやネットワークシステムを用いて送信した私用メールを，A課長およびY社が本人に無断で調査・閲覧したことが違法であるか否かが問題となる。

　会社のメールシステムにおいては，使用者はシステム管理者を通して電子メールを監視・閲覧することが技術的に可能である。しかし法的には，私用メールにも労働者のプライバシーとしての保護が及ぶため，監視・閲覧が当然に許されるわけではない。監視・閲覧が違法であればX₃に対する不法行為を構成するし（民法709条），懲戒処分も違法な手段で確認された事実に基づいてなされたことになるから，手続の相当性を欠くものとして懲戒権の濫用にあたりうる（労契法15条）。他方，プライバシーの中核として強い保護を受ける健康情報（とりわけHIVやB型肝炎ウイルスの感染情報等の「センシティブ・データ」）とは異なり，私用メールのプライバシー保護は，前記のような社内メールシステムの特性に基づく使用者の管理権限により相当程度の制約を受けると考えられる。

　私用メールの調査について，使用者は社内規程（就業規則）で電子メールのモニタリングを行う目的や方法等を具体的に定めることが可能であり，その規程の内容が合理的なもので，労働者に周知されている限り，当該規程に基づいて監視・閲覧をすることが許される（労契法7条参照）。本件ではY社にはモニタリング等に関する社内規程がないが，そのようなケースでも，監視・閲覧の目的・方法・態様等を総合的に考慮し，当該行為が企業秩序の維持などの目的を達成するために必要であり，かつ相当な手段・態様でなされる場合には，私的メールの調査は適法であると解される。

　本件についてみると，X₃の行為（上司を中傷する私用メールを頻繁に送信すること）は許容されるべきメールの私的利用の範囲を超えており，企業秩序維持という観点から調査の必要性を認めることができる。批判の対象とされたA課長みずからが調査に加わったことには手段の相当性という点で問題がないとはいえないが，X₃の行為の重大性を考えると違法なプライバシーの侵害とまで

はいえないと解される。したがって，X₃に対する不法行為は成立せず，X₃
に対するけん責処分も懲戒権の濫用にはあたらないと考える。

　以上のことから，X₃のY社に対する法的請求は認められないと解される。

Checkpoints

1　使用者が負担した留学費用の返還を労働者の求めることはいかなる場合に
　許容されるか。

2　労働者の思想調査のための監視や尾行が許されるのはいかなる場合か。

3　使用者は，採用にあたって，求職者の健康や思想信条に関する情報を本人
　に無断で取得することが許されるか。許されるとすれば，どのような範囲で
　可能か。

4　内部告発（労働者が自分の勤務している企業の違法行為を企業外の機関に通報す
　ること）を理由とする懲戒処分や解雇が許されないのはどのような場合か。

【Case 10-2】

　X₁は，化粧品の製造・販売を業とする株式会社Y₂の営業部で在庫データの管理を担当する女性従業員であり，Y₁は同営業部において課長の地位にある男性従業員である。

　Y₁は，2021年4月頃から約1年にわたり，X₁に対して以下のような行為（本件各行為）を繰り返した。

　①X₁がY₂社の在庫管理室でY₁と2人で勤務している際に，自らの不貞相手の女性の年齢や職業，不貞相手とその夫との間の性生活の話をし，不貞相手と推測される女性の写真を見せた。

　②Y₂社の社員旅行や，社外の従業員研修会後にY₁が企画した夕食会で，X₁の交際相手のことやX₁が結婚していない理由を聞き，X₁（当時30歳）に対し，「女は30歳になったら終わりやで」と言った。そして，具体的な男性従業員の名前を複数挙げて，「この中で誰か1人と絶対結婚しなあかんとしたら，誰を選ぶ。」と言い，X₁の好みのタイプを繰り返し聞いた。

　X₁は本件各行為が行われた際，Y₁に対して格別反応することはなく，直接明確な抗議を行うこともなかった。しかし，X₁は内心では本件各行為を不快に思っており，2021年9月頃に，Y₁と2人で勤務することがないようにしてほしいとY₂社に訴えたが，Y₂社はその理由を聴くこともなく，X₁をそのまま勤務させた。

　2022年4月頃，X₁は本件各行為が原因で辞職を考えるようになり，Y₂社の営業部で同じくY₁の下で勤務していた男性従業員のAに相談した。Aは，過去に，Y₁がX₁に対して①の発言をしている現場に居合わせたことがあり，X₁に対し，すぐにY₂社に設置されているセクハラ相談窓口に行くよう助言した。そしてその直後に，A自身もY₁に対し，「セクハラを止めてください」と抗議した。なおY₂社では，セクハラを未然に防止する措置（セクハラ禁止方針の周知，従業員研修等）は講じられていなかった。

　X₁は，Aから上記助言を受けた後，Y₂社のセクハラ相談窓口に本件各行為を相談し，Y₁に対する調査が開始された。

　そのような中，営業部では，2022年6月頃から，Y₁によるAに対する厳しい叱責が行われるようになった。具体的には，同年6月に，Aの情報管理上のミスにより商品販売が一時停止になるという出来事（本件出来事）があり，このミスはAと共同で作業を行っていた他の従業員も見落としていたが，Y₁はAのみに対し，「お前は馬鹿か」，「死ね」，「10年以上働いているくせに，新入社員以下だ」と，他の従業員の前で大声で怒鳴った。その後もY₁は，「Aは無能。存在価値なし」という電子メールを，繰り返し，仕事中に営業部の全従業員に対して一斉送信し，本件出来事以降は，Y₁はAに対し，3週間何も仕事を与えなかった。

　こうした状況が続く中で，Aは仕事中に同僚が呼びかけても反応しないことがしばしばあり，2023年2月頃からは，過去に一度もなかった無断欠勤を繰り返すようになった。Aの様子がおかしいことはY₂の社内会議でもたびたび話題となったが，Y₂社はY₁を含む営業部の従業員から簡単に事情を聴いただけで，それ以上の対応を行わなかった。

　その後，2023年4月に，Aは自宅で自殺した。Aはまじめで正義感が強く，何事も一人で抱えてしまう傾向があったが，その性格自体が精神障害を発症させるものではなく，また，Aの私生活において精神障害の発症や自殺の原因となるような事情はみあたらなかった。

Questions

Q1　X₁がY₁およびY₂社に対して訴えを提起する場合，いかなる請求をすることが考えられるか。また，その請求は認められるか。法律上問題となる論点を挙げて検討しなさい。

Q2　Aの両親（相続人）であるX₂らがY₁およびY₂社に対して訴えを提起する場合，いかなる請求をすることが考えられるか。また，その請求は認められるか。法律上問題となる論点を挙げて検討しなさい。

Keypoints

　この Case では，職場内でのセクシュアル・ハラスメント（セクハラ）やパワー・ハラスメント（パワハラ）について，加害者および使用者に対して損害賠償を請求できるかが問題となっています。ここでは，①加害者に対する同人の不法行為に基づく損害賠償請求，②その使用者に対する使用者責任（民法715 条）の追及，③使用者自身の債務不履行・不法行為責任の追及の 3 つが，法的請求の柱になります。

　①の加害者の不法行為責任については，まず，本件各行為について従業員から明確な拒否の姿勢を示されていなかったことが行為者に有利に斟酌されうるかが問題となります（海遊館事件・最 1 小判平成 27 年 2 月 26 日労判 1109 号 5 頁参照）。次に，上司による部下への叱責等については，厳しい内容であっても業務上必要な指導として許容される場合があるので，本件の叱責等が社会通念上許容される範囲を逸脱したものか否かを検討する必要があります。許容される業務上の指導と違法な言動との区別については，パワハラの定義を定めている労働施策総合推進法 30 条の 2 第 1 項を確認しておきましょう。

　ハラスメントの加害者の不法行為責任については，被害者の被侵害利益の内容をどのように構成するかも重要です。

　次に，②被用者の不法行為についての使用者責任の判断においては，「事業の執行について」（民法 715 条 1 項）の要件該当性と使用者の免責の可能性（同項ただし書）について，具体的な事実を拾い上げて適切な判断をすることが求められます。

　また，③使用者自身の債務不履行・不法行為責任については，まず，その義務の内容をどのように構成するかが問題となります。この点，ハラスメント防止措置義務を定めた法令上の規定（セクハラについて均等法 11 条 1 項，パワハラについて労働施策総合推進法 30 条の 2 第 1 項）は私法上の義務違反や不法行為による損害賠償請求権を直接基礎づける効力はないものの，その措置義務を具体的に定めた指針（均等法 11 条 4 項，労働施策総合推進法 30 条の 2 第 3 項参照）の内容（ハラスメント禁止方針の明確化，従業員研修の実施，相談窓口の整備，ハラスメントの事後の迅速・適切な対応等）は，使用者の債務不履行や不法行為の認定において重要な考慮要素となることは押さえておくとよいでしょう。

本問では，パワハラについて，加害者および使用者が自殺による損害についても賠償しなければならないのか，仮にこの点が肯定されるとしても，労働者の性格によって過失相殺法理が適用される余地があるのか，という点も重要な論点です。過失相殺については，最高裁電通事件判決（最2小判平成12年3月24日民集54巻3号1155頁）が参考になります。

Example

1　X₁およびX₂らは，本件におけるY₁の行為が不法行為（民法709条）に該当するとして，Y₁に対して損害賠償請求を行うこと，および，Y₂社に対して，Y₁の不法行為に関する使用者責任（同法715条）またはY₂社自身の職場環境配慮義務違反による債務不履行責任（民法415条）もしくは不法行為責任（民法709条）を理由に，損害賠償請求を行うことが考えられる。

2

(1)　X₁の請求について

(a)　Y₁の不法行為責任

Y₁の本件各行為は，X₁に対し，約1年にわたり，繰り返し，自らの性的な事柄について卑わいな発言を行い，X₁の年齢や結婚していないこと等を殊更取り上げて侮辱する発言を行ったものであり，女性従業員のX₁に対して強い不快感や嫌悪感を生じさせ，X₁の職場環境を著しく害したものといえる。

この点，X₁は本件各行為についてY₁に対して明白な拒否の姿勢を示していなかったことから，Y₁が本件各行為を許されているものと誤信したと主張することが考えられる。しかし，セクハラの被害者は，嫌悪感を抱きながらも，職場の人間関係の悪化を懸念して加害者に対する抗議を行わないことが多く，本件でも上司であるY₁に対して部下のX₁が直接明白に抗議することは困難であったと考えられる。したがって，X₁が明白に抗議しなかったことをY₁に有利に斟酌するのは妥当でなく，Y₁は本件各行為によってX₁の「働きやすい職場環境で働く利益」を故意に侵害したと評価すべきであり，X₁が被った損害を賠償する不法行為責任を負う（民法709条）。

(b)　Y₂社の使用者責任

Y₁の不法行為に対するY₂社の使用者責任の有無を判断するにあたっては，本件各行為が「事業の執行について」（民法715条1項）なされたものか（業務

関連性），Y₂社がY₁の選任監督につき相当の注意をしたとして免責されうるか（同項ただし書）が問題となりうる。

　業務関連性の有無については，ⓐ行為の場所・時間，ⓑ加害者の発言等の職務関連性，ⓒ加害者と被害者の関係などを考慮して判断されるべきである。本件各行為のうち，①については，会社内の勤務時間中に（ⓐ），職務遂行の機会を利用して（ⓑ），上司が部下に対して行ったものである（ⓒ）。そして②については，職場外（ⓐ）ではあるが，社員旅行および研修会後の食事会は職務に密接に関係する事柄といえ（ⓑ），Y₁が上司としての地位を利用して行った発言といえる（ⓒ）。したがって，本件各行為はいずれも業務関連性が認められる。

　次に，本件各行為に関して，使用者たるY₂社が加害者であるY₁の選任監督につき相当の注意をしたときは使用者責任を免れうる（民法715条1項ただし書）。この点本件では，Y₂社はセクハラの相談窓口を設置していたものの，セクハラに関する会社方針の周知や従業員研修等による未然防止策を一切講じていないほか，X₁がY₁と2人での勤務の回避を申し出た際に何も対応しなかったことから，Y₁の選任監督につき相当の注意をしたとはいえない。したがって，Y₂社はY₁の不法行為についての使用者責任を免れ得ない。

　(c)　Y₂社自身の債務不履行・不法行為責任

　またX₁は，Y₂社に対し，Y₂社自身の債務不履行または不法行為責任を追及することも考えられる。使用者は，労働契約上の信義則に基づく付随義務（労契法3条4項）または不法行為法上の注意義務（民法709条参照）として，労働者に対して「働きやすい良好な職場環境を維持する義務」（職場環境配慮義務）を負っている。具体的には，Y₂社はセクハラなど人格的利益侵害が生じることを防止するために，必要な措置を講じる義務を負うものと解される。

　この点Y₂社は，職場においてセクハラを一般的に予防する措置を講じていなかった。また，本件の具体的な事実関係に照らしても，本件各行為が約1年継続していたこと，その間にX₁からY₁との2人勤務を回避したいという要望があったこと，従業員研修会後の夕食会や社員旅行中の出来事はY₂社にも認識可能であったことからすれば，Y₁のセクハラについて具体的な調査を行い，それを排除するための措置を行うべきであった。しかし，Y₂社は本件各

行為について何も対応しない結果，セクハラが約1年も継続したのであり，この点において職場環境配慮義務違反が認められる。したがってY₂社は，本件各行為によってX₁が被った損害について賠償する責任がある（民法415条，709条）。

　(2)　X₂らの請求について

　　(a)　Y₁の不法行為責任

　Y₁のAに対する一連の行為については，Y₁側から，Aの業務上のミスに対する指導であり社会通念上許容されるとの主張がなされることが考えられる。もっとも，職場における①優越的な関係を利用して，②業務上必要かつ相当な範囲を超えた言動により③労働者の就業環境を害した場合（労働施策総合推進法30条の2第1項参照）には，当該労働者の人格的利益ないし「働きやすい職場環境で働く利益」の侵害にあたり，不法行為を構成するというべきである。そして②については，経緯，内容，回数・期間，態様・手段を考慮して，社会通念上許容される範囲を逸脱したか否かを検討するのが妥当である。

　この点本件では，上司（Y₁）が部下Aに対する優越的地位に基づき（①），叱責，メール送信および仕事を与えないという行動に及んだものであり，そうした状況が継続する中でAの能力発揮に重大な支障が生じ，Aの就業環境が著しく害されたと考えられる（③）。そして，Y₁は，Aに対し，情報管理上のミスにより商品販売が一時停止になり業務に支障が生じたことについての指導が必要であったとしても，「馬鹿か」，「死ね」，「無能」等の人格を否定する表現を用いたこと，他の従業員の前で大声で怒鳴ったこと，営業部の全従業員にメールを一斉送信したこと，3週間という相当期間，他の業務を指示するのではなく仕事を一切与えなかったことは行き過ぎであり，いずれも業務上必要かつ相当な範囲を超えるというべきである。こうしたY₁の叱責等が，AがY₁のセクハラに抗議した直後に始まったことからすれば，この抗議への報復であったという疑いも生じうるところであり，Y₁による以上の言動が全体で約10か月（2022年6月〜2023年4月）継続したことをも考慮すれば，社会通念上許容される範囲を逸脱した言動といわざるを得ない。したがって本件では，Y₁は故意にAの人格的利益ないし働きやすい職場環境で働く利益を侵害したと評価され，これによりAが被った損害を賠償する不法行為責任を負う（民法709条）。

　Y₁が負担すべき損害の範囲については，Y₁の一連の行為によって，少なくともAの勤務態度がおかしくなった時点でうつ病等の精神障害を発症し，その病態として自殺念慮が出現して自殺に至ったものと考えられる。Aの私生活において精神障害の発症や自殺の原因となるような事情がみあたらないこともあわせて考慮すると，Y₁のAに対する上記一連の行為とAの自殺との間には，相当因果関係が認められるものと解される。

　そして，Y₁はAに対して約10か月も上記行為を繰り返し，Aに対して死を連想させる言葉も発していたこと，うつ病等の精神障害に罹患すると自殺念慮が出現する蓋然性が高いことは一般に知られていることからすれば，Y₁はAへの一連の行為によりAが精神障害に罹患し自殺という結果が生じる可能性があることを予見すべきであったものと解されるから，Aの死亡という結果に対するY₁の責任を否定することはできない。

　なお，損害額の認定にあたっては，被害者に過失がある場合には過失相殺がなされうる（民法722条2項）。本件では，Aの性格（まじめで正義感が強く，何事も一人で抱え込んでしまう）が過失相殺の考慮対象となるかが問題となりうるが，その性格が労働者の個性の多様さとして通常想定される範囲を外れるものでない限り，過失相殺の対象として斟酌することはできないと解される（最高裁電通事件判決参照）。本件では，上記Aの性格が個性の多様さを超えるものとはいえず，過失相殺の対象とならない。

　(b)　Y₂社の使用者責任

　Y₂社の使用者責任（民法715条）については，(1)(b)記載の通り，業務関連性の有無と使用者の免責の有無が問題となる。

　本件においては，Aに対するY₁の叱責，メール送信および仕事を与えなかったことは，いずれも会社内の勤務時間中（ⓐ）に，職務に関連して（ⓑ），上司が部下に対して行った行為（ⓒ）であり，業務関連性が肯定される。

　次に，Y₂社は，パワハラの未然防止策を講じておらず相談窓口の設置もしていなかったことがうかがわれることや，Y₂社はAの様子がおかしいと認識していたにもかかわらず，Y₁を含む同僚従業員から簡単な事情聴取をしただけで，それ以上の対応を行っていなかったことからすれば，Y₂社が問題の解決や予防を図るための措置を尽くしていたとはいえない。したがって，Y₂社

はY₁のAに対する不法行為についての使用者責任を負う。

　　(c)　Y₂社自身の債務不履行・不法行為責任

　X₂らは，Y₂社の職場環境配慮義務違反を理由に債務不履行または不法行為責任を追及することも考えられる。本件では，Y₁による一連の行為が10か月という相当の長期間繰り返され，社内会議でのやり取りからY₂社もこれらの状況を認識することが可能であったにもかかわらず，Y₂社は詳細な調査をしなかったのであるから，職場環境配慮義務違反が認められ，Y₂社は債務不履行または不法行為により損害賠償責任を負う（民法415条・709条）。

　そして，Y₂社は社内会議の場でAの様子がおかしいことを認識しており，また，うつ病等の精神障害に陥ると自殺念慮が出現する可能性が高いことは一般に知られていることからすれば，Y₂社は，Y₁の一連の行為によりAが自殺する可能性があることをも予見すべきであったと解され，Y₂社はAの死亡という結果についても賠償責任を負う。

　なお，職場環境配慮義務違反の損害額の認定にあたっても過失相殺がなされる余地がある（民法418条・722条2項）が，Aの性格については，上記(2)(a)の最後に記述の通り，労働者の個性の多様さとして通常想定される範囲を外れるものとはいえないため，過失相殺の対象として斟酌することはできないものと解される。

Checkpoints

1　「セクシュアル・ハラスメント」とは何か。均等法はそれに対していかなる規制を行っているか。

2　マタニティ・ハラスメント（マタハラ）や介護を理由とするハラスメントについて，均等法や育介休法はいかなる規制を行っているか。

3　パワー・ハラスメントについて，労働施策総合推進法はどのように定義し，いかなる規制を行っているか。

4　職場におけるいじめ・嫌がらせの加害者に対して，いかなる法的構成で，いかなる責任を追及することが考えられるか。法的責任が肯定された例として，どのようなものがあるか。

5　職場内の従業員の加害行為について使用者の責任を追及する場合，いかなる法的構成がありうるか。複数の構成が考えられる場合，それらの間にどの

ような違いがあるか。

6　労働者の自殺による損害について賠償責任が認められるのはいかなる場合
　か。自殺に過失相殺が適用されるのはいかなる場合か。

Materials

荒木 76〜97 頁・124〜129 頁・138〜139 頁・322〜323 頁・520〜526 頁，菅野 244〜265
頁・280〜284 頁・694〜700 頁，土田 60〜65 頁・79〜83 頁，西谷 89〜113 頁・210〜212
頁・220〜225 頁，水町 187〜192 頁・211〜224 頁

Unit 11 雇用差別

【Case 11-1】

製造業を営むＹ社では職能資格制度によって賃金が管理されている。Ｙ社の職能資格制度は，右上の表のとおり，上から管理専門職（Ｍ），指導監督専任職（Ｓ），一般職（Ｇ）の各職群に分かれ，一般職のなかで上から順にＧ1，Ｇ2，Ｇ3，Ｇ4と等級が分かれる。役職は，Ｓ以上の有資格者のなかから任命されることになっており，基本的にはＳ3には主任，Ｓ2には係長が対応しているが，Ｓ2であっても役職が主任に留まる者もいる。役職を任命された場合，

職　能　資　格		役　　職
層	等級	
管理専門職	M1	部長
	M2	副部長
	M3	課長
指導監督専任職	S1	課長補佐
	S2	係長
	S3	主任
一般職	G1	
	G2	
	G3	
	G4	

本給に加えてそれぞれの役職に応じた役職手当が支給される。等級の昇格は，右下の在級年数表に規定される在級年数を満たした者を昇格有資格者とし，そのなかから，毎年1月に実施される職務能力考課の結果に基づいて，全社査定会議で決定している。もっとも，Ｇ4からＧ2までは原則として規定の在級年数を満たした場合には上

S2	在級3年
S3	在級3年
G1	在級2年
G2	在級2年
G3	在級2年
G4	在級2年

位資格等級に昇格し，またＧ1については，原則として遅くとも在級10年に達すればＳ3に昇格する運用が行われている。しかし，Ｄ評価を1項目でも受けた者は在級年数を満たしていても，翌年度は昇級させないという運用がなされている。職務能力考課は直属の上司が第1考課者として評価を行い，さらにそのうえの上司が第2考課者としてＡ，Ｂ，Ｃ，Ｄの4段階で判定する。Ａ評価が最も良く，Ｄ評価が最も低い。評価は相対評価ではないが，おおよそＡ評価2割，Ｂ評価4割，Ｃ評価3割，Ｄ評価1割となっている。

Ｙ社において，最終学歴が高卒の事務職の従業員で，管理専門職を除く

者の職能資格等級をみると，男性の場合は，わずかな例外を除いて，G1
までは上記表下の在級年数に達すれば昇格し，またG1からS3へは平均
5年で昇格する。他方，女性も，G1までは在級年数に達すれば昇格して
いるが，それより上位の資格等級へはほとんど昇格せず，G1で昇格が止
まっている（これまでM2まで昇格した女性は1名にとどまる）。このように男
女間に差があることについて，Y社は，女性は一般的に事務的な補助業務
を希望することが多く，他方，男性は種々の職場・職務に従事し，資格を
取得することによって，多岐にわたる職務上の知識，経験をもっているた
めと説明している。

　X（女性・49歳）は，高校卒業後，事務職としてY社に入社し，総務部
で和文・英文タイプ，什器備品・事務用品等の管理，文書受発信等に関す
る業務，製品の出荷受入に係る連絡，資料作成といった業務に従事してき
た。Xの職能資格等級は，入社時にG4に格付けされ，G1までは順調に
あがったが，その後G1に据え置かれ，以後25年間昇格していない。そ
の間，職務能力考課は一貫してC評価であった。なお，同期同学歴の女性
はXのほかに2人いるが，いずれの職能資格等級もG1である。

　Y社はXについて，単純な定型的業務に従事しており，業務成果は高く
なく，工夫・改善提案といった具体的な取組もみられないこと，業務意欲
に欠け，上司および他の職員との協調性に欠ける面があることから，指導
監督専任職にふさわしくないとして昇格させていない旨，主張している。
すなわち，一般職は上級者の指示のもとに定型的日常的業務を行うことを
職務内容とする者であるので，よほどの不適格，勤務懈怠のない限り，年
限による職能資格の昇格を認めているが，指導監督専任職以上における上
位職能資格者への昇格においては，各人の職務能力の優劣や人員構成など，
全社的，経営的な観点から判断をして決定をしていると説明する。

　Xと同期同学歴の男性は14名いるが，最も遅れている者でもS2の等
級にあり，S3からS2への昇格は平均8年，最も遅れている者でも10年
で昇格している。また彼らの多くの者は係長の役職に就き，最も遅れてい
る者でも主任の役職にある。また，本給額の点においても，同期同学歴の
男性の平均は月額40万円であるのに対して，Xの賃金は月額25万円とな

っている。

　Xは勤続 6 年目で G1 に昇格して以降，全く昇格していないことを認識
しており，そのことが精神的な負担となっていた。G1 に昇格してから 20
年目の 20○○ 年に，Y 社内に昇格に関する苦情処理の仕組みができたた
め，Xは異議申立てを行い，G1 昇格後 10 年目に S3 に昇格し，その後同
期同学歴の男性と同様に S2 に昇格してしかるべきであったにもかかわら
ずそれが実行されていないことは不当であると主張した。しかし，苦情処
理委員会において X に対する処遇に不当な点はなかったと判断され，その
後も G1 に据え置かれている。

　Xは，同期同学歴の男性従業員との間に，職能資格等級，役職，本給額
の点で大きな差があることに納得がいかない。Xは，これは性差別による
ものであるとして，提訴したいと考えている。

Questions

Q1　あなたが X の代理人として Y 社を相手方として訴えを提起する場合，ど
のような請求を行うか。簡潔に示しなさい。

Q2　X の請求が認められるか否か，Y 社の主張も踏まえながら，あなたの見
解を述べなさい。

　（なお，本 Case においては，現行の均等法を適用することとし，同法の法改正に
係る事情については考慮しないものとする。混乱を避けるため，文中，事件発生時を
20○○ 年としている。）

Keypoints

　雇用差別が争われる事案では，差別をどのように認定するか，またいかなる
法的救済を認めるかが重要な課題となります。芝信用金庫事件・東京高判平成
12 年 12 月 22 日労判 796 号 5 頁や昭和シェル石油（賃金差別）事件・東京高判
平成 19 年 6 月 28 日労判 946 号 76 頁などが参考になるでしょう。

　Example では，昇進および昇格の状況について男女間に大きな違いがあり，
それが本給額の著しい差となっていることから，男女差別が行われたと一応推
認し，Xの能力に問題があることを指摘する Y 社側の主張が，この推認を覆す

に十分な反証となっていないと評価して，差別の存在を認定するという方法を
とっています。実務において，直接的に差別が存在したことを立証するのは困
難です。そのため，いくつかの間接事実に基づいて，差別があった事実の存在
を推定し，それが使用者側からの反証により覆されない限り，差別を認定する
という方法をとる裁判例は少なくありません。

　法的救済の方法について，**Example** では，まず，昇格差別の場合と昇進差別
の場合で分けて考えています。次に，昇格について，①賃金の増加と同視でき
る場合（G1 → S3）と，②職位の上昇と密接に関連し使用者の裁量的判断に基
づく場合（S3 → S2）とに分け，①については労基法 4 条違反としたうえで，
昇格請求権を認めつつ，②については昇格請求権を否定して，不法行為に基づ
く損害賠償請求のみ認めるという構成をとっています。①において，昇格請求
権を認めることができると解したのは，G1 から S3 への昇格について上限在
級年数が決まっていたためであり，これが労働契約内容になっていたと解釈し
ています。他方，②については，使用者の裁量の幅が大きく，契約上の合意や
慣行の存在も認められないとして，昇格請求権を認めていません。

　昇進（主任ないし係長）については，差別があることは認めるものの，昇進請
求権を認めず，②の場合と同様に，不法行為に基づく損害賠償請求のみを認め
ています。

　ほかに，不法行為に基づく損害賠償請求ではなく，労働契約における配慮義
務の 1 つである「公正査定義務」違反にあたるとして，債務不履行に基づく損
害賠償請求（民法 415 条）を行うという法律構成も考えられます。

Example

１　Xの代理人として以下を請求する。

　①G1 在級年数が 10 年になった時点で S3 に昇格した地位にあることの確認
および S3 に昇格したと想定される時点から 10 年後に S2 に昇格した地位にあ
ることの確認，②S3 ないし S2 に昇格していたならば支給されたはずの賃金
額と実際に受け取った賃金額との差額の支払，③主任ないし係長に昇進したこ
との地位の確認，④主任ないし係長に昇進していれば支給されたはずの役職手
当の支払，⑤Y 社の一連の行為は不法行為に該当するとして損害賠償請求，な
らびに，差別による精神的苦痛を余儀なくされたことによる慰謝料を請求する。

2

(1)　性差別の存否について

本件においては，まず性差別が行われていたか否かが問題となる。

Y社においては，従来から職能資格等級の格付けにおいて男女間で著しい格差がある。Xと同期同学歴の男女間においても，男性14名がS2以上の地位にあり，Xを含む女性3名はG1の地位に置かれたままである。また，それによって本給額に著しい差が生じている。このように著しい格差が存する場合，Xと男性従業員との間に格差を生じたことにつき合理的な理由が認められない限り，その格差は性の違いによるものと推認するのが相当である。

そこで，格差について合理的な理由があるか，検討する。この点，Y社の主張によれば，Xは単純な定型的業務に従事し，職務能力考課は一貫してC評価であるため，指導監督専任職にふさわしくないとして昇格していない。しかし，Xが定型的業務に従事しているのは，女性を一般事務の補助業務に限定するY社の人事処遇の結果によるものである。また職務能力考課についても全体としてB評価に次いでC評価を受ける者が多いことに照らせば，Xよりも先に昇格した男性従業員のなかにC評価を受けつつも昇格した者がいると推認される。さらに，G1からS3への昇格にあたっては，遅くとも在級10年に達すれば昇格するものとして運用され，男性従業員は平均5年で昇格している。

以上のことから，Y社は少なくともS3までは，男性については年功で昇格させる昇格管理を行う一方，女性については男性と別の基準で昇格管理を行っていたとみることができ，そのことに何ら合理的な理由はうかがわれない。そこでXを25年にわたりG1に据え置いた措置は，Xが女性であることを理由に差別したものと解するのが相当である。

(2)　S3ないしS2に昇格したことの地位の確認について

本件職能資格制度において，賃金額は職能資格等級に対応し，職能資格等級は賃金管理を行う基準であることから，本件昇格における差別は賃金についての差別にあたる。したがって，賃金における性差別を禁止する労基法4条に照らし，XをG1に据え置いた措置は違法である。

昇格した地位の確認について，Y社では，G1からS3への昇格にあたっては遅くとも在級10年に達すれば昇格するものとする運用が行われていたこと

が認められるから，Ｘ・Ｙ社間の労働契約においても10年の在級年数に達した場合には昇格が行われることが契約の内容になっていたということができる。したがって，ＸはＧ1昇格後10年をもってＳ3に昇格したものと解するのが相当である。

　他方，Ｓ3からＳ2への昇格にあたっては，たしかにＸと同期同学歴の男性はすべてＳ2に昇格しており，また昇格に要した期間は平均で8年，最も遅い者でも10年で昇格していることが認められる。しかし，Ｇ1からＳ3への昇格の場合と異なり，昇格の基準となる上限在級年数が定められていたわけではなく，また一定の年限をもって昇格することが慣行となっていたとも認めがたい。したがって，ＸがＳ2昇格について同期同学歴の男性と著しい格差があることは認められるが，労働契約上昇格請求権を認めることは困難であるといわざるをえない。そこで，Ｙ社がＸをＳ2に昇格させなかった行為は，不法行為（民法709条）にあたるとして，損害賠償請求において考慮することにする（後述(4)）。

(3)　主任ないし係長に昇進したことの地位の確認について

　役職への昇進の人事は，当該労働者の管理職としての能力や適性を総合的に評価して行われる重要な決定であることから，原則として，使用者の裁量的判断を尊重すべきである。しかしながら，そのような判断も労働者の性別を理由として差別的に行われることは許されない（均等法6条1号，労契法3条5項）。

　本件においてＸが役職についていないのは，Ｙ社の主張によれば，役職に相応する職能資格等級に達していないこと，および，業績や意欲，協調性の点で役職につけることがふさわしくないと判断したためである。しかし，Ｘが相応する職能資格等級に達していないのはＹ社の性差別的措置によるものである。また，業績等の面でＸを役職につけることがふさわしくないとするが，Ｘと同期同学歴の男性がすべて主任ないし係長の役職についていること，ならびに，昇進判断の基礎となる職務能力考課においてＣ評価をもらう者の割合が相対的に少なくないことに照らせば，業績等の面でＸと比肩しうる男性であっても少なくとも主任の役職についていると一応推認される。そして，主任に昇進している男性従業員がすべてＡないしＢ評価である等，Ｘよりも優れた評価を受けてきたがゆえに主任ないし係長に昇進しているといった事情はうかがわれない。

このような事情のもとでは，Y社はXに対し役職昇進に際して，Xが女性であることを理由に差別を行ったものと解せざるをえない。

もっとも，先述したように，役職への昇進にあたっては使用者の裁量的判断を尊重せざるをえず，Xについて特定の役職への昇進を強制することは適当ではない。したがって，同期同学歴の男性のうち最も遅く主任となった者と同じ時期に，Xが主任に昇進したとする地位の確認は認められない。そこで，Y社がXを主任に昇進させなかったことは不法行為（民法709条）にあたるとして損害賠償請求において考慮することにする（後述(4)）。

なお，係長への昇進については，同期同学歴の男性においても，主任に留まる者もいることから，Xについて不合理な差別があったとは認められない。

(4)　差額賃金請求および不法行為に基づく損害賠償と消滅時効について

まず，XはG1昇格後10年をもってS3に昇格したものと解するのが相当であるから((2))，S3に昇格していたならば支給されたはずの賃金と実際に受けとった賃金との差額について本訴提起時から遡って5年分請求することができる（労基法115条参照）。

次に，XについてS3からS2に昇格させなかったこと，ならびに主任に昇進させなかったことは，性を理由とする差別にあたり違法であり，それにより，Xは差別がなければ支給された本給ないし役職手当相当額の損害を被っている。またXは，不合理な差別により相当長期にわたりG1に留め置かれ，役職を任命されなかったことによって著しい精神的苦痛を受けている。

そこで，Xは民法709条および710条に基づき損害賠償請求権および慰謝料請求権を有するところ，不法行為による損害賠償請求権は被害者が損害および加害者を知ったときから3年間行使しないときは時効によって消滅する（民法724条）。本件でXは，20○○年にY社の苦情処理に異議申立てを行っているが，この時点においてXが差別の存在および損害の内容について損害賠償請求が可能なほどまでに知っていたと解することはできない。そこで本件では本訴提起時から遡って3年以内に生じた損害賠償債権について時効が完成していないものと考えられ，その限度においてY社はXに対し損害賠償の責任を負うと解される。

Checkpoints

1　労基法4条が禁止する賃金差別の内容はどのようなものか。また，賃金差別の典型例にはいかなるものがあるか。

2　均等法が禁止する性差別の内容はどのようなものか。

3　セクシュアル・ハラスメントが発生した場合，直接の加害者と事業主は，私法上いかなる法的根拠のもとでどのような責任を負うか。

【Case 11-2】

　Xは，平成25年4月1日にY大学の正規の教員として採用され，准教授として勤務していた。Xは採用に当たり，自身がアスペルガー症候群であることを告知せず，平成27年1月に所属学部のB学部のC学部長に対し，そのことを伝えた。学長Dは，平成28年4月にCからそのことを伝えられた。

　Xは大学で旧姓を使用していたが，生協の組合員加入は戸籍上の氏名で行っていたため，平成28年10月頃にXが生協組合員でないと誤認した生協職員から組合員加入を要請された。これに対しXは，声を荒げて抗議し，当該職員に土下座と謝罪をさせた。Dは，平成29年3月，生協理事長からXを処分し猛省を促すべきとの申し入れを受けたが，Xの精神状態の安定を待つとの方針をとり，Cもそれに従った。

　同年1月以降，Xはアスペルガー症候群の二次障害として適応障害を発症し，ストレッサーとなる教員との接触を避ける必要があるとの診断書を提出し，教員会議での2名の着席位置の変更を要請したため，B学部はその変更を行った。

　平成30年6月7日，Xは，大学構内で学生を指導しようと自転車を止めた際の接触につき，暴力を振るわれたとして，その場で警察に通報し，その後同学生を告訴した。Dは，学生の将来を思い告訴を取り下げるよう説得する面談をXに求めたが，不調に終わった。K学生部長は，当該学生の所属学科からの依頼でB学部に対し説明を求め，B学部は教員会議でこの問題を取り上げることにした。それを聞いたXはうつ状態が高じ，同年10月，病院の救急外来の精神科に駆け込み，受付で，持参していた果物ナイフで自らの手首を切り，病院からの通報で臨場した警察官に銃刀法違反の嫌疑により現行犯逮捕された。Xは，拘留されることなく同日中に釈放された。

　Dは，B学部教授会および教育研究評議会に諮問した上，Xは解雇が相当と判断し，平成30年12月12日，Y理事長に対し，審査請求を行った。Y理事長は，Xは解雇が相当との懲戒等審査委員会の議決を得て，平成

31 年 3 月 31 日，就業規則 34 条 2 項 3 号が解雇事由として掲げる「教職員がその職に必要な適格性を欠く場合」に該当するとして，Xを解雇した（本件解雇）。処分説明書には，解雇の理由につき，①生協職員に土下座させた件，②学生を学長らに相談もなく警察に訴えた件，③果物ナイフを持参して病院を来訪し手首を切り現行犯逮捕された件が挙げられており，いずれも関係者に堪え難い精神的および肉体的苦痛を与え，教育者としての思慮に欠ける行為と認められ，このような行為を繰り返していることや，Y大学が指導，配慮を行ってきたことに照らすと，その改善は困難である，大学教員として必要な適格性を欠くと認められると記載されていた。なお，C・Dも，懲戒等審査委員会も，解雇までにXの主治医に対しXの症状等に関する問い合わせをしていない。

Question

Q　あなたが弁護士として，Xから，本件解雇は無効でありY大学における教員としての地位を確認する訴えを起こしてほしいと相談された場合，どのような点が論点となると考えられますか。具体的に論点を挙げ，それぞれについてあなたの見解を述べなさい。

Keypoints

　本件では，問題行動と考えられる行為を複数回行った大学教員に対し大学が行った，適格性欠如を理由とする解雇の効力が問題となっています。この大学教員がアスペルガー症候群という障害をもつ労働者であり，こだわりが強く，感情のコントロールや状況理解が困難なことがあるという特徴を有していたことが，問題行動と深く関係しています。

　問題行動を起こした労働者に対する適格性欠如を理由とする解雇の合理性の判断の際には，使用者が，当該労働者に対し，当該問題行動を摘示し，改善するよう指導を行ったかを検討する必要があります。指導ないし指摘が全くなされておらず，改善の機会が与えられていない場合には，当該労働者については問題行動とみる余地のある行動を改善する可能性がなかったものと即断することはできません。特に，本 Case の大学教員については，一般的には問題があ

ると認識し得る行為であっても，アスペルガー症候群に由来して当然にその問題意識を理解できているものではないという特殊な前提が存在します。

　また，解雇事由の有無の判断において，当該大学教員が引き起こした問題の背景にアスペルガー症候群が存在することを前提として審査を行ったか，当該大学教員に対する配慮に関して主治医に問合せを行ったか，雇用を継続するためにジョブコーチ等の障害者関連法令の理念に沿うような具体的方策を検討したか，等も，障害を有する労働者に対する解雇の効力の判断に影響します。

　障害者の雇用の促進等に関する法律（以下「障害者雇用促進法」という）36条の3は「事業主は，障害者である労働者について，障害者でない労働者との均等な待遇の確保又は障害者である労働者の有する能力の有効な発揮の支障となっている事情を改善するため，その雇用する障害者である労働者の障害の特性に配慮した職務の円滑な遂行に必要な施設の整備，援助を行う者の配置その他の必要な措置を講じなければならない。ただし，事業主に対して過重な負担を及ぼすこととなるときは，この限りでない。」として，雇用の分野における障害者と障害者でない者との均等な機会の確保等を図るための措置に関する規定を設けています（募集・採用については同法36条の2参照。これらの規定は強行規定ではなく民法の一般条項等に照らし間接的に効果が生じるとするものに菅野302頁）。

　「雇用の分野における障害者と障害者でない者との均等な機会若しくは待遇の確保又は障害者である労働者の有する能力の有効な発揮の支障となっている事情を改善するために事業主が講ずべき措置に関する指針」（平成27年3月25日厚生労働省告示第117号）は，「事業主は，障害者に対する合理的配慮の提供が必要であることを確認した場合には，合理的配慮としてどのような措置を講ずるかについて当該障害者と話合いを行うこと。なお，障害者が希望する措置の内容を具体的に申し出ることが困難な場合は，事業主は実施可能な措置を示し，当該障害者と話合いを行うこと。」，「合理的配慮は，個々の障害者である労働者の障害（障害が重複している場合を含む。）の状態や職場の状況に応じて提供されるものであり，多様性があり，かつ，個別性が高いものであること。」を指針として示しています。

　このCaseと同様，アスペルガー症候群の大学教員に対する解雇の効力が争われたO公立大学法人事件（京都地判平成28年3月29日労判1146号65頁）では，

当該教員の行為につき，「一定のルールを厳格に守ることを極めて高い水準で他者にも要求するところがあり，これが守られない場合には自己に対する攻撃であると被害的に受け止め，その感情をコントロールできず，反撃的な言動をとるという……アスペルガー症候群の特徴としてのこだわり，組織という文脈での状況理解の困難さ」などに由来するものとみるべきで，それらの行為が客観的には当然に問題のあるものであったとしても，アスペルガー症候群である者としては，的確な指摘を受けない限り，容易にその問題意識を理解できない可能性が高かったということを，非難可能性や改善可能性の検討に当たり十分に斟酌しなければならないとされました。

他方，総合職の労働者が，職場内の徘徊・独語や周囲とのトラブル等により統合失調症の疑いがあり就労不能と診断されて休職し，休職中に，アスペルガー症候群と診断され，休職期間満了時に休職の事由が消滅していないとして退職扱いされて，労働契約上の権利を有する地位の確認，休職期間満了後の賃金等を請求した日本電気事件（東京地判平成27年7月29日判タ1424号283頁）では，事業主の雇用安定義務を定める障害者基本法，国民の発達障害者への協力を求める発達障害者支援法および事業主の障害者への合理的配慮義務を定める障害者雇用促進法の趣旨も考慮すべきとしつつ，前2者に基づく事業主の義務は努力義務であり，後者の事業主の義務については，労働契約の内容を逸脱する過度な負担を伴う配慮の提供義務を事業主に課するものではないとし，総合職には対人交渉が不可欠であるとの事実認定の下，アスペルガー症候群の病識を欠き，上司の指導を容易に受け入れない精神状態等にある当該労働者について，休職期間満了時に休職の事由が消滅したといえないとして，地位確認請求等が棄却されました。

これらの裁判例からは，使用者として，労働者の障害の状況や職場の状況に応じて，十分なコミュニケーションのもと，適切な措置をとっているか否かが問われることが明らかです。

なお，障害を有する労働者に対する使用者の配慮に関連する裁判例としては，上記のような解雇や休職期間満了時の復職に関するもののほか，勤務形態につき配慮を求めたもの，事業所閉鎖やそれに伴う退職等につき丁寧に説明等に努めるべきとしたもの等があります。

　すなわち，神経因性膀胱直腸障害を有する運転手につき，緊急の場合に休憩をとることが比較的容易な路線を担当し，かつ毎日の勤務時間帯に比較的変動が少ないような勤務形態とする必要性が相当強い程度で認められるとし，その反面，配慮を行うことによる勤務先のバス会社の負担は過度のものとまでは認められないとして，当該会社が当該運転手に対する勤務配慮を行わないことが公序良俗ないし信義則に反するとした，阪神バス事件（神戸地尼崎支決平成 24 年 4 月 9 日労判 1054 号 38 頁）があります。

　また，就労継続支援 A 型事業所を行う指定障害福祉サービス事業者で，公的資金から多額の訓練等給付費の支給を受けて就労継続支援施設を運営していた会社としては，当該施設を閉鎖する場合には，当該施設にスタッフとして勤務していた当該施設の就労継続支援を利用する障害者（利用者）に対し，その障害の特性等も踏まえた上で，当該施設の閉鎖等に係る事情について丁寧に説明したり，十分な再就職の支援等を行ったりして，当該施設の閉鎖および当該会社を退職することにつき，理解を得る（合意退職を希望する利用者については，退職合意を交わすことを含む）ように努めるべきであったとして，当該会社に対する当該利用者らからの損害賠償請求を一部認容したネオユニットほか事件（札幌高判令和 3 年 4 月 28 日労判 1254 号 28 頁）があります。

Example

[1]　適格性欠如を理由とする障害者の解雇

　本件で問題となっているのは，大学教員の X が，①生協職員を土下座させる，②指導した際に接触した学生を告訴する，③病院でリストカットし銃刀法違反で逮捕されるといった行為を行ったことを理由に，教職員に必要な適格性を欠くとして，Y 大学が X に対し行った解雇の効力である。本件解雇が，客観的に合理的な理由を欠いていることにより，あるいは客観的合理性に欠けるところがないとしても社会通念上相当と認められないことにより，解雇権の濫用として無効となるか（労働契約法 16 条）が争点となる。

　Y は，就業規則 34 条 2 項 3 号の「教職員がその職に必要な適格性を欠く場合」に該当するという理由で，X に対し，本件解雇を行っている。①〜③の行為は，准教授としての業務である授業や論文指導や研究に支障を来したものではないが，部分的には，Y の主張するように，「関係者に堪え難い精神的およ

び肉体的苦痛を与え，教育者としての思慮に欠ける行為」と認められる余地は
ある。しかし，Yが「このような行為を繰り返している」と主張する点は，①
が平成 28 年 10 月頃であり，②の起きた平成 30 年 6 月 7 日との間には 1 年 8
か月のブランクがあること，また，②と同年 10 月に起きた③とは密接に関連
した一つの出来事と捉えうることからして，複数の問題行動を連続して起こし
ているとまでは言えず，「繰り返している」との評価は必ずしも適切でない。
また，Yが「指導，配慮を行ってきた」とは言えない。Xの行為や態度はアス
ペルガー症候群に由来するものであるが，XはYからこの障害についての配慮，
援助等を受けておらず，注意や警告を受けたこともない。

2　障害者の問題行動と合理的配慮

　労働者の適格性欠如を理由とする解雇の合理性の判断の際には，使用者が，
当該労働者に対し，適格性の欠如が疑われる問題行動を摘示し，改善するよう
指導を行ったかを検討する必要がある。Xを正規の教員として雇用したYは，
Xの優れた経歴や能力を評価し，教員としての適格性があると判断したからこ
そ正規の教員として雇用したのであり，そうである以上，適格性が疑われる行
動が見られたとしても，注意や指導を行い改善を図るべきであって，それをせ
ずに解雇に踏み切ることは，YがXの障害を認識した上で採用したものではな
いとしても許されない。

　障害者雇用促進法 36 条の 3 においては，事業主は，障害者である労働者に
ついて，障害者でない労働者との均等な待遇の確保または障害者である労働者
の有する能力の有効な発揮の支障となっている事情を改善するため，事業主に
対して過重な負担を及ぼすものとなるのでない限り，その雇用する障害者であ
る労働者の障害の特性に配慮した職務の円滑な遂行に必要な施設の整備，援助
を行う者の配置その他の必要な措置を講じなければならないとされている。

　一般的には問題があると認識し得る行為であっても，Xにおいては，アス
ペルガー症候群に由来して当然にその問題意識を理解できているものではないと
いう特殊な前提が存在する。Yから，Xに対して，当該行為が大学教員として
問題がある，あるいは少なくともYは問題があると考えているという指導ない
し指摘が全くなされておらず，Xに改善の機会が与えられていない以上，Xに
は問題行動とみる余地のある行動を改善する可能性がなかったものと即断する

ことはできない。

　D学長およびC学部長ならびに懲戒等審査委員会は，本件解雇に至るまでに，Xが引き起こした問題の背景にアスペルガー症候群が存在することを前提として，解雇事由の判断を審査したり，Xに必要な配慮に関して，最も的確な知識を有すると思われるXの主治医に問合せを行ったりしたことはなく，解雇以前に雇用を継続するための努力，たとえば，アスペルガー症候群の労働者に適すると一般的に指摘されているジョブコーチ等の支援を含め，障害者に関連する法令の理念に沿うような具体的方策を検討した形跡すらなく，そのような状況をもって，Yが，Xに対して配慮を行ってきたと評価することは困難である。

③　解雇事由該当性

　以上のとおり，Xについては，Yが大学教員として問題であるとする行為や態度には必ずしもそのように評価することが相当でないものも含まれ，これを措くとしても，YからXに対する指導や指摘がなかったために，Xがこれを改善する可能性がなかったとまでは認められず，また，YにおけるXへの配慮がXの要望に応じて席の位置を変える等の措置をとったにとどまり十分に行われたとも認められないのであって，これらを総合評価すると，未だ，Xが大学教員として必要な適格性を欠くと評価することはできない。したがって，労働契約法16条に照らすと，本件解雇は，就業規則所定の解雇理由に該当する事由があるとは認められないから，客観的に合理的な理由を欠くものであって，無効である。

Checkpoints

① 障害を有する労働者が問題行動を起こしたことを理由に解雇された場合，その解雇の効力の判断において留意すべき点は何か。

② 障害を有する労働者が，使用者から割り当てられた業務を遂行する際に，遂行方法に関して配慮を求めた場合，使用者はそれに応じる義務を負うか。

Materials

荒木103〜130頁，菅野266〜302頁，土田83〜86頁・290〜308頁，西谷159頁・578〜580頁，水町192〜211頁

Unit 12 | 非正規労働

【Case 12-1】

　Xは，物流事業等を営むY社の契約社員の求人に応募し，2018年4月1日，同社と雇用期間を2019年3月31日までとする期間1年の有期労働契約を締結した。以後，契約は更新されてきたが，その手続は，契約期間満了の約1か月前にXの継続の意向を確認する簡単な面談が行われ，新たな契約書にXが署名押印をするというものであった。XはY社のA営業所で事務職として勤務していたが，仕事ぶりは良好で，周囲から頼りにされるとともに，営業所長Bや他の上司等から「Xさんがいてくれて助かる」「XさんにはずっとA営業所にいてほしい」などと言われていた。

　ところが，2022年3月末の更新が近づいた同年1月頃，Y社はXが契約の更新を続ければいずれ労契法18条の無期転換の対象となることに気が付いた（Y社は設立から日が浅く，従業員は正社員が中心で，他には短期のアルバイト社員がいるにとどまり，無期転換の対象となりうる従業員はXが初めてであった）。Y社は他社との競争の中で売上が減少傾向にあったこともあり，長期的なことを考えれば無期転換は避けたいと判断した。そこでY社は，2022年2月下旬のXとの契約更新に関する面談の際，突如，「契約の更新は今回限りということになりました。もしそれに不満があるのであれば今回の更新はできないので，早く次の働き口を探すようにしてください」と伝えてきた。Xは驚き，理由をY社に尋ねたが，Y社は「決まったことですから」と繰り返すのみであった。Xは，納得できない旨を口頭で述べつつも，今回の更新ができなければすぐに職を失うことになり，それは困ると考え，新たな契約書に署名押印した。なお，契約書には，これまではなかった「本契約の更新は行わない」という文言が追加されていた。

　2022年4月以降もXの担当業務に特段の変化はなく，Xは真面目に勤務を続け，勤務上の評価も良好なままであった。結局，Y社はXの雇用を維持するための工夫を特段行うこともなく，また，雇用の終了に関して具体的な話し合いの場を持つことも行わないまま，2023年3月1日，同月

31日をもってＸとの労働契約が終了する旨を書面で通知した。

Q　弁護士であるあなたは，2023年4月，Ｘから同月以降もＹ社でずっと働き続けたいという相談を受けた。あなたがＸの代理人としてＹ社を相手方として訴訟を提起する場合，どのような請求をすることが考えられるか，述べなさい。また，その請求をする場合に問題となる法律上の論点を挙げて，それぞれについてあなたの見解を述べなさい。

　この Case では，有期労働契約（以下「有期契約」という）の更新拒否，すなわち「雇止め」の可否が問題となっています。有期契約は期間の満了とともに終了するのが原則ですが，一定の場合には解雇権濫用法理（労契法16条）の類推適用によって雇止めを許さないとする判例法理（雇止め法理）がかつて存在し，2012年の法改正によって現在では労契法19条に規定されています。具体的には，労働者が期間満了までに契約の更新を申し込んだとき（あるいは期間満了後遅滞なく契約の締結を申し込んだとき），①更新手続が形骸化しているなど実質的に無期契約と同視できる場合（労契法19条1号），②労働者の雇用継続の期待が合理的であり（期待に合理性があり）法的保護に値する場合（同条2号）のいずれかに該当すれば，雇止めは合理性・相当性がないと許されず，労働者の更新申込みを使用者が承諾したものとみなすことで契約が更新されることになります（同条柱書）。

　この規定の解釈・適用には，従来の判例法理に関する正確な理解が不可欠であり，上記①の代表例として東芝柳町工場事件・最1小判昭和49年7月22日民集28巻5号927頁，上記②の代表例として日立メディコ事件・最1小判昭和61年12月4日労判486号6頁があります。実際には①に該当するケースはあまりみられず，②に該当するかどうかが争点となることが多くなっており，雇用継続の期待に合理性があるかどうかについては，業務の客観的内容，当事者の主観的態様（言動など），更新の手続などを総合的に判断することになります。

　ここで，近年，雇止めの問題を考える上で，労契法 18 条の無期転換について も考えなければならない場面が増えてきたことに注意が必要です。2 つ以上 の有期契約が更新等で通算 5 年を超える場合，有期労働者は無期契約への転換 を申し込むことができます。上記の 19 条と同じく 2012 年の労契法改正で新た に導入された制度ですが，導入後，本件のように 5 年を更新の上限とするケー スもみられるようになってきています。

　有期契約の締結・更新の上限を 5 年とする（結果として無期転換に至らない） 運用については，様々な議論がみられます。こうした上限を設けること自体が 労契法 18 条の潜脱等に当たり許されないという見解もありますが，裁判所は 高裁レベルの判決でそうした見解を否定しています（日本通運〔川崎・雇止め〕 事件・東京高判令和 4 年 9 月 14 日労判 1281 号 14 頁。最高裁が直接判断した例はまだ 見当たらないようです）。更新上限等の設定自体が許されないとする構成があり えないわけではありませんが，その場合でも，裁判例の立場に言及し，説得的 な批判を展開しながら，とるべき規範を明らかにすることが求められるでしょ う（*Example* は裁判例に沿った内容となっています）。

　更新上限等の設定が否定されないとしても，次に，具体的な事案において， 労働者の期待の合理性を検討する必要があります。上記の裁判例（日本通運 〔川崎・雇止め〕事件）は，更新期間の上限を明示した労働契約を締結すること は，ⓐ労契法 19 条 2 号の回避・潜脱として許されないとはいえない，ⓑ期待 の合理性を否定する考慮要素の 1 つとなる，ⓒすでに期待に合理性が認められ る場合，新たに更新上限を定めるときは，労働者が自由な意思をもって受け入 れ，すでに有していた合理的期待が消滅したといえるか否か，慎重に判断すべ きである，などと述べています。いずれも事案の検討に不可欠な視点ですが， 特にⓒについて，たとえば使用者が契約書にいわゆる不更新条項を挿入し，労 働者が単に署名しただけでは必ずしも労働者の合理的期待が消滅するわけでは ないこと（労働者の意思について慎重な検討が必要であること）に留意しましょう。

　事案について検討した結果，期待に合理性が認められる場合（あるいは，実 質的に無期契約と異ならない場合），労契法 19 条柱書に沿って，雇止めの合理 性・相当性（要は雇止めが濫用的か否か）を検討します（整理解雇類似の雇止めの場 合は，整理解雇の 4 要素〔4 要件〕〔*Example* の2(4)参照〕を用いて検討します）。ち

なみに，本問のように「問題となる法律上の論点を挙げて」論じることが求められている場合，期待に合理性がないという立場をとるとしても，「仮に期待に合理性が認められたらどうなるのか」についても言及することが望ましいと思われます。実務においては，紛争の相手方が（成り立つ可能性が低いものも含め）様々な主張を行う可能性があることを考慮し，そうした主張に対して網羅的に主張（反論）を用意しておくことも重要といえるからです（もちろん限度はありますが，問題となりうる点についてはある程度網羅的に検討することを心掛けるとよいでしょう）。

　なお，本件で雇止めが許されないとした場合，有期契約が通算で5年を超えることから，ずっと働き続けたいというXの希望に合わせて，労契法18条の無期転換の主張も合わせて行うことが考えられます。こうしたケースでは，労働契約上の地位確認請求に際し「期間の定めのない」ことについても確認の利益が認められると考えてよいでしょう（専修大学事件・東京地判令和3年12月16日労判1259号41頁。**Example** の①の部分も参照）。

Example

① 　Xの請求

　Xは，Y社による有期契約の更新拒否（以下「雇止め」という）が法的に許されないと主張し，労働契約上の地位確認請求，および，雇止め後の未払賃金請求をすることが考えられる。なお，2023年3月末の雇止めが許されず契約が更新されることになる結果，XとY社の有期契約は通算で5年を超えることになるため，労契法18条に基づく無期転換の意思表示もあわせて行うと主張して，2024年4月1日以降の部分についてはY社に対して期間の定めのない労働契約上の地位確認請求をすることができると考えられる。

② 　問題となりうる法律上の論点と見解

（1） 労契法19条1号・2号該当性

　労働契約に期間の定めがある場合，期間の満了で労働契約が終了するのが原則である。しかし労契法19条は，実質的にみて労働者の雇用を保護する必要があると考えられる一定の場合で，労働者が契約の更新を希望するとき，雇止めに客観的合理性・社会的相当性が認められないときは雇止めを認めず，労働者からの更新申込みを使用者が承諾したものとみなすことで，有期契約の更新

という効果を導いている（同条柱書）。この一定の場合とは大きく2種類あり，①契約の更新手続が形骸化しているなど実質的には期間の定めのない契約と同一と考えられるケース（同条1号），②労働者の雇用継続に対する期待が合理的であり法的保護に値するといえるケース（同条2号）がある。

　本件においては，契約の更新手続はその都度新しい契約書に署名押印するというものであり，形骸化している（上記①）とはいえない。よって，Xの雇用継続の期待（上記②）をどう評価するかが問題となる。

　(2)　不更新の合意について

　本件では，4度目の契約の更新の際に「契約の更新は今回限り」とする旨がY社から告げられており，Xは納得できないと述べつつも，契約の更新は行わない旨の記載のある契約書に署名押印している。これによって，仮に以後の更新は行わない旨の合意（以下「不更新の合意」という）が成立したといえれば，Xのさらなる更新についての期待は合理的でなく，法的保護に値しない。そこで，以下，不更新の合意について検討する。

　まず，こうした合意は，労働者の雇用の安定を目的として，有期契約が通算で5年を超える場合に無期転換の仕組みを設けている，労契法18条の潜脱等に当たり許されないか否かが問題となる。しかし，同条の下でも，5年を超える反復更新を行わない限度で短期的に労働力を利用することは許容されていると解されるため，5年の限度内で雇止めがなされたことのみを理由として，同条や同条の趣旨に基づく公序（民法90条）に反するなどとして無効となるとはいえないと考えられる。

　次に，労契法19条2号との関係においても，こうした合意自体が同号の潜脱等に当たり許されないとはいえないと解される。しかし，労働者は不利益な内容の合意も受け入れざるを得ない状況に置かれることもあるため，すでに更新への合理的な期待が認められる場合に新たに不更新の合意をするような場合は，労働者が自由な意思をもって受け入れ，すでに有していた合理的期待が消滅したといえるかを慎重に判断すべきといえる。

　(3)　Xの期待について

　Xの雇用継続の期待が合理的か否かは，㋐業務の客観的内容，㋑当事者の主観的態様，㋒更新の手続等を総合考慮して判断することになる。本件にあては

めると，㋐Xの担当業務は臨時的・季節的なものではなく継続しており，㋑上司から「ずっとA営業所にいてほしい」などと更新を期待させるような言動がみられ，㋒簡単な面談を行うのみで更新が繰り返されてきており，Y社が不更新の件を告げるまでに，すでに，Xの雇用継続の期待は合理的なものになっていたと評価できる。他方で，4回目の更新の際，Xは口頭ではあるが不更新に納得できない旨をY社に伝えており，契約書への署名押印はあるものの，Xが自由な意思で不更新を受け入れ，合理的な期待が消滅したとまでは到底いえないと考えられる。よって，本件は労契法19条2号に該当する。

(4)　合理性・相当性の有無

次に，本件雇止めの合理性・相当性の有無（労契法19条柱書）を検討する。本件では，Y社が売上の減少傾向を理由に労契法18条の無期転換を避けたいとしており，Y社の経営上の都合に基づく雇止めといえる面があるため，整理解雇に準じて検討すべきである。具体的には，ⓐ人員削減の必要性，ⓑ雇止めの必要性（雇止めを避ける努力の有無），ⓒ人選基準の合理性，ⓓ手続の妥当性の4つの要素が問題となる。

本件にあてはめると，確かにⓐ売上の減少傾向はあるものの，人員削減が必要とまでいえるかは定かではなく，ⓑ雇止めを避ける工夫等は何ら行われておらず，ⓓXとの具体的な話し合いも何ら持たれていない。ⓒ雇止めが問題となりうるのはXのみで人選基準については直接的には問題とならない面があるものの，ⓐⓑⓓに照らすと，雇止めに合理性・相当性があるとは認められない。

(5)　結　論

Xが訴えを提起した場合，労契法19条の「期間の満了後遅滞なく有期労働契約の締結の申込み」をしたことに当たり，以上の検討からY社は従前の有期契約と同一の労働条件で申込みを承諾したものとみなされる（同条柱書）。よって，Xによる労働契約上の権利を有する地位にあることの確認請求，および，雇止め後の未払賃金の支払請求（民法536条2項）が認められる。さらに，XとY社の有期契約は通算で5年を超えることになるため，Xは労契法18条の無期転換の意思表示も行うことによって，2024年3月31日までは有期契約，2024年4月1日からは無期契約としての地位確認が認められる。

Checkpoints

1　有期契約の期間に関する規制にはどのようなものがあるか。

2　有期契約の法定更新（民法 629 条）とは何か。

3　雇止めの法的性質は何か。

4　1 回目の期間満了時点での更新拒否にも労契法 19 条の適用はありうるか。

5　人員整理を行う際に，正社員より先に（有期契約を締結している）非正社員を雇止めすることは法的に認められるか。

6　労契法 18 条に基づき無期転換を申し込む要件はどのようなものか。また，無期転換後，労働条件はどうなるのか。

【Case 12- 2】

　電化製品の部品製造を業とするY社では，工場での作業員として，10名の正社員と20名のパート社員を雇用している。この正社員とパート社員とでは，職務の内容に基本的に差異はないが，所定労働時間は，正社員は午前8時半から午後5時半（午後0時から午後1時までは休憩時間），パート社員は午前8時半から午後5時15分（午後0時から午後1時までは休憩時間）であり，パート社員の方が1日に15分だけ短い。パート社員の1人であるX（40歳，シングルマザー）は，同社にパート社員として5年間勤務しており，会社の必要に応じて正社員と同様に残業も行うなど，正社員と同様の責任ある地位に置かれている。にもかかわらず，Xの基本給は時給900円（この地域の最低賃金をぎりぎりクリアしている）で定期昇給はほとんどなく，賞与は正社員の5分の1の割合で支給され，正社員に支給されている住宅手当は支給されていない。このような処遇に不満をもつXは，Y社に対し，正社員A（23歳，女性）との賃金格差に相当する損害の賠償を請求した。

[Xの言い分]

　私は5年前にこの会社に雇われましたが，それと同時期に正社員として採用されたAは，仕事の内容や責任は私と実際には変わらないにもかかわらず，月給制で，年に2回会社から支給される賞与の額も高く，毎年定期昇給も受けています。その結果，Aの基本給の額は私の1.5倍，賞与は5倍となり，私には支給されていない家賃補助の住宅手当（月額3万円）の支給も受けています。

　たしかに，Aをはじめとする正社員の方々の多くは，高校を卒業した後すぐに期間の定めのない契約でこの会社に雇われており，私たちパート社員（そのほとんどは子育てを終えた既婚女性の中途採用）が1年の期間の定めのある契約で雇われているのとは形態が異なっています。しかし，パート社員についても契約更新を拒否された例はここ10年ほどなく，私も1年契約を4回更新してこの会社に5年間勤務しています。

なのに，賃金に大きな違いがあるのは納得いきません。

［Y社の言い分］

　たしかに，Xが言うように，正社員もパート社員も工場で同じラインに就いて同様に作業をしてもらっていますが，正社員はパート社員より所定労働時間が15分長く，この15分の間に作業日誌への記載や管理部門への連絡等をしてもらっています。ですから，正社員とパート社員の仕事の内容が全く同じというわけではありません。

　また，正社員を期間の定めのない契約で雇っているのは，正社員には会社を支える長期的な人材として育っていってほしいからです。いまはわが社には1つの工場しかなく，特に社員の配置転換は行っていませんが，将来的に工場を増やしていくときには，正社員の人には他の工場に異動してもらい，新しい工場でリーダーシップを発揮してほしいと考えています。そういう期待も込めて，正社員は新規学卒者を対象にきちんとした試験や面接を行って採用していますし，長期的な人材育成という観点から，経験と能力の蓄積に応じた基本給，会社への貢献度に応じた賞与，生活の安定のための住宅手当を支給しています。

　パート社員の方は，必ずしも長期的な戦力に育てようとは考えていませんので，履歴書と簡単な面談で採用しています。たまたまここ10年ほどは製品の注文がさほど落ち込むことがなかったので，人員整理を行わずに済みましたが，もし不況になって人員整理をせざるをえなくなったときには，パート社員の契約更新を拒否して調整を行おうと思っています。

　このように，正社員とパート社員では，社内での位置づけが大きく異なっています。

Questions

Q1　本 Case では，どのような法的論点があるか。

Q2　本 Case でXの請求は認められるか。認められるとすればどのような内容のものか。

　（なお，本問は，働き方改革関連法〔2018年成立〕の施行後の事件であると考えて

解答しなさい。）

Keypoints

　このCaseでは，正社員より所定労働時間が短く，有期労働契約を締結して働いているXが，正社員Aとの賃金格差に不満をもって訴えを提起しています。ここでは，①パートタイム・有期雇用労働法9条が禁止する「差別的取扱い」にあたらないのか，それにあたらないとしても，②パートタイム・有期雇用労働法8条が禁止する不合理な待遇の相違といえないのかが，主たる争点となります。

　特に本件の具体的な判断をするうえでは，①パートタイム・有期雇用労働法9条の2つの要件が充足されているといえるか（「職務の内容の同一性」，「職務の内容と配置の変更の見込みの同一性」），またかりに，これらの点で違いがあるとしても，②XとAとの基本給，賞与および住宅手当の相違は「不合理」なものといえないかが，判断の鍵となるでしょう（パートタイム・有期雇用労働法8条等の解釈の指針となるものとして，同一労働同一賃金ガイドライン〔平30・12・28厚労告430号〕が発出されています）。パートタイム・有期雇用労働法9条と，同法8条とは，条文の構造が違うことを理解したうえで，それぞれの条文について事案に応じた判断ができるかが問われています。

Example

1　本件では，正社員より所定労働時間が短く，有期労働契約を締結して就労しているXが，正社員Aとの間の賃金格差について法的救済を求めており，①パートタイム・有期雇用労働法9条が禁止する「差別的取扱い」にあたらないか，これにあたらないとしても，②同法8条が禁止する「不合理な待遇（労働条件）の相違」として違法とならないのか，③これらの規定に違反する場合，それぞれどのような法的救済が可能かが問題となりうる。

2

　(1)　パートタイム・有期雇用労働法9条違反性

　Xは，正社員より所定労働時間が短い労働者であり，また，有期労働契約を締結している労働者であるため，パートタイム・有期雇用労働法が適用対象としている「短時間・有期雇用労働者」にあたる（2条）。Xの賃金（基本給およ

び賞与）は，正社員のAと比べて低く，年間賃金総額では約半分とされている。このような賃金格差は，パートタイム・有期雇用労働法9条が禁止した差別的取扱いにあたらないか。

　同条は，差別的取扱いにあたる要件として，①通常の労働者と業務の内容と責任の程度（職務の内容）が同一であること，②雇用の全期間において職務の内容と配置が同一の範囲で変更されると見込まれることの2つを掲げている。

　本件においてXは，正社員（A）と同じラインに就いて同様の作業をし，会社の必要に応じて同様に残業も行うなど，仕事の内容や責任の点では基本的に異ならないものとされており，職務の内容は正社員と同一のものであると評価されうる（①）。これに対し，Y社は，正社員はパート社員と比べて所定労働時間が15分長く，この間に作業日誌への記載や管理部門への連絡等をしており，職務の内容は同一とはいえないと主張しているが，これらの作業が特に職務として過重で責任の程度が重いという事情を示すことができない限り，両者の間の職務の同一性という法的評価を覆すことはできないものと解される。

　もっとも，本件の正社員とパート社員とでは，職務の内容と配置の変更の見込みの点で異なる位置づけがなされている。Y社の主張によると，正社員については長期的な人材として採用を行い，将来的には異動をしてリーダーシップを発揮することが予定されており，Xを含むパート社員についてはそのような位置づけがなされていない。このことを基礎づける事実（採用過程の違い，将来の工場建設・配置転換の見込みなど）が示された場合には，正社員Aとパート社員Xとの間に職務の内容と配置の変更の見込み（②）の点で違いがあるとして，両者間の処遇の違いもパートタイム・有期雇用労働法9条が禁止する差別的取扱いにはあたらないものと解される。

　これらの2点の要件が満たされていると判断される場合には，AとXとの賃金格差はすべてパートタイム・有期雇用労働法9条に反する違法なものと解される。

(2)　パートタイム・有期雇用労働法8条違反性

　パートタイム・有期雇用労働法9条違反が成立しないとしても，AとXとの賃金格差は，短時間・有期雇用労働者と通常の労働者との不合理な待遇の相違を禁止したパートタイム・有期雇用労働法8条に違反し，違法・無効とならな

いかが問題となる。この待遇の相違の不合理性は，それぞれの待遇の性質・目的に照らして適切と認められる事情を考慮して判断するものとされている。

　まず，基本給については，正社員Aに対しては経験と能力の蓄積に応じて支給するものとされているため，経験と能力の蓄積に対して支給されるという本件基本給の性質・目的に照らし，AとXの基本給額の3分の1に及ぶ相違が不合理といえないかが問題となる。上述のように，仕事や責任の点で基本的には異ならず，少なくともこれまでは職務の内容と配置の変更の範囲に違いがない以上，将来の人材育成の点で違いが出てくる可能性があるとしても，Aの基本給額に対し2割を超える相違部分については，均衡を欠く不合理な相違と解される。また，会社への貢献度に応じて支給されるという性質・目的をもつ賞与についても，AとXの就労の実態からは，8割に及ぶ相違は均衡のとれた相違とはいえず，Aの賞与額に対し2割を超える相違部分については，不合理な相違に当たると解される。さらに，家賃負担を補助し生活の安定を図るという性質・目的でAに支給されている住宅手当については，シングルマザーとして就労しているXについてもその性質・目的が同様に及ぶと考えられるため，Xに支給しないことは不合理な相違であると解される。

　(3)　法的救済の方法

　パートタイム・有期雇用労働法9条および8条は，いずれも強行法規であり，これに反する賃金（基本給，賞与）格差を定めている約定は法的に無効であると解される。そして，基本給および賞与について，正社員であるAに適用される明確な基準が就業規則上定められている場合には，労働契約の補充的解釈として，その基準がXにも適用されるものと解され，Xは労働契約上の権利としてAとの基本給および賞与の差額の支払を請求することができるものと解される。また，パートタイム・有期雇用労働法9条および8条に反する賃金格差は不法行為（民法709条）に該当し，Xはその格差に相当する損害の賠償を不法行為として請求することもできる。

　なお，Xが労働契約上の権利（債務不履行）として損害賠償請求をする場合には権利行使ができることを知った時から5年（民法166条1項1号），不法行為として損害賠償請求をする場合には損害および加害者を知った時から3年の消滅時効（民法724条1号）が各損害について別個に進行するものと解されるこ

とから，Xは本訴提起時から遡って，それぞれ5年または3年以内の損害について賠償請求が可能である。

Checkpoints

1　性差別以外で現行法上禁止されている雇用差別としてどのようなものがあるか。それぞれの法律規定の要件と効果はどのようなものか。

2　法律上明示的には禁止されていない雇用差別（たとえば年齢を理由とする昇格差別）が違法とされることはあるか。

3　人員整理をする際に，正社員よりも先にパートタイム労働者を解雇または雇止めすることは適法か。

【Case 12-3】

　Y社は床敷物の製造，販売等を目的とする会社である。A社は，床材の製造の請負業務等を目的とする会社であり，Y社との間で業務請負契約を締結していた。Y社とA社の間には，資本関係や役員の兼任等の人的関係はなく，A社は財務管理もY社とは独立して行っていた。XはA社に期間の定めのない労働契約により雇用され，Y社とA社との上記業務請負契約に基づき，Y社の工場において床材の製造業務に従事していた。Xの賃金は，Y社の関与なくA社が決定し，A社がXに支払っていた。

　A社は1999年ころから，Y社との業務請負契約に基づき，Xを含むA社の従業員をY社の工場での床材製造業務に従事させていた。2010年ころまでは，同工場での床材製造工程にはY社とA社の従業員が混在し，Y社の熟練従業員がA社の従業員に直接指示を与えて製造業務を行っていた。その後，両者の従業員が混在して製造業務を行っていることが問題視され，2014年ころには両者の従業員が混在して製造業務に従事する状態は解消されたが，Xを含むA社の従業員に対してY社が業務遂行上の指示を出していたこと，Xらの労働時間の管理はY社が行っていたこと，Xらが製造工程で使用する原材料や製造機械はY社が準備し調達していたことは，その後も変わらなかった。

　Xは，2017年3月，上記業務請負契約が労働者派遣法40条の6第1項5号に該当するとして，Y社に対し，Y社の労働契約の申込みに対する承諾の意思表示をした。Y社はこのXの意思表示を受け入れず，同月末をもって，A社との業務請負契約を解約した。A社は，同月末，Xを解雇した。

Questions

Q1　Xは，Y社との間で労働契約が成立しているとして，Y社に対し訴えを提起したいと考えている。あなたがXの代理人としてY社に対し訴えを提起する場合，どのような請求をすることが考えられるか，述べなさい。

Q2　Q1の請求をする場合に問題となりうる法律上の論点を挙げたうえで，請求が認められるかについてあなたの見解を述べなさい。

【参考】労働者派遣事業と請負により行われる事業との区分に関する基準（昭和 61 年 4 月 17 日労働省告示第 37 号）〔以下，第 2 条のみ抜粋〕

第 2 条　請負の形式による契約により行う業務に自己の雇用する労働者を従事させ ることを業として行う事業主であつても，当該事業主が当該業務の処理に関し次 の各号のいずれにも該当する場合を除き，労働者派遣事業を行う事業主とする。

一　次のイ，ロ及びハのいずれにも該当することにより自己の雇用する労働者の 労働力を自ら直接利用するものであること。

　イ　次のいずれにも該当することにより業務の遂行に関する指示その他の管理 を自ら行うものであること。

　　(1)　労働者に対する業務の遂行方法に関する指示その他の管理を自ら行うこ と。

　　(2)　労働者の業務の遂行に関する評価等に係る指示その他の管理を自ら行う こと。

　ロ　次のいずれにも該当することにより労働時間等に関する指示その他の管理 を自ら行うものであること。

　　(1)　労働者の始業及び終業の時刻，休憩時間，休日，休暇等に関する指示そ の他の管理（これらの単なる把握を除く。）を自ら行うこと。

　　(2)　労働者の労働時間を延長する場合又は労働者を休日に労働させる場合に おける指示その他の管理（これらの場合における労働時間等の単なる把握を除 く。）を自ら行うこと。

　ハ　次のいずれにも該当することにより企業における秩序の維持，確保等のた めの指示その他の管理を自ら行うものであること。

　　(1)　労働者の服務上の規律に関する事項についての指示その他の管理を自ら 行うこと。

　　(2)　労働者の配置等の決定及び変更を自ら行うこと。

二　次のイ，ロ及びハのいずれにも該当することにより請負契約により請け負つ た業務を自己の業務として当該契約の相手方から独立して処理するものである こと。

　イ　業務の処理に要する資金につき，すべて自らの責任の下に調達し，かつ， 支弁すること。

　ロ　業務の処理について，民法，商法その他の法律に規定された事業主として のすべての責任を負うこと。

　　八　次のいずれかに該当するものであつて，単に肉体的な労働力を提供するも
　　　のでないこと。
　　⑴　自己の責任と負担で準備し，調達する機械，設備若しくは器材（業務上必
　　　要な簡易な工具を除く。）又は材料若しくは資材により，業務を処理すること。
　　⑵　自ら行う企画又は自己の有する専門的な技術若しくは経験に基づいて，
　　　業務を処理すること。

Keypoints

　この Case では，偽装請負の形態で役務提供を受けている派遣先に対し労働
契約申込みみなし（労働者派遣法 40 条の 6 第 1 項 5 号）が適用されるのか否かが
重要なポイントとなります。

　この点については，同項の他の号とは異なり，法律規定の適用を「免れる目
的」（いわゆる偽装請負等の目的）という主観的要件が付加されており，これがい
かなる場合に認められるかが解釈上の問題になります。近時，この点に関する
裁判例が多数みられるようになっていますが，本 Case および *Example* は，
東リ事件・大阪高判令和 3 年 11 月 4 日労判 1253 号 60 頁（最 3 小決令和 4 年 6
月 7 日判例集未登載による上告棄却・不受理により確定）の事案と判示をアレンジ
したものです。この点について，同号が特別に主観的要件を付加した趣旨を理
解したうえで，その趣旨に照らした具体的な解釈のあり方を検討し，論述する
ことが重要になります。やや難易度の高い問題になりますが，近時このような
事案が増えていることに注目しながら，新たな解釈問題にも対応できるよう，
アンテナを高く張っておいてください。

　また，あわせて，労働契約上の「使用者」概念の拡張（法人格否認の法理，黙
示の労働契約の成立）についても，きちんと復習しておきましょう（→ Unit 2）。

Example

[1]　X は，労働者派遣法 40 条の 6 第 1 項 5 号による Y 社の労働契約申込みみ
なしに対して X が承諾の意思表示をしたことにより，X と Y 社との間に，2017
年 3 月時点での X と A 社との間の労働契約と同じ労働条件を内容とする労働契
約が成立したものとして，Y 社に対し，労働契約上の権利を有する地位の確認
請求，および，Y 社の責めに帰すべき事由による就労不能として民法 536 条 2

項に基づく賃金支払請求をすることが考えられる。また，Y社に対する労働契約上の権利を有する地位確認請求の根拠として，法人格否認の法理，または，黙示の労働契約の成立を主張することも考えられる。

2

(1)　この請求において論点となりうるのは，①法人格否認の法理によりY社が労働契約上の責任を否定することが許されない場合にあたるか，②XとY社との間に黙示の労働契約が成立したといえるか，③労働者派遣法40条の6第1項5号の適用を受けるにあたり，ⓐいわゆる偽装請負にあたるといえるか，ⓑY社に法律規定の適用を「免れる目的」があったといえるか，ⓒY社はこの行為につき善意無過失（同項ただし書）であったとはいえないか，および，④XとY社の間に労働契約が成立している場合，Xの就労不能につきY社に帰責事由（民法536条2項）があるといえるかの諸点である。

(2)　法人格否認の法理としては，法人格が全くの形骸にすぎないと認められる法人格形骸型と，法人格を違法・不当な目的で濫用した法人格濫用型がある。本件では，A社はY社との資本関係や人的関係もなく，財産管理もY社とは独立して行っていたため，その法人格が全くの形骸にすぎないとはいえない。また，Case上は，後に検討する労働者派遣法との抵触の問題以外には，A社に対する具体的な支配力（「支配」の要件）と違法・不当な目的（「目的」の要件）をもってA社の法人格を濫用していたと認められる事実の存在はうかがえない。よって，XがY社に対し，法人格否認の法理を根拠として，労働契約上の権利を有する地位の確認請求をすることは難しいものと解される。

(3)　黙示の労働契約の成立については，当該企業による指揮命令の存在，当該企業からの賃金の支払，および，これらの点についての両当事者の合意の存在が要件となる（労契法6条参照）。本Caseでは，Y社がXに対し業務上の指示を行っているが，Xの賃金はY社の関与なくA社が決定し支払っているため，XとY社との黙示の労働契約の成立を認めることは困難であると解される。

(4)　労働者派遣法40条の6第1項5号の適用にあたっては，まず，「請負その他労働者派遣以外の名目で契約を締結」したいわゆる「偽装請負」の事実があるのかが問題となる。ここで，適法な請負なのか，実態として労働者派遣であるにもかかわらず請負等の契約形態がとられている「偽装請負」にあたるの

かの区別にあたっては，昭和61年労働省告示第37号が参照されうる。本Caseでは，Xに対しY社が業務遂行上の指示を出していたこと（同告示2条1号イ），Xの労働時間管理はY社が行っていたこと（同号ロ），Xが使用する原材料や製造機械はY社が準備し調達していたこと（同条2号ハ(1)）から，適法な請負とはいえず，実態は労働者派遣であったにもかかわらず，請負の契約形態で役務の提供を受けていたいわゆる「偽装請負」にあたるものと解される。

　また，労働者派遣法40条の6第1項5号は，法律規定の適用を「免れる目的」で偽装請負を行っていたことを要件としているが，その趣旨は，労働者派遣の指揮命令と請負の注文者による指図等との区別は微妙な場合があることから，労働契約申込みみなしという民事的制裁を与えるにあたり，特に偽装請負等の目的という主観的要件を付加したものであると解される。この趣旨からすると，偽装請負等の状態が発生したというだけでは偽装請負等の目的があったと認めることはできないが，労働者派遣の役務提供を受ける者が偽装請負等の状態にあると主観的に認識していた場合，または，日常的かつ継続的に偽装請負等の状態を続けていた等の客観的事実により組織的に偽装請負等の目的で役務提供を受けていたと推認することができ，この推認を覆す特段の事情が認められない場合には，偽装請負等の目的があったと認めることができる。本Caseでは，1999年ころから長年にわたり偽装請負の状態が続いており，製造工程でのY社とA社の従業員との混在が解消された後も，A社従業員に対しY社が業務上の指示を出すことを続けていた等の事情からすると，Y社は日常的かつ継続的に偽装請負等の状態を続けていたということができ，偽装請負等の目的があったとの推認を覆す特段の事情も認められないことから，Y社には偽装請負等の目的があったものと認めることができる。

　以上のような状況の下では，Y社が偽装請負の形態でXらの役務提供を受けていたことについて，善意無過失であったとは認められない。

　よって，Y社は労働者派遣法40条の6第1項5号により，Xに対し労働契約の申込みをしたものとみなされ，Xが2017年3月にこれを承諾する意思表示をしたことにより，XとY社の間に，その時点でのXとA社との間の労働条件と同一の労働条件を内容とする労働契約が成立したものと解される。

　(5)　2017年3月にXとY社の間に労働契約が成立したにもかかわらず，X

がY社で就労できないでいることについては，Xの承諾の意思表示を受け入れなかったY社の帰責事由によるものであり，民法536条2項に基づき，XはY社に対し賃金支払を請求できるものと解される。

(6)　以上から，XのY社に対する労働契約上の権利を有する地位確認請求，および，賃金支払請求は，いずれも認められるものと解される。

Checkpoints

1　適法な請負と労働者派遣とはどのように区別されるか。いわゆる「偽装請負」とはどのようなものか。

2　労働者派遣法40条の6の定める派遣先の労働契約申込みみなしは，どのような経緯で立法化され，どのような内容のものとされているか。

3　労働者派遣法40条の6第1項5号に関する裁判例として，どのようなものがあり，どのような判断がなされているか。

Materials

荒木363〜375頁・545〜592頁・595〜598頁・617〜619頁，菅野266〜280頁・314〜377頁・386〜388頁・410〜413頁・749〜764頁，土田83〜86頁・259〜263頁・290〜335頁・341〜342頁，西谷117〜136頁・437〜452頁・482〜486頁・491〜505頁，507〜526頁・529〜532頁・548〜551頁

Unit 13 賃　　金

【Case 13-1】

　Xは，IT関連の企業Y社のプログラマーとして勤務していた従業員（37歳）である。

　入社15年目，Y社の主力となっていたXは，Y社と同じくIT関連企業であるA社からヘッドハンティングを受けた。Xは，業界におけるA社のステイタスの高さや年収がいまよりも50％ほどアップするという好条件に惹かれ，Y社からA社へ移ることを決断した。Y社人事部長は，Xのプログラム技術の流出をおそれ，Y社としては1年間同業他社に就職してほしくないということを伝えたが，Xは決断を変えることはなかった。Xは月末で退職する旨の退職届を提出した。

　退職届を出したXは，気が緩んだのか，得意先から預かっていた顧客情報の入ったデータを紛失するという大きな失敗をしてしまった。Y社では顧客情報の社外持ち出しを厳しく禁じていたのだが，Xはこれを守らず，会社からの帰宅途上の飲酒を伴う会食の後，カバンごとどこかに置き忘れたのである。得意先はY社の管理体制が悪いとして契約を打ち切り，また顧客への謝罪等のためにかかった費用についてはY社に負担するよう要求した。Y社はそれに応じ，Y社が被った損害額は3000万円にのぼった。Y社は，Xに対し損害額の一部を賠償するよう求めた。

　Y社には，勤続3年以上の従業員が退職した場合には退職金を支給する旨の就業規則があり，従業員に周知されている。その就業規則では，支給対象者，退職金の計算方法（算定基礎賃金に勤続年数別の支給率を乗じて算出。支給率は勤続年数に応じて逓増），自己都合退職者の取扱いなどが詳細に定められ，また，「プログラマーについては，退職後1年以内に同業他社に転職した場合，退職金は自己都合退職の場合の2分の1とする。」旨が規定されている。本規定については，IT関連企業においてはプログラマーの個人的技量が重要な意味をもち，プログラマーの同業他社への転職は企業経営上の大きな打撃になるため，それを補塡する目的で置かれたものと説

明されている。

　Y社は，就業規則上の計算方法によるXの退職金額は600万円であるところ，同業他社に就職するので，その2分の1の300万円をXの退職金とした。そして，Xが犯した失敗につき，負担すべき損害賠償額を300万円と算定したうえで，損害賠償債権と退職金債権を相殺する旨をXに通告し，退職金の一切を支給しなかった。

Questions

Q1　本 Case において，どのような法的論点があるか指摘しなさい。

Q2　Q1で指摘した法的論点について，あなたの見解を述べなさい。

Keypoints

　この Case では，退職金の法的性質，減額条項の有効性および賃金債権の保護が問われています。

　本件減額条項の有効性について，*Example* では肯定的な見解に立ちましたが，これを否定する法律構成も可能です。たとえば，退職金の減額は損害賠償の予定にあたり労基法16条違反である，あるいは，公序良俗に反すると法律構成することも考えられるでしょう。この論点に関わる判例として，三晃社事件・最2小判昭和52年8月9日労経速958号25頁があります。

　労働者に対する損害賠償請求ないし求償の範囲について，裁判所は，諸事情に照らし信義則上相当と認められる限度に制限されるとの一般論のもと，個々の事案に応じた判断を行っています。この点について，茨城石炭商事事件・最1小判昭和51年7月8日民集30巻7号689頁を参照してみてください。

　また，賃金債権の相殺に関しては，合意相殺は一定要件のもとで適法とする見解が日新製鋼事件・最2小判平成2年11月26日民集44巻8号1085頁において示されていますが，学説には批判も多いところです。*Example* では，Xの合意があろうとなかろうと相殺はできないとの結論をとりましたが，最高裁の見解に則って展開し，Xが同意を与えた場合とそうでない場合を分けて論じるという構成も考えられます。

Example

1　本件においては，①同業他社に転職する場合に退職金を2分の1に減額することする（以下「本件減額」という）の適法性，②Y社がXに対して求めうる金銭賠償の範囲，③Y社がXに対して有する損害賠償請求権とXの有する賃金債権とを相殺することの可否が問題となる。

2

(1)　退職金減額の適法性

(a)　本件退職金の法的性質

検討にあたっては，まず，本件退職金の法的性質を明らかにする必要がある。なぜなら，本件退職金が全く使用者の恩恵的給付であるとすれば，その支給要件をどのように設定するかは使用者の裁量に委ねられると解され，他方，本件退職金がXに支払われるべき賃金の後払いであるとすればY社は一方的に減額することは許されずその全額が支給されるべきであるからである。

本件退職金の支給は就業規則において定められているが，その内容は特に不合理とはいえず，また従業員に周知されていることから，X・Y社間の労働契約の内容となっている（労契法7条）。また退職金の計算方法は，算定基礎賃金に勤続年数別の支給率を乗じて算出されるものであることから，賃金の後払的性格を有するものと解される。しかしながら，その支給率は勤続年数の長さに応じて引き上げられることになっており，長期勤続者に対してその勤続の功に報いる内容になっていることがうかがわれる。そこで，本件退職金は，賃金の後払的性格と功労報償的な性格をあわせ有するものであり，Y社はその支払について労働契約上の義務を負うものと解される。

(b)　本件減額条項の有効性

次に，本件減額条項の有効性について検討する。

まず本件では，同業他社への転職の場合には退職金の権利がそもそも一般の自己都合退職の2分の1しか生じないのであるから，労基法24条に定める賃金全額払原則には抵触しない。

また，本件減額条項は「退職後1年以内に同業他社に転職した場合」に，本来もらえる退職金の額を減額することを定めている。そのため，本件減額条項はXに対し競業避止義務を課す規定であり，それに反した場合に退職金の2分

の1を賠償額とする損害賠償の予定と解する余地がある。損害賠償の予定であるとすれば，労基法16条に反し，そのような条項は無効となる。しかしながら，本件減額条項は競業避止義務自体を労働者に課したものではなく，退職時ないし退職後1年以内の事情に照らして退職金を算定する方法を定めたものにすぎない。したがって，損害賠償の予定ととらえることは妥当ではなく，労基法16条にも抵触しない。

　以上のとおり，本件減額条項は労基法24条ないし16条に抵触するものではない。しかし一般に，退職金減額条項は間接的に競業避止の効果を有すること，および，本件退職金が功労報償的な性格とともに賃金の後払的性格をあわせもつことに鑑みれば，あまりに著しい減額条項は公序良俗（民法90条）に反し無効と解すべきである。

　そこで減額の程度の妥当性について判断するに，本件減額条項の趣旨にいうように，通常，IT関連企業においてはプログラマーの個人的な技量が重要な意味をもつと考えられることから，Y社においてもプログラマーが同業他社に転職することは企業経営上相当大きな打撃となると思われる。そのためY社が，プログラマーという職種に限定し，1年間という限られた期間について，同業他社へ転職した場合に退職金を2分の1に減額することは不合理とはいえない。本件退職金が功労報償的な性格を有することに鑑みれば，同業他社に転職することを理由に当該プログラマーのそれまでの功労に対する評価を半分に減殺することは相当であり，また競業避止の効果も特に大きいとは解されない。

　以上のとおり，本件減額条項は法的に有効なものと解されるから，結局，Y社がXの退職金を300万円としたことは適法である。

(2)　労働者の損害賠償責任の範囲

　労働者の行為が第三者に損害を及ぼした場合，使用者責任（民法715条1項）を前提に，使用者の求償権行使（同条3項）が認められる。しかし，労働者，使用者間においては，労働者は使用者の指揮命令下で就労していること，使用者は労働者の労働によって経済的利益を得ていることに照らし，使用者は求償権の行使に際して損害の公平な分担という見地から信義則上相当と認められる限度においてのみ，求償の請求をすることができると解すべきである。その判断においては，①労働者の帰責性，②労働者の地位・職務内容・労働条件，③

損害発生に対する使用者の寄与度が考慮される。

　本件において，XはY社の指示を守らず顧客情報の入ったデータを社外に持ち出して紛失しており，その責任は大きいといわざるをえない（①，③）。また，Xは入社15年目でY社の主力のプログラマーであったのだから，顧客情報の取扱いに慎重さが求められることについては，十分認識していたはずである（②）。もっとも，損害額3000万円の1割にあたる300万円の求償がXの生活を脅やかすほどであれば，求償権の濫用となる場合もある。Xの給与額に照らして300万円が過重な負担となる場合には，当該金額による求償は許されない（②）。

(3)　相殺の可否

　使用者が労働者に対して有する債権と，労働者が使用者に対して有する賃金債権を相殺することは，労使協定が締結されている場合を除き，賃金全額払いの原則（労基法24条）に照らして違法であり，認められない。実務上の便宜性から，労使間の合意によって相殺を行うことが許されると解する見解もあるが，労基法24条が強行法規であることに照らせば，たとえ自発的なものであるとしても，個別の合意による強行法規の逸脱を認めるべきではない。

　本件において，XがY社の被った損害額3000万円のうちの300万円について賠償する義務があるか否かは慎重に検討すべきであるが（(2)参照），いずれにしてもその支払をXがY社に対して有する退職金債権との相殺によって行うことは許されない。

　以上より，Y社はXに対し退職金300万円を支払う義務を負う。Y社がXに対して求めている損害賠償については，相殺という方法によらずに別途請求しなければならない。

Checkpoints

1　労基法24条が定める賃金支払に関する諸原則とはいかなるものか。

2　賃金債権が譲渡された場合，使用者は譲受人に譲渡人の賃金を支払うことができるか。

3　使用者が労働者に対して有する債権を自動債権として，賃金債権と相殺することは許されるか。調整的相殺の場合や合意による相殺の場合についてはどのように考えるか。

4　労働者が賃金債権を放棄した場合，使用者は賃金を支払わないことが許されるか。

5　賞与の支給に関わる支給日在籍要件については，いかなる法的問題があるか。また当該条項の法的有効性についてはどのように解されるか。

6　企業年金の中心的な制度である確定拠出年金について，制度を整備する法律および制度の概要について説明しなさい。

7　日本における最低賃金制度はどのようなものか。最低賃金の種類，金額決定の仕組み，および，最低賃金額を下回る賃金額を労働契約当事者が取り決めた場合に法的にどうなるかについて説明しなさい。

【Case 13-2】

　Xはルーム係としてYホテルで雇用されている者であり，その労働条件は以下のとおりである。

　　　所定労働時間：午前10時～午後5時，うち45分間休憩

　　　　　　　　　　1日当たり6時間15分（6.25時間）

　　　所定就業日：毎週水曜日を除く各日

　　　基本給額：1500円／時

　Xを含むルーム係は，おおむね午前9時前後に出勤し，ロッカーで着替えを済ませてタイムカードを打刻し，その後，始業開始時刻である午前10時までの間の約1時間，リネン業者が配達してきたリネン類を客室に配るため，タオル類やシーツ類を畳んで組にするといった準備を行っていた。そして，午前10時になると客室清掃に着手していた。

　また，Xはルーム係として，客室の煙草処理や忘れ物の確認，客室清掃などの業務に直ちに携わることができるよう，午前10時から午後5時までの間は休憩時間であってもルーム係用控室に常に在室するようYから命じられていた。そのため，Xは昼食も作業の合間をぬって持参した弁当を食べて済ませるなどしていた。

　20○○年2月，未知のウイルスによる感染症が世界的に広がり，世界保健機関（WHO）はパンデミックであることを宣言した。政府も，感染症の拡大を防止するため，国民に対し外出を自粛するよう呼びかけた。宿泊業を営むYはその影響を強く受け，同年3月の売上げは前年同月比約36％減，同年4月は約68％減となり，その後も売上げは停滞した。

　Yはこのような売上減少に対応するため，同年4月以降，従業員全体の労働時間を抑制することにした。そして，Xについては，20○○年4月以降，月ごとの勤務表に「時短」と記載された日については4時間勤務として4時間分の賃金を支給し，「休業」と記載された日については終日休業させて時給の3.75時間分（6.25×60％）を支払った。

　しかし，未知のウイルスは衰えを知らず感染状況は悪化し，それに合わせてYの売上げもますます減少した。そこで，Yはさらに従業員の労働時

間の抑制を図ることにした。そして，Xについては，20○○年8月以降，勤務表に「時短」と記載された日については3時間勤務として3時間分の賃金を支払い，「休業」と記載された日については終日休業させて時給の2.4時間分（4.00×60％）を休業手当として支払っている。

　Xは，かねてから自分が受け取っている賃金額に不足があるのではないかと疑っていたが，20○○年4月以降，その思いがいっそう募っている。

　なお，この間，Xの労働契約やYの就業規則が変更されたといった事実はない。

Questions

Q1　あなたがXの代理人としてYを相手方として未払賃金支払請求訴訟を提起する場合，具体的にどのような内容の請求を行うか，述べなさい。

Q2　Q1の請求は認められるか，あなたの見解を述べなさい。

Keypoints

　この Case には，労働時間の概念を論じたうえで未払賃金請求の可否を論ずべき部分と，休業手当（労基法26条）の意義を踏まえたうえで未払賃金請求の可否を論ずべき部分があります。

　労働時間の概念に関しては，Unit 14 を参照してください。

　労基法26条が定める休業手当に関しては，「使用者の責に帰すべき事由」の解釈が問題となります。通説・判例（ノース・ウエスト航空事件・最2小判昭和62年7月17日労判499号6頁参照）は，「使用者の責に帰すべき事由」とは「取引における一般原則たる過失責任主義とは異なる観点をも踏まえた概念」であると捉えています。そのことを前提としつつ，未知のウイルスによる感染症拡大防止という政策のあおりを受けて経営が悪化し，労働者を休業させなければならなくなったという事態をどのように評価するかというのがこの Case のポイントです。

　また労基法26条に関しては，民法536条2項にいう「債権者の責めに帰すべき事由」との違いについても確認してください。

Example

1　XはYに対して以下の未払分の賃金を支払うよう請求する。①始業前の準備時間（午前9時〜10時）は労働時間に該当するとして当該時間相当分の賃金，②休憩時間（45分）は労働時間にあたるとして当該時間相当分の賃金，③①②が認められた場合，週あたりの労働時間は48時間となることから，法定労働時間（40時間。労基法32条）を超える8時間分の割増分（時給の25％相当額）の賃金，④20○○年4月から同年7月について「時短」日に短縮された2.25時間（6.25−4）の6割に相当する額の賃金，⑤20○○年8月以降，「時短」日に短縮された3.25時間（6.25−3）の6割に相当する額の賃金，そして，⑥20○○年8月以降の「休業」日については契約上の所定労働時間である6.25時間の6割に相当する額から既払分を差し引いた額の賃金の合計額である。

　また，このうち，①ないし③について過去5年分（労基法115条）の支払を求め，また，③ないし⑤について付加金（労基法114条）の支払を併せて請求する。

2

　(1)　問題の所在

　1に挙げた①および②については，始業前の準備時間および休憩時間が労働時間に該当するか否かが問題となる。それが認められるならば①，②および③の請求は認められる。

　他方，④ないし⑥については，当初の所定労働時間である6.25時間が変更されたか否か，また，「時短」日および「休業」日において就業を免除されたことが，「使用者の責に帰すべき事由」（労基法26条）に該当するか否かが問題となる。

　(2)　始業前の準備時間および休憩時間の労働時間該当性

　労基法上の労働時間とは，労働者が使用者の指揮命令下に置かれている時間をいうと解される（労基法32条参照）。指揮命令の有無は，使用者が明示的に命じた場合のみならず，黙示的な指示がある場合，あるいは労働者が業務に従事している事実を黙認している場合にも認められる。

　また，労基法34条にいう休憩時間とは労働からの解放が保障されている時

間をいう。休憩時間とされている時間において，仮に実作業に従事していなかったとしても，労働からの解放が保障されず，労働契約上の労務の提供が義務づけられていると評価される場合には，休憩時間ではなく労働時間と解される。

本件において，Ｘが始業前に行っていたリネン類の準備作業については，労働契約上の業務そのものであること，その作業がタイムカード打刻後に行われていたこと，Ｙの管理する店舗内で行われていたこと，始業前の日常的な業務であることなどからすると，Ｙはこのような作業の実態を当然に把握していたものというべきであるから，Ｘの始業前作業はＹの黙示的な指示のもとに行われていたものであり，労働時間に該当すると評価すべきである。

また，Ｘは勤務時間，休憩時間を問わず，ルーム係用控室に在室することを余儀なくされ，客の忘れ物の処理や客室の清掃など，必要があれば実作業に従事するよう指示されていた。この場合，たとえば昼食をとるなどして作業に従事していない時間を含めて，労働からの解放が保障されていた時間とはいえないため，休憩時間とされている45分についても労働時間にあたるというべきである。

以上の次第であるから，始業前の1時間，休憩時間の45分は労働時間であり，この時間について使用者は賃金を支払わなければならない。また，Ｘの1週間の勤務日数は6日であるから，上記の時間が労働時間と評価されることにより1週間の労働時間数は48時間となり，8時間の法定労働時間を超える分が発生する。Ｙは，その部分について時間給の25％相当分を時間外労働割増賃金として支払う義務を負う（労基法37条）。したがって，ＸがＹに対して請求した①②③のすべてについて請求が認められる。

(3) 「時短」日および「休業」日の性質および労基法26条該当性

まず，ＸＹ間の労働契約ないしＹ就業規則における所定労働時間が変更された事実がないことから，20〇〇年4月以降の「時短」および「休業」の日は，1日の所定労働時間である6.25時間の一部または全部につき，ＹがＸに対して休業を命じたものと解すべきである。

次に，当該休業が使用者の「責に帰すべき事由」によるものである場合，使用者は休業手当を支払う義務を負う（労基法26条）。また休業手当は，労働者の休業時の経済的生活の保障を目的としたものであるから，「責に帰すべき事

由」については，故意または過失よりも広く，使用者側に起因する経営・管理上の障害を含み，不可抗力によるものは含まないと解される。

　本件においては，未知のウイルスによる感染拡大と政府による外出自粛要請により売上減少が生じ，Yはこうした事態に対応するために本件休業を命じたものである。しかしこの間Yは事業を停止していたわけではなく，売上の状況等を踏まえつつ従業員の勤務日数や勤務時間数を調整していたのであるから，Yがその裁量による判断によりその従業員に休業を行わせていたものというべきである。そうであれば，本件休業は不可抗力によるものであるとはいえず，労働者の生活保障を目的とする労基法26条の趣旨も踏まえると，Xの休業はY側に起因する経営・管理上の障害によるものと評価すべきである。

　そうであれば，XがYに対して請求した④⑤⑥はすべて認められるというべきである。

Checkpoints

1. 労基法26条に定める休業手当の意義は何か。また，同条と民法536条2項との関係はいかなるものか。

2. 労基法上，賃金債権および退職金債権の時効は何年か。

3. 日本において，企業が経営困難や倒産に陥り賃金の支払能力がなくなったときに，労働者が賃金を確保できるための仕組みとしていかなるものがあるか。

4. 賃金に関わる労働条件を就業規則によって変更する場合について，最高裁の判断枠組みはいかなるものか。また，具体的判断にはどのようなものがあるか（→ Unit 4）。

5. 時間外・休日・深夜労働の場合の割増賃金の算定はどのように行われるか（→ Unit 3）。

6. 労働義務が履行不能の場合，賃金請求権が発生するか否かについていかなる判断枠組みで考えるべきか。

7. 職務の変更や査定での低評価等を理由に，労働者に対して個別の減給措置がなされる場合について，その適法性を判断する際にはどのような点に留意しなければならないか。

8. 人事考課の結果を反映させて賃金額が決定される制度が採用されている場

合において，当該賃金額に納得できない労働者は，いかなる法律構成で何を
請求することができるか。

9　労基法が定める出来高払いの保障給制度について説明しなさい。

Materials

荒木 140〜178 頁，菅野 421〜476 頁，土田 87〜116 頁，西谷 277〜313 頁，水町 224〜
246 頁

Unit 14 労働時間

【Case 14-1】

　Xらは，企業の新人研修などに用いられるY合宿センターに雇用されている設備メンテナンス担当スタッフで，Y合宿センター内の巡回監視，設備の整備等の業務に従事していた。

　Y合宿センターの就業規則には，「職員の就業時間は原則として1日労働7時間，休憩1時間とする。ただし，業務の都合により4週間を通じ，1週平均38時間以内の範囲で就業させることがある。」との定めがあったが，各週，各日の所定労働時間の特定に関する定めはなく，業務の都合により任意に労働時間が変更されていた。

　Xらは毎月数回，午前8時30分から翌朝の8時30分までの24時間勤務に就いたが，その間合計2時間の休憩時間のほか，午後10時から午前6時までの連続8時間の仮眠時間が与えられた。仮眠時間中，Xらは仮眠室に待機し，電話の接受等を行うとともに，非常ベルが鳴る等した場合にはただちにその場所に赴き，所定の作業を行うこととされていたが，そのような事態が生じない限り睡眠をとってよいとされていた。

　Xらの賃金は月給制であるが，Y合宿センターは，24時間勤務の仮眠時間につき原則として宿泊手当（3000円）を支払うのみで所定労働時間に算入せず，労働協約・就業規則所定の時間外手当および深夜手当の支給対象にもしていなかった。ただし，仮眠時間中に突発業務が発生した場合について残業申請をすれば，実作業時間に対し時間外手当および深夜手当が支給された。

　Xらは，仮眠時間であってもそのすべてが労基法上の労働時間にあたると考え，これに対する時間外手当および深夜手当の支払をY合宿センターに求めたが，Y合宿センターは，仮眠時間は労働時間とはいえずそれについて賃金を支払う義務はないし，変形労働時間制により1週平均38時間以内の範囲で就業させているので時間外労働は存在しない等と反論した。

Q1　あなたがＸらの代理人としてＹ合宿センターを相手方として訴えを提起
する場合，どのような請求ができると回答しますか。

Q2　Ｑ1で述べた請求をする場合に法的に問題となる具体的論点を挙げ，そ
れについて検討しなさい。

Keypoints

この Case では，①Ｘらが仮眠室で過ごしている時間が労基法上の労働時間
に該当するか，②該当すると考えられる場合，その時間に対していかなる賃金
を請求できるか，③Ｙ合宿センターは変形労働時間制をとっているといえるの
かが主たる争点となります。

①労基法上の労働時間性に関しては，*Example* のように使用者の指揮命令下
に置かれている時間か否かを中心に判断するのが判例の見解ですが（三菱重工
業長崎造船所事件・最1小判平成 12 年 3 月 9 日民集 54 巻 3 号 801 頁など参照），学説
上は，指揮命令下に置かれている時間か否かに加え，職務性をあわせて考慮す
べきとする説も有力に主張されています。いずれの見解に立つとしても，具体
的な事実を拾い上げて労働時間性を的確に判断できるかが，本 Case の第1の
ポイントとなります。

②については，労基法上の労働時間と労働契約上の賃金請求権および労基法
37 条に基づく割増賃金規制との関係についての理解が試されます。本件仮眠
時間に係る賃金につきＸらとＹ合宿センターの間に労働契約上いかなる合意が
あったと解するか，またそれとの関係で，労基法 37 条に基づく割増賃金の算
定基礎たる通常の賃金をどのように解するかといった点が問題となります。そ
の解釈次第では *Example* と異なる結論となる可能性もあります。

③の変形労働時間制については，Ｙ合宿センターの制度が，変形労働時間制
の要件を満たしているか否かを検討する必要があります。ここでは特に，単位
期間における各週・各日の所定労働時間の具体的特定があったことが必要です。
大星ビル管理事件・最1小判平成 14 年 2 月 28 日民集 56 巻 2 号 361 頁などを
参考にしながら，どの程度具体的に特定しておくことが必要か確認しておきま
しょう。

Example

1　XらからY合宿センターに対し，24時間勤務における午後10時から午前6時までの仮眠時間に時間外・深夜労働をさせられたとして，労基法37条に基づき未払割増賃金の支払およびそれと同額の付加金の支払命令（同法114条）を請求することが考えられる。

2

(1)　労基法上の労働時間性

本件でまず問題となるのは，24時間勤務の午後10時から午前6時までの仮眠時間（以下「本件不活動仮眠時間」という）が労基法の規制する労働時間（以下「労基法上の労働時間」という）に該当するか否かである。

第1に，労基法上の労働時間は，当事者が労働契約上合意した内容等にかかわらず，客観的に定まると解すべきである。そうでなければ当事者の意思により労基法の強行規制を容易に免れることができることとなるからである。本件で，Y合宿センターは本件不活動仮眠時間を労働時間ではないと取り扱っていたが，当該時間が労基法上の労働時間といえるか否かは，客観的に判断される。

第2に，その具体的な判断は，業務性を補充的基準としつつ，当該時間が「労働させ」（労基法32条）た時間すなわち使用者の指揮命令下に置かれた時間であるか否かという基準によりなされる。実作業に従事していない時間であっても，所定の対応と所定の場所での待機が義務づけられている場合には，労働から解放されているとはいえず，使用者の指揮命令下に置かれているものとして労基法上の労働時間にあたると解される（判例も同様の見解に立っている）。

そこで本件不活動仮眠時間について検討すると，Xらは，仮眠時間であっても仮眠室に待機し，非常ベルが鳴った場合等にはただちに所定の作業を行うことを義務づけられていたのであり，使用者の指揮命令下に置かれた時間として労基法上の労働時間にあたると解される。

(2)　労働契約上の賃金請求権

もっとも，本件不活動仮眠時間が労基法上の労働時間であると判断される場合であっても，その時間分が就業規則等で定められている時間外手当の支給対象となるかどうかは，当該労働契約の解釈による。

本件では，①Y合宿センターの就業規則では本件不活動仮眠時間に対し時間

外手当の対象とする旨の規定は置かれていないこと，②仮眠時間中に突発業務が発生した場合について残業申請をすれば実作業時間に対し時間外手当および深夜手当が支給されたが，24時間勤務の仮眠時間については原則として宿泊手当（3000円）を支払うのみであったこと，③Y合宿センターの賃金は月給制であり賃金と労働時間との牽連性は薄いこと，④本件不活動仮眠時間は電話や非常ベルが鳴る等しない限り眠っていてよい時間であり労働密度は必ずしも高くないこと等の事情を考慮すると，XらとY合宿センターとの労働契約においては，本件不活動仮眠時間の対価としては宿泊手当のみを支給し，時間外・深夜手当の支給対象としていないものと解釈される。

(3)　労基法37条に基づく割増賃金請求権

　しかし，前述のように，本件不活動仮眠時間が労基法上の労働時間にあたると解される以上，この時間は時間外労働にあたり労基法37条に基づく割増賃金の支払が義務づけられる。したがって，労基法13条の強行的・直律的効力により，法定労働時間外労働であるにもかかわらず割増賃金の支払をしない旨の契約はその部分につき無効となり，当該契約は法定の割増賃金を支払うべき内容に修正される。よってXらは，変形労働時間制をとっているとのY合宿センターの主張が認められる等の例外的な場合でない限り，Y合宿センターに対し，本件不活動仮眠時間につき労基法37条に定める割増賃金を請求できる。

　労基法37条に基づく割増賃金額は，「通常の労働時間……の賃金」（以下「通常の賃金」という）に割増率（時間外労働につき125％。月60時間を超えると150％〔またはこれに代わる休暇の付与〕。深夜労働が重なるとさらに25％が加算される）を乗じて計算する。ここで割増賃金の算定基礎たる通常の賃金とは，法定時間外労働たる「当該労働」が時間外・深夜ではない通常の労働時間に労働がなされた場合に支払われる賃金をいう（労基則19条参照）。本件では，本件不活動仮眠時間につき別途定められた賃金（宿泊手当）があるため，「当該労働」が通常の労働時間になされた場合に支払われる賃金は，所定労働時間に対して支払われる賃金ではなく，宿泊手当（3000円）がそれにあたるのではないかが問題となりうる。本件では，仮眠時間中の業務と所定労働時間中の業務の内容に同質性が認められることから，割増賃金規制の趣旨に鑑み，割増賃金の算定基礎は宿泊手当ではなく所定労働時間に対して支払われる賃金であると解すべきである。

以上のことから，Ｙ合宿センターが変形労働時間制をとっていると認められない限り，ＸらはＹ合宿センターに対し，基本給（ただしこの賃金のなかに労基法37条5項，労基則21条の除外賃金が含まれていればその分を控除した額）÷月の所定労働時間×割増率×時間外労働時間数という計算式に基づいて計算された割増賃金の支払と深夜割増賃金の支払および付加金の支払命令を請求できると解される。ただし，宿泊手当3000円は時間外労働に対する対価の一部と評価できるため，Ｙ合宿センターが支払うべき上記割増賃金の合計額から，すでに支払済みであるとして控除することができると解する。

(4)　変形労働時間制

Ｙ合宿センターは労基法32条の2の1か月単位の変形労働時間制をとっていると主張している。労基法32条の2の変形労働時間制を行うには，単位期間における各週・各日の所定労働時間を具体的に特定する必要がある。また労基法89条は始・終業時刻を就業規則の必要的記載事項としているので，就業規則において各日の労働時間数のみならず始・終業時刻も特定することが求められる。

本件のように，使用者が業務の都合で任意に労働時間を変更しうるような制度は，変形労働時間制の要件を満たさないと判断され，そうである以上，労基法32条による通常の労働時間規制が及び，法定労働時間を超える労働については時間外労働が成立する。Ｙ合宿センターも変形労働時間制の要件を満たさない以上，法定労働時間を超えるＸらの労働は時間外労働となり，Ｘらの時間外・深夜割増賃金の支払請求は認められる。

Checkpoints

① 労基法が規制の対象としているのはいかなる労働時間か。これまで労基法上の労働時間性が争われた時間にどのようなものがあるか。

② 時間外労働・休日労働とは何か。これらを適法に行わせるためにはいかなる要件を満たさなければならないか。

③ 労基法37条が割増賃金の支払を義務づけているのはいかなる労働か。割増率や割増賃金の算定基礎など，割増賃金はどのように計算するのか。

④ 変形労働時間制，フレックスタイム制はどのような制度か。それを導入するための要件は何か。

【Case 14-2】

　私（X）は，事務用器具の製造・販売・リースを行うY社（80名）の法人営業部の課長の地位にあり，主に顧客企業の訪問や新規顧客企業の開拓の業務に従事しています。

　平日は，午前9時に会社に出社し，前日の業務についての簡単な報告やその日の訪問先の確認等のミーティングを30分ほど行った後，メールのチェック等の諸業務を30分ほどで済ませ，午前10時頃から外勤の営業に出かけています。ちなみにミーティングは週明けの月曜日のみ部長も参加しますが，それ以外は基本的には私がその進行を任され，私と一般の営業社員（7名）と事務職員（2名）で行っています。

　会社の就業規則では，平日の勤務時間は午前9時から午後6時（うち正午から午後1時までは休憩時間）となっています。外勤の営業社員については，内勤の時間を含めて所定労働時間労働したものとみなすとの規定が設けられています。営業社員は終業時刻に間に合うよう外勤の営業を終え会社に戻るよう指示されており，帰社後は，当日の営業業務遂行報告書を作成し，ほぼ定時に帰宅しています。ただし会社に戻る時間が終業時刻を過ぎる場合には，そのまま訪問先から直接帰宅することも認められており，その場合は，最後の訪問先から会社が貸与している携帯電話で会社に連絡することが義務づけられています。

　私も平社員の頃は上記のとおりほぼ定時に帰宅できていました。しかし，課長昇進後は状況が一変し，午後5時頃，会社に戻り営業業務遂行報告書を作成した後は，各種管理的業務の処理や，月1回会社の営業方針等を決定するために開かれる営業戦略企画会議（役員と法人営業部長，一般営業部長がメンバー）に部長が出席する際に用いる各種統計・分析資料や企画原案の作成業務も処理しなければならないため，退社するのは早くても午後9時近くになっています。また賞与の評価・査定の時期には，こうした通常業務以外に，部長と部下の面談の調整や査定に係る基礎資料の作成業務も加わるため，退社時刻が午後11時になる日が続きます。部下の査定・評価そのものは部長が行い，私はその準備役を担うにすぎないのですが，

基礎資料のなかに課長としての私の意見を記載しなければならず，これが部長の判断に少なからず影響し，部下の賞与額を左右する可能性があると思うと，結構，気を遣う仕事です。土日は就業規則のとおり休日としてちゃんと休みがとれているのですが，平日の仕事の疲れで1日中眠ったまま過ごすことも少なくありません。

　給与は，月給制で，基本給40万円，管理職手当8万円，営業奨励手当2万円が毎月支給されており，これに加えて年2回賞与（基本給の2.5〜4か月の範囲で査定によって額が決まります）が支給されています。ちなみに月給のうち，営業奨励手当は，営業社員全員に一律額が支給されるもので，前年の各営業部の売上高に基づき算定されることになっていますが，ここ数年はずっと2万円のままです。超過勤務手当については，外勤の営業社員になって以来，もらったことがありません。

　課長に昇進した当初は，部長からこれからは管理職の仲間入りをしたので遅刻や早退についていちいち私に連絡しなくてよいと言われ，勤務時間に融通が利くことを期待していたのですが，実際には朝からミーティングを取り仕切る必要があるため遅めに出社することは許されませんし，上述のとおり，連日遅くまで残業を余儀なくされる状況です。たしかに，課長に昇進してから基本給が5万円もアップし管理職手当をもらっていますが，その分，仕事内容は高度化しています。そういう状況のなかで連日長時間労働を強いられているのに一切超過勤務手当の支給がなされないというのは納得いきません。私は本当に超過勤務手当を請求できないのでしょうか。

〔Ｙ社給与規程（抜粋）〕

第3条【基本給】

　基本給は，別表のとおり，月額で定める。

〈別表（抜粋）〉

等級		職位	基本給
（略）			
Ⅴ　部長	管理職	部長	45万円
Ⅳ　課長	管理職	課長	40万円

Ⅲ　主任　一般職　　主任　　　　　　35 万円

Ⅱ　一般Ⅰ一般職　　　　　　　　　　30 万円

　（略）

第 4 条【営業奨励手当】

　営業社員（各営業部で営業業務に従事する社員）には，各営業部の売上高等を勘案して営業奨励手当（月額。ただし上限は 2 万円とする）を支給する。

第 5 条【管理職手当】

　管理職（課長以上およびこれに準ずる者）については，管理職手当（月額 8 万円）を支給する。

　（略）

第 7 条【超過勤務手当】

　超過勤務手当は，次のとおり計算し，支給する。

　①　所定時間外勤務については，通常の労働時間の賃金の 125％

　②　所定休日勤務については，通常の労働時間の賃金の 135％

　③　深夜勤務（午後 10 時から午前 5 時までの勤務）については，通常の労働時間の賃金の 25％

第 8 条【管理職の特例】

　管理職（課長以上およびこれに準ずる者）については，前条の規定を適用しない。

Questions

Q1　あなたがこの相談に対し，Xの代理人としてY社を相手方として訴えを提起する場合，どのような請求をすることができるか，述べなさい。

Q2　Q1の訴えを提起する場合，Y社の代理人からなされうる主張としてはどのようなものがあるか。この点を踏まえつつ，訴訟で問題となる法律上の争点について具体的に検討しなさい。

　（なお，労基法 37 条 1 項ただし書・3 項は，月 60 時間を超える時間外労働に対しては 5 割以上の割増賃金の支払〔または割増率引上げ分につきこれに代わる代替休暇の付与〕を義務づけているが，本 Case においてはこの点は考慮しなくてよいものとする。）

　このCaseでは，①Xは労基法上の労働時間規制が適用除外されている管理監督者に該当するか（労基法41条2号），②かりに管理監督者に該当せず労働時間規制が適用されるとしても，Xは事業場外で労働に従事しているため，事業場外労働のみなし労働時間制（同法38条の2）の適用がなされ，その労働時間は「所定労働時間」としてみなされるのか，③もしかりにXに割増賃金の支払が必要である場合には，その算定において営業奨励手当や管理職手当はどのような意味をもちうるのかが主な争点となります。

　①管理監督者性については，裁判例の蓄積によってその判断基準はかなり具体化・明確化されつつあります（日本マクドナルド事件・東京地判平成20年1月28日労判953号10頁等参照）。**Example**では，裁判例の一般的な判断傾向に即して，Xの管理監督者該当性について判断しています。また，②事業場外労働のみなし労働時間制については，本Caseではその適用要件を充足しているかが問題となりますが，かりにその適用が認められる場合であっても，Xのように労働時間の一部についてのみ事業場外労働に従事している場合には，みなしの対象はどの部分なのかといった点も問題となります。これらの点については行政解釈（昭和63年1月1日付け基発第1号，昭和63年3月14日付け基発第150号）や阪急トラベルサポート（第2）事件（最2小判平成26年1月24日労判1088号5頁）を参考にしてみて下さい。また，③割増賃金の算定については，各手当が割増賃金に代わるものとして，未払割増賃金額から既払分として控除できるのかといった点が問題となります。この点については，日本ケミカル事件判決（最1小判平成30年7月19日労判1186号5頁）が参考になります。

①　XからY社に対して，平日につき午後9時まで就労した時間については3時間の時間外労働が，また午後11時まで就労した時間については5時間の時間外労働および1時間の深夜労働があるとして，過去5年分につき（労基法115条参照），未払割増賃金の支払（同法37条）およびそれと同額の付加金の支払命令（同法114条）を請求することが考えられる。

②　これに対して，Y社の代理人からは，(1)Xは労働時間規制が適用除外される管理監督者に該当する（労基法41条2号），(2)かりに(1)のように解されなくて

も，外勤の営業業務に従事するＸには事業場外労働のみなし労働時間制（同法38条の2）の適用があり，Ｘの労働時間は原則として「所定労働時間労働したもの」とみなされるから割増賃金の支払を要しない，(3)かりに(1)(2)のように解されず，Ｘに割増賃金の支払が必要であったとしても，Ｘに支払われた管理職手当や営業奨励手当が割増賃金に相当し，ゆえにこれらの手当の支払をもって割増賃金は支払済みであるという主張がなされることが考えられる。

(1)　Ｘの管理監督者該当性

まず，Ｘが労基法41条2号にいう管理監督者に該当すれば，労働時間規制が適用除外され，時間外労働に対する割増賃金の支払（同法37条）も不要となるため，この点について検討する（ただし深夜労働に対する割増賃金の支払については管理監督者についても必要であると解されるため，Ｘの管理監督者性にかかわらず，Ｙ社はＸに対しその支払義務を負う。もっとも本件では，深夜労働に対する割増賃金がすでに支払済みといえるかが問題となるので，この点については(3)で検討する）。

管理監督者とは，労働条件の決定その他労務管理について経営者と一体的な立場にある者をいい，名称や肩書き，就業規則の定めのいかんにとらわれず，実態に即して客観的に判断されるべきである。そうでなければ当事者の意思によって労基法上の規制を免れることを簡単に認めることになってしまうからである。本件でも，Ｙ社がＸを管理職として割増賃金の支払対象から除外する取扱いをしていたとしても，Ｘが客観的にみて管理監督者に該当するといえない限り，このような取扱いは違法となり，Ｙ社はＸに対し割増賃金を支払う義務を負う。

管理監督者の該当性は，具体的には，①経営者と一体性をもつような職務権限を有しているか（職務権限），②厳密な時間管理を受けず，自己の勤務時間に対する自由裁量を有しているか（勤務態様），③その地位にふさわしい待遇を受けているか（待遇）といった点を考慮して判断すべきこととなる。

これをＸについてみていくと，まず，③待遇面については，Ｘの年収（月例賃金〔50万円×12か月〕＋賞与〔40万円×2.5～4.0か月〕）は700～760万円となりその額は必ずしも低額とはいえない。また，課長昇進後は基本給（5万円）と職務手当（8万円）をあわせて月額13万円アップしていることからすると，一般職の従業員に比べてかなり優遇されているといえる。しかし，①職務権限に

ついては，Xは部下の査定に関与し，また会社の営業方針を決定する営業戦略企画会議で用いる資料や企画原案の作成に従事していることは認められるものの，前者の部下の査定の決定権限はあくまで部長にあるようであり，また，後者の会議もX自身はそのメンバーではなく，Xに何らかの決定権限等が付与されていたとは認められない。このことからすると，XがY社の人事や経営に関する重要な決定に参画し，経営者と一体性をもつような職務権限を有していたとはいえない。また，②勤務態様についても，早退や遅刻に関して部長の許可を得る必要はないなど形式的には勤務時間の裁量が認められているとはいえるものの，Xの勤務状況をみる限りは，実質的にみてもそのような裁量が認められていたとまではいえない。以上のことからすれば，Xは管理監督者に該当しないと解すべきである。

(2)　事業場外労働のみなし労働時間制の適用の可否

　次に問題となるのは，Xの労働時間は事業場外労働のみなし労働時間制（労基法38条の2）により「所定労働時間」働いたものとみなされ，それゆえ時間外労働に対する割増賃金の支払は不要になるかである。まず，事業場外労働のみなし労働時間制が適用されるのは，当該労働者が，①労働時間の全部または一部につき事業場外労働に従事し，かつ，②「労働時間を算定し難い」場合でなければならない。

　Xはその労働時間の一部を事業場外労働に従事しているので，①の要件は備わっているといえる。しかし，②の要件については，Y社の営業社員は，事業場内で訪問先の確認等をした後で外勤営業に出かけており，また帰社指定時刻に帰社していたこと（帰社しない場合には最終の訪問先から携帯電話での連絡が義務づけられていたこと），当日の業務遂行について報告書の作成や翌日のミーティングでの報告を義務づけられていたことからすると，事業場外労働であっても使用者による労働時間の算定は可能である。結局Xは，②の要件を満たさないゆえに，みなし労働時間制の適用はないものと解される。また，もしかりにXにみなし労働時間制の適用があると解した場合であっても，同制度のもとでみなしの対象となるのは，あくまで事業外労働の部分のみであり，Xのように労働時間の一部のみ事業場外労働に従事する場合は，事業場外労働のみなし時間に事業場内で労働した時間を加えた時間が労働時間とされるべきことになる。

そうすると，Ｘが午後９時まで残業した場合の労働時間は，事業場外労働のみ
なし時間６時間（午前10時から午後５時のうち休憩時間１時間を差し引いた時間）
に事業内で業務に従事した時間５時間（午前中のミーティング・諸業務に従事した
１時間プラス午後５時から午後９時まで残業に従事した４時間）を加えた計11時間
として算定されることになり，結局，Ｙ社は３時間分の時間外労働に対する割
増賃金の支払を免れえないと解すべきであろう（同様にＸが午後11時まで残業し
た場合には，５時間分の時間外労働および１時間の深夜労働に対する割増賃金の支払を
要すると解される）。

(3)　Ｘに支払われるべき未払割増賃金

　上記のとおり，Ｙ社はＸに対して，労基法37条に基づき，平日残業した時
間について，時間外労働（３時間または５時間）および午後10時以降の深夜労
働に対する割増賃金支払義務を免れえない。もっとも，この割増賃金の支払に
ついては，法所定の計算方法による割増賃金額を下回らない限りは，定額の手
当の支給をもってこれに代えることも適法に行いうる（判例も同様の見解に立っ
ている）。そこで本件でも，Ｘに支払われた営業奨励手当や管理職手当が割増
賃金に代わる手当であり，その支払をもって法所定の割増賃金からこれを既払
分として控除することができるかが問題となりうる。

　ある手当が時間外労働等の対価（割増賃金にあたる部分）として支払われてい
るか否かは，契約書等の記載内容，使用者の説明の内容，実際の勤務状況など
の事情を考慮して判断される（判例も同様の見解に立っている）。本件では，管理
職手当や営業奨励手当が労働契約上時間外労働の対価として位置づけられたり，
使用者がその旨の説明をした形跡はなく，時間外労働等の勤務の実態と両手当
の額が関連・近接しているといった事情もないため，両手当が割増賃金にあた
るものとして支払われていたということはできないものと解される。したがっ
て，これらの手当は，法所定の割増賃金から既払い分として控除することはで
きず，割増賃金の算定基礎である「通常の……賃金」（労基法37条１項）に含め
て計算すべきものといえる。

　以上のとおり，ＸはＹ社に対し，〔基本給40万円＋管理職手当８万円＋営業
奨励手当２万円＝計50万円〕÷〔月の所定労働時間数〕×時間外労働時間数×割
増率（125％。ただし深夜労働重複部分は150％）という計算式に基づいて算定され

た額の未払割増賃金額の支払およびこれと同額の付加金の支払命令を請求できると解される。

Checkpoints

1　割増賃金の支払に代えて，一定額の手当を支給したり，基本給のなかにあらかじめ含めて支給する取扱いは適法か。

2　みなし労働時間制度とはいかなる制度でどのような種類があるか。それを導入するための要件は何か。

3　労基法上労働時間規制が適用除外とされているのはどのような労働者で，どのような要件を満たす必要があるのか。これら適用除外者については労基法上のすべての労働時間規制が適用除外とされるのか。

Materials

荒木 179～235 頁，菅野 477～556 頁，土田 117～150 頁，西谷 314～370 頁，水町 246～270 頁

Unit 15 休暇・休業

【Case 15】

　X₁（妻）とX₂（夫）は，ともにY社の正社員として働く共稼ぎのカップルである。X₁・X₂夫妻には2021年7月7日に長男が誕生した。

　長男の出生に伴い，妻のX₁は労基法上の産前産後休業を取得し，続いて2022年3月31日まで育介休法に基づく育児休業を取得した。上記の産休・育休期間中は会社から賃金（賞与を含む）は支払われなかった。

　X₁らの長男は2022年4月1日から公立保育園に入園できることになったので，X₁は同日よりフルタイムで通常勤務に復帰した。復帰後7月になって，X₁は夏季賞与（基本給の3か月分）が振り込まれないことに気づき，給与担当者に問い合わせた。すると，今年度の夏季賞与については，就業規則の支給要件を満たしていないので支給されないと言われた。あわててY社就業規則を見ると，賃金規程のなかに，賞与の支給は「支給月の初日から遡って6か月の間，出勤率が平均8割以上であること」を要件とし，「出勤率の算定にあたり，労基法に基づく生理休暇および産前産後休業，育児介護休業法に基づく休暇・休業，就業規則に基づく傷病休暇を取得した日は，いずれも欠勤日として取り扱うものとする。」旨が定められていた。

　他方，夫のX₂は，長男が誕生した後も育児休業を取得することなく通常勤務を続けていた。しかし，妻X₁が職場復帰した後，長男が慣れない保育園生活のせいか頻繁に熱を出して登園できない日が多かったため，自宅で子どもの世話をするために4月から6月にかけて計10日間の年次有給休暇を取得した。Y社では，就業規則に基づき，月ごとに全勤務日に出勤した従業員に対して1万円の皆勤手当が支給されている。X₂は上記の有給休暇を取得した以外はすべての勤務日に出勤したが，Y社は皆勤手当の受給要件を満たさないとして4月から6月までの手当を支給しなかった。

Questions

Q1　X₁がY社に対して訴えを提起する場合，どのような請求をすることが考えられるか。その際に法的に問題となる点を挙げて検討し，あなたの見解を述べなさい。

Q2　X₂がY社に対して訴えを提起する場合，どのような請求をすることが考えられるか。その際に法的に問題となる点を挙げて検討し，あなたの見解を述べなさい。

Keypoints

　本 Case では，会社の就業規則において一定の出勤率を満たすことが賞与などの支給要件とされている場合に，労働者が法律で保障された休暇や休業を取得した日を欠勤日として扱うことが許されるかが問題となっています。具体的には，X₁については産前産後休業（労基法 65 条。以下「産休」という）および育児休業（育介法 5 条以下。以下「育休」という）の取得日を欠勤と扱って賞与を支給しないこと，X₂については年次有給休暇（労基法 39 条。以下「年休」という）の取得日を欠勤と扱って皆勤手当を支給しないことの可否が争点となります。

　本 Case において，①産休・育休を取得した X₁ は夏季賞与の全額不支給，②年休を取得した X₂ は皆勤手当の不支給という不利益な取扱いを会社から受けています。年休や産休・育休の取得は強行法規で保障されている権利なのに，その権利を行使した労働者に対して不利益な取扱いをすることは許されるのでしょうか。

　①均等法や育介法は，産休・育休の取得を理由とする不利益取扱いを明文で禁止しています（均等法 9 条 3 項，育介法 10 条）。ただし，産休や育休の取得による不就労期間について法律上は賃金の支払が義務づけられていませんから，不利益取扱い禁止規定があることからただちに，使用者は賞与などの支給にあたって休業取得日を出勤日と同様に取り扱う義務を負うとはいえません。そこで X₁ に対する取扱いが違法なものであるか否かを判断するためには，何が産休や育休の取得を「理由とする」不利益取扱いにあたるのかを明確にする必要があります。東朋学園事件・最 1 小判平成 15 年 12 月 4 日労判 862 号 14

頁は，均等法や育介休法に不利益禁止規定が設けられる以前の事件ですが，産休や育児のための勤務短縮を賞与の支給・算定にあたって欠勤と扱う就業規則の効力を判断しており，参考になります。また，産休や育休を取得した労働者に対する賃金に関連する不利益取扱いについて判断した裁判例として，コナミデジタルエンタテインメント事件・東京高判平成 23 年 12 月 27 日労判 1042 号15 頁や医療法人稲門会（いわくら病院）事件・大阪高判平成 26 年 7 月 18 日労判 1104 号 71 頁，学校法人近畿大学事件・大阪地判平成 31 年 4 月 24 日労判1202 号 39 頁などがあります。

　②年休については，現行法には明文の不利益取扱い禁止規定は存在せず（判例は労基法附則 136 条を努力義務規定であると解しています），判例は，年休取得を理由とする不利益取扱いの私法上の適法性は公序に照らして判断されるべきであるとしています。そして，当該不利益取扱いの趣旨，目的，労働者の不利益，年休取得に対する事実上の抑止力の強弱等諸般の事情を総合的に考慮し，当該取扱いが年休権の行使を抑制し，労基法が労働者に右権利を保障した趣旨を実質的に失わせるものでない限り，公序違反として無効となることはないとの判断基準を示しています（沼津交通事件・最 2 小判平成 5 年 6 月 25 日民集 47 巻 6 号4585 頁）。

　この判例の立場に対して，学説上は，労基法が年休取得日の賃金支払を使用者に義務づけていることから（39 条 9 項），年休取得日を賃金（賞与や手当を含む）に関して出勤した日と同様に扱うことが要請されているとして，軽微な不利益でも違法と解すべきであるとの立場が多数を占めています。*Example* は判例を踏まえたうえで多数説の立場から論述していますが，判例の立場に立つと結論は逆になるでしょう。

Example

[1]　X_1 について

　X_1 は，Y 社に対して，賞与の支給要件である出勤率の算定にあたって産休および育休の取得日を欠勤日と扱うことが違法であると主張し，夏季賞与の全額または一部の支払を請求することが考えられる。以下，このような請求が認められるかについて検討する。

　現行法のもとでは，使用者が産休および育休の申出や取得を理由として労働

者を不利益に取扱うことは，それぞれ均等法（9条3項）と育介休法（10条）により禁止されている。これらの規定により，産休・育休等の取得を理由とする不利益取扱いは，公序違反にあたるか否かを問題にすることなく違法とされる。問題は，何が産休等の取得を「理由とする」不利益取扱いにあたるかである。

　均等法や育介休法は，産休や育休の期間について賃金の支払を使用者に義務づけていない。したがって，休業期間中の賃金支払は労働契約に委ねられており，就業規則や労働協約などに特段の定めがない限り，使用者は賃金支払義務を負わない。このことから，休業から復帰した後に支払われる賞与の支給や算定に関しても，産休等の期間を無給の不就労期間として扱うこと（たとえば不就労期間に応じて賞与を比例的に減額すること）自体は禁止されていないと考えられる。ただし，産休・育休取得者に対して上記を超える利益を課すことや病気休業よりも不利益に扱うことなどは，産休・育休の取得を「理由とする」不利益取扱いにあたると解すべきである。

　本件では，X_1 は夏季賞与の算定期間の後半（4月1日以降）は通常どおり就労したにもかかわらず，Y社就業規則によれば賞与の全額不支給という不利益を受けることになる。このような取扱いは，産休・育休による不就労期間について賃金を支払わないこと（いわゆる「ノーワーク・ノーペイ」）を超える不利益を課すものであるから，Y社の就業規則のうち，産休および育休取得日を欠勤として扱う部分は均等法9条3項および育介休法10条に違反すると考えられる。

　また，かりに本件取扱いが均等法9条3項，育介休法10条に違反しないと解されるとしても，Y社の夏季賞与の額は基本給の3か月分と相当に大きいこと，要求されている出勤率が8割と高く，産休・育休取得者はこれを満たせない可能性が非常に高いことを考慮すると，賞与の全額不支給という不利益は著しく大きく，産休および育休の取得を抑制し労基法および育介休法がこれらの権利を保障した趣旨を実質的に失わせるものといえるから，公序（民法90条）に反し無効である。

② X_2 について

　X_2 がY社に対して訴えを起こす場合，年休取得日を皆勤手当の支給に関し

て欠勤日と扱うことが違法であると主張し，同手当の支払を求めることが考えられる。このような訴えが認められるか否かについて，以下検討する。

　第1に問題となるのは，年休取得を理由とする不利益取扱いを禁止する明文の規定が存在するか否かである。労基法39条はこのような不利益取扱いを明文で禁止しておらず，同法附則136条は，判例により使用者の努力義務を定めたものと解される。したがって，現行法のもとでは明文の不利益取扱い禁止規定は存在しないことになる。

　そこで第2に，年休取得を理由とする不利益取扱いの適法性がどのような基準で判断されるべきかが問題となる。判例によると，このような不利益取扱いの私法上の適法性は公序に照らして判断されるべきであり，当該不利益取扱いの趣旨・目的・労働者の不利益・年休取得に対する事実上の抑止力の強弱等諸般の事情を総合的に考慮して，当該取扱いが年休権の行使を抑制し，労基法が労働者に右権利を保障した趣旨を実質的に失わせるものでない限り，公序違反として無効となることはないとしている。具体的には，最高裁は，使用者が出勤率の低い者に一定の経済的不利益を与える制度を設けること自体には経済的合理性があり正当であると認めたうえで，出勤率の要件が厳しく労働者が受ける不利益性が大きい場合には公序に反し無効とし，労働者の受ける不利益が比較的小さいケースでは公序違反性を否定している。本件でX_2が受けた不利益は月1万円の皆勤手当不支給であり，権利抑制効果は小さいと考えられるから，上記の判例の立場からすれば，Y社の取扱いは公序違反にはあたらず適法と判断されるであろう。

　しかし，労基法が使用者に対して年休取得日の賃金支払を強行的に義務づけている（39条9項）ことから，労基法39条は少なくとも賃金については年休取得日を出勤日と同様に取り扱うよう使用者に要請していると解すべきだと考える。したがって，権利抑制効果の有無を問題とするまでもなく，賃金に関する不利益取扱いは労基法39条の趣旨に照らして違法と解すべきである。この立場によれば，X_2に対する皆勤手当不支給は許されず，X_2はY社に対して皆勤手当の支払を請求できる。

Checkpoints

1　労基法上の年休権の発生要件はいかなるものか。

2　使用者による時季変更権行使が法的に認められるのはいかなる場合か。

3　育児のための勤務時間短縮（育介休法23条）や子の看護休暇（育介休法16条の2）を取得した労働者について，昇給や昇格において不利な取扱いをすることは許されるか。

Materials

荒木124〜125頁・138頁，菅野575〜576頁・618頁・634〜636頁，土田159〜160頁・162〜163頁，西谷60〜62頁・387頁・396〜397頁，水町278〜279頁・306〜307頁

労働安全衛生・労災補償

【Case 16- 1 】

　Aは，B大学工学部を卒業後，1989 年にC化学に入社し，工場の製造部門に勤務していたが，的確な仕事ぶりと円満な人柄を認められ，2014 年には品質管理課の課長となった。昇任の前後を通じて担当業務の大きな変更はなかった。2019 年 10 月 1 日から 2020 年 3 月 31 日までの考課表においては抜群の評価を受け，2020 年の夏季手当の考課においても上位の評価を得ており，その他の年度においても同様によい評価を得ていた。

　品質管理課においては労働時間は適法に把握されており，タイムカードによれば，AのC化学における 1 か月あたりの平均合計時間外労働時間は，2019 年 4 月 11 日から同年 10 月 10 日までは 9 時間，2019 年 10 月 11 日から 2020 年 4 月 10 日までは 5 時間，2020 年 4 月 11 日から同年 10 月 10 日までは 1 時間であった。

　Aの当時のC化学からの年収は 750 万円であり，貯金残高が 15 万円で，他にめぼしい財産もなく，また 500 万円の借金があった。Aは 2020 年 2 月から同年 3 月までの個人的な株取引で，差引 1000 万円の損失を受けたが，1 回で 100 万円を超える損失を受けた取引は，その期間まで経験がなかった。この損失につきAは家族を含め誰にも話さなかった。Aは 2020 年 3 月には睡眠障害を生じ，4・5 月には頭重感が生じた。2020 年 4 月以降同年 11 月までに株取引であげた利益は 70 万円にとどまった。

　Aには 2020 年 8 月中旬頃からうつ病の症状である抑うつ気分，集中力・判断力の低下がみられ，専門的知識も不要の，従来は軽くこなしていた規格書改定作業も思うように進めることができなくなった。同作業につき自ら設定した期限である同年 11 月 26 日が目前に迫っても終了の見込みが立たなかったことから，不安感，焦燥感，自責の念が強まった。そしてAは同日，自殺した。

　Aの妻Xは，Aの自殺が業務による心理的負担や過労の蓄積によりうつ病に罹患した結果起こったとして，労災保険法に基づく遺族補償給付およ

び葬祭料の支給をＹ労働基準監督署長に請求した。

Q　この Case でＹ労働基準監督署長はＸに対し支給決定を下すか。具体的な
　　論点を挙げ，それぞれにつき検討を加えたうえで答えなさい。

　この Case では，Ａの自殺に業務起因性が認められ労働災害としての給付を
受けられるかが大きな争点となります。それが肯定されるためには，①業務と
精神障害発症との間の相当因果関係と，②精神障害と自殺との間の相当因果関
係が肯定される必要があります。

　②精神障害と自殺の間の相当因果関係について，行政や裁判例は，業務上の
精神障害を発病したと認められる者が自殺を図った場合には，精神障害によっ
て正常の認識，行為選択能力や精神的な抑制力が著しく阻害された状態で自殺
が行われたものと推定し，いわゆる「故意による死亡」（労災保険法 12 条の 2 の
2 第 1 項）とはとらえず業務起因性ありと判断しています（「心理的負荷による精
神障害の認定基準について」平成 23 年 12 月 26 日付け基発 1226 第 1 号，「心理的負荷
による精神障害の認定基準の改正について」令和 2 年 5 月 29 日付け基発 0529 第 1 号，
「精神障害による自殺の取扱いについて」平成 11 年 9 月 14 日付け基発第 545 号，「心理
的負荷による精神障害等に係る業務上外の判断指針の一部改正について」平成 21 年 4
月 6 日付け基発第 0406001 号等参照）。

　したがって，本件の主な争点は，①業務と精神障害発症の間の相当因果関係
となり，精神障害の原因が何かを特定することが必要になります。その判断は
必ずしも容易ではありませんが，一般には，業務により精神障害を発病させる
ほどの強い心理的負荷がかかっていると認められ，かつ，業務以外の要因によ
り当該精神障害を発病したとは認められない場合に，業務起因性ありとする枠
組みに沿って判断が行われています（上記解釈例規参照）。

　業務により精神障害を発病させるほどの強い心理的負荷がかかったか否かを
判断する際に誰を基準にすべきかという点につき，行政は労災保険制度の公平
な運用を重視し，同種の労働者（職種，職場における立場や職責，年齢，経験等が

類似する者）が一般的にどう受け止めるかという観点から判断を行っています。学説においては，発病した本人にとって強い心理的負荷であったかどうかで判断すべきであるとする本人基準説も有力であり，裁判例のなかにはたとえば「同種の労働者の中で性格傾向が最も脆弱である者」を基準とするもの（豊田労基署長〔トヨタ自動車〕事件・名古屋地判平成 13 年 6 月 18 日労判 814 号 64 頁，名古屋南労基署長〔中部電力〕事件・名古屋地判平成 18 年 5 月 17 日労判 918 号 14 頁）があります。

　この Case では，これらの判断枠組みや見解を踏まえながら，具体的な事実をうまく拾い上げて適切な判断をすることができるかが，重要な鍵となります。

Example

1　本件における争点

　本件では，A のうつ病罹患および自殺が業務に内在する危険が現実化した（業務起因性の肯定される）「業務上」災害（労災保険法 1 条・7 条 1 項）といえ，労基則別表第 1 の 2 第 9 号「心理的に過度の負担を与える事象を伴う業務による精神及び行動の障害又はこれに付随する疾病」として労災保険給付の対象と認められるか否かが主たる争点となる。その前提として論じるべきは，労災保険法 12 条の 2 の 2 が存在するにもかかわらず自殺に関して業務起因性が肯定され，保険給付がなされるべき余地があるかである。

　うつ病とその末の自殺の業務起因性につき判断を行ううえでは，うつ病に罹患していた A につき，発症した疾病と発病時期を特定したうえ，発病・自殺までの時間的経過のなかで A の置かれていた状況と病状の変化を医学的知見に照らして分析し，第 1 に，発病前 6 か月の間に，業務上，客観的に当該精神障害を発病させるおそれのある強い心理的負荷が認められるか，第 2 に，業務以外の心理的負荷および個体的要因により当該精神障害が発病したとは認められないかを検討する必要がある。

2

（1）精神疾患罹患の末の自殺の業務起因性

　労災保険法 12 条の 2 の 2 は，労働者の故意による死亡については保険給付を行わないと定めている。しかし，業務上の精神障害を発病したと認められる者が自殺を図った場合には，精神障害によって正常の認識，行為選択能力や精

神的な抑制力が著しく阻害された状態で自殺が行われたものと推定され，故意による死亡とはとらえず，業務起因性ありと判断すべきである。

　問題は，その前提として，Aの2020年8月中旬からのうつ病の症状（精神障害）が，業務に起因して発生したものといえるかである。この点については，発病までにAの置かれていた状況と病状の変化を分析し，Aが発病前に業務上，客観的にうつ病を発病させるおそれのある強い心理的負荷を受けており，しかも業務以外の心理的負荷および個体的要因により発病したと認められないのであれば，業務上の負荷により発病したと解することができ，うつ病発症とその末の自殺につき業務起因性を肯定できる。逆に，業務上強い心理的負荷を受けておらず，業務以外の心理的負荷および個体的要因により発病したと認められるのであれば，業務とうつ病発症とは無関係であり，うつ病罹患の末の自殺につき業務起因性を肯定することはできない。

　(2)　業務上の負荷の過重性

　業務により精神障害を発病させるほどの強い心理的負荷がかかったか否かを判断する際に誰を基準に判断するかについては，発病した本人にとって強い心理的負荷であったかどうかで判断すべきであるとする本人基準説など多様な見解が存在するが，労災保険制度の公平な運用を重視し，同種の労働者を基準に判断を行うべきであると解する。

　本件でAは2020年8月中旬頃からうつ病の症状を呈している。そしてその症状が改善しないまま，同年11月26日に自殺している。Aは自殺の前に仕事の重圧を感じ，不安感，焦燥感，自責の念に苛まれ，改定作業の締切日に自殺している。しかし，課長に昇任しても特に業務に大きな変化もなく，規格書改定作業も専門的知識も不要で従来は軽くこなしていたとされ，時間外労働も1か月あたり1時間から5時間であり，特に強い心理的負荷があったとは認めがたい。本人基準説に立てば，担当業務が当時のA本人にとって強い心理的負荷となったとの判断もありうるが，同種の労働者を基準とする見解に立てば，発症前のAを含めて一般に専門的知識も不要の軽くこなせるものであった規格改定作業に，精神疾患を発症するほどの強い心理的負荷を与えるような過重性があったと評価することは困難である。

　(3)　業務以外の負荷の過重性

　次に，業務以外の要因により精神疾患を発症したとみられるか否かについて検討する。

　この点については，症状の発現と悪化の経過に照らすと，個人的株取引で1000万円の損失を受けたことが，うつ病の前駆症状ということのできる睡眠障害等を生じさせたと考えられ，発症の時期が損失を受けた5か月から6か月後であることからも，株取引の失敗がきわめて大きな心理的負荷を与え，そのためにうつ病を発症したと判断できる。Aの当時の年収と借金の額，Aが2020年2月から同年3月までに差引1000万円の損失を受けるまで，1回で100万円を超える損失を受けた取引はその期間まで経験がなかったこと等に照らせば，株取引の失敗による心理的負荷は相当強かったといえる（さいたま労基署長〔日研化学〕事件・東京高判平成19年10月11日労判959号114頁）。

　したがって，Y労働基準監督署長は，Aのうつ病罹患および自殺は「心理的に過度の負担を与える事象を伴う業務による精神及び行動の障害又はこれに付随する疾病」とは認められないとして，Xに対し不支給決定を行うものと考えられる。

Checkpoints

[1]　事業者は労働安全衛生法上どのような措置を講じる義務を負っているか。労働契約上これらの義務と異なる内容の定めがある場合，私法上どのような効果が発生するか。

[2]　労基法上の災害補償制度と労災保険法上の労災保険制度はそれぞれどのようなものか。両者はどのような関係に立っているか。

[3]　労災保険法上の保険給付にはどのようなものがあるか。それはどのような手続で支給されるか。

[4]　労災保険法上の「業務災害」「複数業務要因災害」および「通勤災害」とはどのようなものか。それぞれどのような基準で判断されるか。

[5]　いわゆる過労死や過労自殺は「業務災害」にあたるか。それらはそれぞれどのような基準で判断されているか。

[6]　会社から自宅に帰る途中，近くの親の家に立ち寄って親の介護をした後，自宅に帰る道で交通事故にあった場合，「通勤災害」にあたるか。子どもを保育園に迎えにいった帰りであった場合はどうか。

【Case 16-2】

　法人向けのソフトウェアの開発・販売を行っているＹ社でシステム・エンジニアとして働いていたＡは，ある日自宅で突然倒れそのまま死亡した。遺体を所見した医師は，過労を原因とする心筋梗塞による死亡であり，他に原因となる基礎疾患等は認められないと診断した（過労と死亡の間の因果関係の存在はこの医師の診断書によって認められ，両当事者にこの点についての争いはない）。Ａの妻であるＸは，Ｙ社が行わせていた過重な業務が夫Ａを死に至らしめたとして，Ｙ社に対し損害賠償を請求した。

　ＸおよびＹ社の言い分は，それぞれ次のようなものである。

［Ｘの言い分］

　夫はもともと健康なひとで，仕事もスポーツもバリバリとやるタイプのひとだったんですが，最近は会社での仕事がきつかったらしく，だんだん顔色も悪くなり，最後は家に帰ってきた直後にトイレで倒れてそのまま死んでしまいました。亡くなる前の半年ぐらいは特に仕事が大変そうで，会社に泊りがけの日も多く，休日もほとんどない状況でした。時間外・休日労働を合わせると，1か月120時間を超えることが6か月は続いていました。土日も休まない夫に「身体の具合はだいじょうぶ？」ってよく声をかけていたんですが，「だいじょうぶ，だいじょうぶ。いまの仕事をちゃんとこなさないと休みもとれないから」と言ってそのまま仕事に出かける状態でした。いま考えれば，そのとき私がもうちょっと強く夫に休むように言っておけばよかったような気もしますが，そういう状況に夫を追い込んだのはやっぱり会社ですし，会社にはきちんと責任をとってもらいたいと思っています。

［Ｙ社の言い分］

　亡くなられたＡさんは，システム・エンジニアとして本人の裁量の幅の大きい仕事をされていましたから，法律上の手続を踏んで専門業務型裁量労働制を適用して働いてもらっていました。弊社ではこういう形で働いて

もらっている方も多く，長時間労働の弊害も指摘されていましたので，従業員の健康管理にはできるだけ意を尽くしていました。しかし，Aさんは「健康に関する個人的な情報を会社に知られるのは嫌です」という理由で会社が行っている定期健康診断の受診を拒否されていたので，会社としてはその健康状態を把握することができませんでした。また，裁量労働制の適用者に書いてもらっている勤務時間・健康状態チェックシートについても，Aさんはすべて「平常どおり」，「問題なし」と回答されていました。それでも実際に顔をみているとなんだか体調が悪そうでしたので，直近の上司が「病院に行って診てもらった方がいいんじゃないの？」と声をかけてみたところ，Aさんは「だいじょうぶです。身体には自信がありますし，心配ありません」と答えて意に介さない様子だったそうです。弊社としては，従業員のプライバシーのことも考えると，Aさんの健康管理についてこれ以上どうすることもできない状態でした。

Questions

Q1　このCaseにおいて訴訟上問題となる法的な論点を挙げ，それぞれ具体的に論じなさい。

Q2　両当事者がそれぞれ主張している事実は，Q1で述べた論点のなかでどのような意味をもつと考えられるか。また，これらの事実以外に明らかにされるべき事実としてどのようなものがあるか，述べなさい。

Keypoints

このCaseでは，Y社が過重な業務を行わせていたことを理由としてAが死亡したこと（過労と死亡の間の因果関係は認められている）に対して，その遺族であるXがY社に対して損害賠償請求をしています。ここではY社の債務不履行または不法行為として損害賠償を請求することが考えられますが，それを基礎づける義務（労働契約上の付随義務または不法行為法上の注意義務）として使用者の安全配慮義務（または健康配慮義務）があります（陸上自衛隊八戸車両整備工場事件・最3小判昭和50年2月25日民集29巻2号143頁，電通事件・最2小判平成12年3月24日民集54巻3号1155頁など参照）。本件の主たる争点は，使用者にこの

義務に反する点があったかという点にあります。

　特に本件では、①この安全配慮義務の根拠と内容とともに、②裁量労働制の適用を受けている労働者についても使用者はこの義務を負うか（システムコンサルタント事件・東京高判平成 11 年 7 月 28 日労判 770 号 58 頁参照）、③プライバシーを理由に健康情報を明らかにしようとしない労働者に対し使用者はどこまで配慮する義務を負うかが具体的に問題となります。③の点では、労働者がメンタルヘルスに関する神経科の医院への通院、病名、薬剤の処方等の情報を使用者に申告していない場合に、これらの情報が申告されていなくても安全配慮義務違反は成立し、これを労働者の過失として過失相殺の対象とすることもできないとした重要な判例（東芝〔うつ病・解雇〕事件・最 2 小判平成 26 年 3 月 24 日労判 1094 号 22 頁）がありますが、本 Case は病気に関する情報の不申告ではなく、健康診断の受診拒否の事案であり、このような場合にどのような解釈をするかが本問での 1 つのポイントとなります。

　なお、本 Case では被災者（遺族）の使用者に対する損害賠償請求が問題となっており、被災者（遺族）が国に対して請求を行う労災保険法上の保険給付をめぐる問題は直接の論点とはなりません。

Example

1

(1)　本件における争点

　本件では、過労を原因とした A の死亡について、Y 社に安全配慮義務（または健康配慮義務）違反があったといえるかが主たる争点となる。本件でこの点を判断するうえでは、特に、①安全配慮義務の法的根拠・内容とともに、②裁量労働制の適用を受けている労働者についても使用者はこの義務を負うか、③プライバシーを理由に健康情報を明らかにしようとしない労働者に使用者はどこまで配慮する義務を負うかが具体的に問題となりうる。また、同義務違反が認められた場合、④A や X の態度・対応等が過失相殺の対象となるかも問題となりうる。

(2)　使用者の安全配慮義務

　使用者は、労働者がその生命、身体等の安全を確保しつつ労働することができるよう必要な配慮をする義務を負っている。この義務は、労働契約上の付随

義務である（労契法 5 条参照）と同時に，不法行為法上の注意義務でもある（民法 709 条参照）と解される。

　この安全配慮義務には，労働者が過重労働により心身の健康を損なうことのないよう注意する義務（いわゆる健康配慮義務）も含まれる。具体的には，使用者が健康診断等を実施し労働者の健康状態を把握したうえで，それに応じて業務の軽減など適切な措置を講じなかった場合には，同義務に違反するものと解されている（最高裁電通事件判決参照）。

（3）　裁量労働者に対する安全配慮義務

　使用者は，業務の遂行方法や労働時間の配分等について自ら裁量的に判断して働いている労働者（裁量労働制適用者等）についても，このような措置をとる義務を負うか。

　この点，労働者に業務遂行や労働時間配分について裁量がある（使用者からは具体的な指示をしない）ため，その分，使用者の配慮義務は軽減されるようにも思われる。しかし，裁量的に労働をしている者であっても，業務の量や締切りの設定が使用者によって行われている場合には，労働者は自らの判断のみで過重労働を免れることができない。このような場合には，使用者は労働者の健康に配慮するための措置をとる義務を免れないものと解される。

（4）　労働者のプライバシーと安全配慮義務

　本件では，労働者である A が会社に自らの健康情報を知られることを拒否しており，そのために Y 社として A の健康状態を把握することが困難となっていたという事情がある。このような場合に，使用者としていかなる措置をとるべきか。

　労働者のプライバシー権（憲法 13 条参照）を重視すると，健康診断や労働者の申告によって得られた情報からは把握できない健康状態については，使用者は配慮する義務を負わない（使用者は関与・介入すべきではない）と解釈することも考えられる。しかし，労働者の生命・健康の重要性（使用者の指示・命令によりそれが損なわれる可能性があること），および，健康診断や労働者の申告以外の方法でも，労働時間の長さや外貌等から労働者の健康状態を把握できる可能性があることを考えると，健康診断や労働者の申告によって得られた情報以外の点については，およそ使用者は配慮義務を負わないと解釈するのは適当ではな

いと考えられる（最高裁東芝事件判決参照）。本件のような事案でも，使用者は
健康診断の受診を命じる業務命令を出したり，時間外・休日労働が月100時間
を超えるような長時間労働が常態化しているAの状態を注意深く観察し，業務
の軽減など状態に応じた適切な措置をとることが可能であり，Y社としてはそ
のような注意や配慮を行うべきであったと解される。

（5）過失相殺

　Y社に健康配慮義務違反が認められる場合であっても，AやXに過失があれ
ば過失相殺が認められる可能性がある（民法418条・722条2項）。Aの死亡とい
う損害の発生に対し，被害者側（AおよびX）がとった態度・対応が寄与して
いたと認められるときには，損害の公平な負担という観点から，過失相殺がな
されうる。しかし，たとえば頑張り屋で責任感が強いといった労働者の性格は，
それが労働者の個性の多様さとして通常想定される範囲を外れるものでない限
り，過失相殺の対象として斟酌することはできないものと解される（最高裁電
通事件判決参照）。

2

（1）健康配慮義務違反の成立

　Y社が従業員の健康管理に意を尽くしていたこと，Aの上司が病院へ行くこ
とを打診したことは，Y社の健康配慮義務違反の成立を否定する方向にはたら
く事実といえる。これに対し，Aは長時間労働のためだんだん顔色が悪くなり
体調が悪そうであったにもかかわらず，上司がAに声をかけるだけでY社とし
てそれ以上の措置をとらなかったことは，Y社の同義務違反の成立を肯定する
方向にはたらく事実といえる。

　本件ではさらに，恒常的に長時間労働を行っていた従業員に対しY社が具体
的にどのような配慮措置をとっていたのか，健康診断を受診しなかった従業員
に健康診断受診命令を出すなどその健康状態を把握する措置・努力を行ってい
たかなどの事実を明らかにし，長時間労働者に対し健康被害が生じないように
する十分な予防措置を講じていたといえるかを判断することが重要である。

（2）過失相殺の判断

　Aが健康診断の受診を拒否していたこと，健康状態チェックシートに「問題
なし」等と記載していたこと，上司の打診にもかかわらず病院に行かなかった

ことは，Ｙ社による健康状態の把握を妨げ，Ａの死亡という損害の発生に寄与したＡの過失として，過失相殺の対象となる事実であるといえる。

　もっとも，仕事をバリバリとやるというＡの性格自体は，上述（1(5)）のように，個性の多様さとして通常想定される範囲を超えるものでない限り，過失相殺の対象とはならない。Ａの性格が通常想定される範囲を超えるものであるという事情がある場合には，Ｙ社はその事実を明らかにしなければならない。

　Ａの妻であるＸが，顔色が悪くなるＡに対し，「だいじょうぶ？」と声をかけるだけで，仕事を休んで病院にいくようにすすめられなかったことは，Ａの死亡という損害の発生に寄与した落ち度として，過失相殺の対象になるとも考えられる。しかし，Ｙ社がＡに与えた業務の量が多く，責任感が強いというＡの性格からして，ＸがＡに休業や通院をするようはたらきかけたとしても，実際にＡがそれに従うことが期待できない状況にあったとすれば，Ｘの対応に過失があったとはいえない。そこで，Ａの当時の業務量や締切りの状況等の事実を明らかにし，ＸがＡのはたらきかけによって仕事を休み病院にいくことを期待することができる状況にあったか否かについて判断すべきである。

Checkpoints

1　労災保険法上の保険給付と民法上の損害賠償請求はどのような関係に立っているか。被災者（またはその遺族）が労災保険法上の給付を請求せず，使用者に対して損害賠償請求のみを行うことは可能か。

2　労働災害に対する民法上の損害賠償請求は，いかなる根拠でどのような要件を満たす場合に認められるか。

3　業務に関連して起きた労働者の疾病や負傷・死亡について，使用者が損害の発生を予見できなかったとして損害賠償責任が否定されることがあるか。それはいかなる根拠で，どのような場合に認められるか。

4　業務中に石綿（アスベスト）粉じんにばく露し中皮腫を発症した労働者について，使用者は安全配慮義務違反として損害賠償責任を負うか。その使用者の責任はいかなる場合に肯定され，いかなる場合に否定されるか。

5　派遣労働者が派遣先企業で働いていて負傷した場合，被災者は派遣先企業を相手方として損害賠償請求をすることができるか。

Materials

荒木 271～312 頁，菅野 577～607 頁・642～689 頁，土田 210～226 頁，西谷 400～436 頁，水町 279～299 頁

第Ⅲ部　労使関係法

Unit 17 労 働 組 合

【Case 17】

　Y社の過半数組合であるＡ労働組合は，Ｙ社との間に「会社は本組合の組合員の賃金から組合費相当額を控除し，これを組合に引き渡すものとする。」(12条)，および，「Ａ労働組合の組合員でない者は，原則として解雇する。」(16条)との規定を含むＹ社労働協約を締結している。

　Ａ労働組合の組合員であるＸは，組合費会計が不明朗であるとの疑念を抱き，2022 年 9 月 30 日に開催されたＡ労働組合の組合総会の場で「組合費会計，特に組合執行部の交際費に関する支出の内容を明らかにすることを求めます。この点が明らかにされるまでは，組合費の賃金からの控除を取りやめるべきだと思います」との意見を述べた。Ｘは同日，Ｙ社に対し，10 月以降は賃金からの組合費相当額の控除を中止するよう申し入れた。

　同年 10 月 31 日，Ｘに対し，Ａ労働組合から「組合総会での不規則発言により『組合の団結を乱した者』(組合規約中の統制事由)として除名処分にする。」との通知が届き，同日，Ｙ社から「Ｙ社労働協約第 16 条に基づき，2022 年 11 月 30 日付けで解雇することを予告する。」旨の通知が届いた。そして同年 11 月 30 日，ＸはＹ社から解雇された。Ｙ社はＸに対し，10 月分の賃金からは組合費相当額を控除し，11 月分の賃金からは組合費相当額の控除をしないで，賃金を支給した。

　弁護士であるあなたは，Ｘから，Ｙ社を相手方として何らかの訴えを提起したいとの相談を受けた。

Questions

Q1　あなたがＸの代理人としてＹ社に対し訴えを提起する場合，どのような請求をすることが考えられるか，述べなさい。

Q2　Q1で挙げた請求をする場合に問題となる具体的な論点を挙げたうえで，それぞれについてあなたの見解を述べなさい。

この Case の主たる争点は，①ユニオン・ショップ協定に基づいてなされた解雇は有効か，②使用者はチェック・オフに反対する組合員に対して賃金から組合費相当額を控除して支払うことができるかという点にあります。これらの問題を解くうえでは，いくつかの法的論点を整理して論じることが重要になります。

①については，ⓐそもそもユニオン・ショップ協定は有効か，ⓑ協定が有効であると解する場合それに基づく解雇は有効か，ⓒ組合による除名が無効である場合ユニオン・ショップ解雇の効力はどうなるかが理論的に問題になります。特にⓐとⓒの点では学説が分かれていますので，いかなる理由でどのような見解をとるかを明らかにすることがポイントとなります（三井倉庫港運事件・最1小判平成元年12月14日民集43巻12号2051頁，日本食塩製造事件・最2小判昭和50年4月25日民集29巻4号456頁など参照）。

②については，ⓐチェック・オフの法律関係を明らかにしながら，ⓑ労働者の支払委任の同意はチェック・オフ協定（その労使協定としての側面または労働協約としての側面）によって補うことはできないのかを論じることがポイントとなります。いずれについても，三者間の法律関係を理論的に整理しながら論じることができるかが鍵になります（エッソ石油事件・最1小判平成5年3月25日労判650号6頁など参照）。

１　XはY社に対して，解雇の無効と労働契約上の権利を有する地位の確認，および，10月分の賃金から控除された組合費相当額の賃金支払を請求することが考えられる。

２

(1)　本件解雇の有効性

(a)　争　点

Xは，A労働組合から除名され，Y社とA労働組合間のユニオン・ショップ協定に基づいてY社から解雇されている。この解雇の効力を論じるうえでは，①そもそもユニオン・ショップ協定は有効か，②同協定が有効であると解する場合それに基づく解雇は有効か，③労働組合による除名が無効である場合ユニ

オン・ショップ協定に基づく解雇の効力はどうなるかの3点が具体的に問題となりうる。

(b)　ユニオン・ショップ協定の効力

そもそも，ユニオン・ショップ協定は有効か。

まず，他の組合に加入している者との関係では，ユニオン・ショップ協定は解雇の脅威によって憲法28条が保障する組合選択の自由を侵害するものといえるため，公序良俗（民法90条）に反し無効であると解される（判例も同様の見解に立っている）。

これに対し，組合に加入していない者との関係では，ⓐ労働者の組合に入らない自由（消極的団結権）を重視し，ユニオン・ショップ協定はこれを侵害するものとして公序良俗に反し無効となるとする見解と，ⓑ労働者の消極的団結権より組合の積極的団結権（ユニオン・ショップ組合の団結権）が優先されるべきであるとして，ユニオン・ショップ協定は公序良俗に反しない有効なものであるとする見解がある。この点については，日本の労働組合の多くがユニオン・ショップ協定を組織的基盤とし，これによって日本の労使関係が支えられているという実態を重視すると，後者の見解（ⓑ）をとることも考えられる。しかし，労働者の組合に入らない自由（消極的団結権）が保障されることによって自律的で能動的な労働組合の基盤が形成されることの重要性（日本の労働組合の多くはこの点で自律性や能動性に欠ける傾向があるという問題）に鑑み，前者の見解（ⓐ）が妥当であると考える。この見解によると，Xが他の組合に加入していない状態にあったとしても，ユニオン・ショップ協定は無効と解されることになる。

(c)　ユニオン・ショップ解雇の効力

上記の後者の見解（ⓑ）に立った場合，Xが他の組合に入っていなければ，ユニオン・ショップ協定はXに対して有効に及びうることになる。この場合，ユニオン・ショップ協定に基づく解雇（ユニオン・ショップ解雇）は有効といえるか。

この点は，理論的には，この解雇に客観的に合理的な理由があり社会通念上相当なものと認められるか（労契法16条）という問題である。この点につき，判例は，ユニオン・ショップ解雇の客観的合理性と社会的相当性を肯定してい

る。この立場に立つと，上記の見解（ⓑ）に立った場合，他の組合に加入していないXの解雇は有効とされる可能性がある。

　(d)　除名が無効の場合のユニオン・ショップ解雇の効力

　もっとも，そもそもA労働組合がXに対してなした除名処分が無効とされる場合には，解雇の効力の判断にも影響が及びうる。

　本件除名処分は，Xが組合総会の場で執行部批判の意見を述べたことに対してなされたものである。このような処分は，Xの表現の自由（憲法21条参照）を侵害し組合の民主的意思形成を損なうものとして，公序良俗（民法90条）に反し無効であると解される。

　除名が無効とされた場合のユニオン・ショップ解雇の効力については，除名の無効は労働組合の責任であり，除名が有効であることを信頼して解雇を行った使用者にその責任をとらせるのは妥当でないとして，解雇は無効とならないとする見解もある。しかし，除名が無効とされた場合，法的には労働者は組合員としての地位を失わず，ユニオン・ショップ協定に基づく解雇義務は発生しないため，他に解雇の合理性・相当性を基礎づける特段の事情がない限り，解雇は権利濫用として無効となると解すべきである（判例も同様の立場に立っている）。使用者は，除名が無効とされる場合の解雇無効のリスクも認識・負担しつつ解雇を行うべきであると考えられる。

(2)　本件チェック・オフの有効性

　(a)　チェック・オフの法律関係

　XがY社に組合費相当額の賃金支払を請求できるかを論じるにあたっては，まず，チェック・オフの法律関係を明らかにする必要がある。

　チェック・オフは，労働組合と使用者間の組合費の取立委任契約（チェック・オフ協定）のみならず，組合員と使用者間の組合費の支払委任契約が存在することによって，三者間で有効に成立する。本件でXは，Y社に対し賃金からの組合費相当額の控除を中止するよう申し入れており，これによりXとY社間の支払委任契約は有効に解除されたものといえる（民法651条1項参照）。そこで問題となるのは，この組合員と使用者間の支払委任の合意を，労働組合と使用者間の協定・協約によって設定することが認められるかである。

　(b)　労使協定としての効力

　まず，本件チェック・オフ協定は，過半数労働組合との間に締結された書面による協定として，労基法上の労使協定としての性格をもつものであると考えられる（労基法24条1項ただし書）。この協定の存在により，労基法上の強行的規制（同法13条参照）である賃金全額払原則（同法24条1項本文）に反しない形で，賃金からの組合費相当額の控除を行うことが可能となる。もっとも，労基法上の労使協定には，労基法の規制を解除する効果しか認められず，私法上の権利義務を設定する効果は認められない。したがって，本件協定の労使協定としての性格からは，XとY社間の支払委任の合意という効果は発生しない（判例も同様の見解に立っている）。

　　(c)　労働協約としての効力

　また，本件チェック・オフ協定は，労働協約の性質をもつものとして締結されている（労組法14条参照）。この場合，労働協約の規範的効力によって，労働協約の定める基準が労働契約（組合員と使用者間の合意）の内容となることも考えられる（同法16条）。しかし，チェック・オフは，組合費の取立て・支払方法について定めたものにすぎず，労組法16条の「労働条件その他の労働者の待遇に関する基準」には該当しないものと解される。したがって，本件協定の労働協約としての性格から，XとY社間の支払委任の合意という効果は発生しない（判例も同様に解釈している）。

　　(d)　結　論

　したがって，XはY社に対し，10月分の賃金から控除された組合費相当額の賃金支払を請求することができる。

Checkpoints

1　労働組合が労組法上の保護を受けるためには，いかなる要件を満たさなければならないか。「管理職」といわれる者が加入している労働組合については，特にどのような点が問題となりうるか。

2　労組法上の「労働組合」と憲法上の団結体（いわゆる「憲法組合」）は，その要件および効果（法的保護）の点でどのような違いがあるか。

3　チェック・オフ協定は，それに反対する労働者に対し拘束力をもつか。それはなぜか。

4　ユニオン・ショップ協定に基づく解雇は，いかなる労働者に対して有効と

考えられるか。それはなぜか。

5 労働組合が組合員に対して行う統制処分については，どのような法的制約があるか。具体的に統制処分が無効とされた例としてどのようなものがあるか。

6 労働組合が組合員の脱退について執行部の承認を得ることを条件とする旨の組合規約を定め，脱退届を提出した組合員に対して脱退の承認をせずに組合費の徴収を続けることは可能か。

7 労働組合を集団的に離脱し新しい労働組合を結成した労働者たちは，離脱した労働組合に対し組合財産の分割・引渡しを請求することができるか。

Materials

荒木 647〜680 頁，菅野 815〜878 頁，土田 346〜370 頁，西谷 593〜623 頁，水町 61 頁・359〜373 頁

Unit 18 団体交渉

【Case 18-1】

　Y社にはA労働組合とB労働組合の2つの組合が併存しており，それぞれ従業員の70％，5％を組織していた。A労働組合は従前から労使協調路線をとっていたが，B労働組合は夜間勤務反対の立場を打ち出し，情報宣伝活動を行うなどしていた。Y社とB労働組合は話合いの過程で関係改善の兆しもあったが，2022年春にY社で新社長が就任すると，新社長は折に触れてB労働組合嫌悪の発言を繰り返し，B労働組合とY社の対立は決定的なものとなっていた。

　こうしたなか，Y社は2023年夏ごろから業務体制の見直しに取りかかり，昼夜二交替の勤務体制のもとで，夜間勤務について恒常的に残業を割り当てる制度の導入を計画した。そして，Y社はA労働組合と団体交渉を行い，同制度を導入する旨の労働協約を締結した。Y社はほぼ同時期にB労働組合とも団体交渉を行い，A労働組合に対するのと同内容の制度を提案したが，これまで夜勤に反対してきたB労働組合は夜勤を前提とした残業実施を拒否し，結局交渉はもの別れに終わった。そのためY社は，A労働組合との労働協約に基づき，A労働組合の組合員のみに夜間勤務および残業を割り当て，B労働組合の組合員に対しては一切残業を命じない方針をとった。

Questions

Q1　本Caseについて，B労働組合（法適合組合とする）はY社を相手方としてどのような法的機関にいかなる法的救済を求めることが考えられるか。

Q2　Q1の法的救済を求める場合に問題となる法的な論点を挙げたうえで，それぞれについて検討しなさい。

Keypoints

このCaseでは，企業内に複数の労働組合が併存する状況で，多数組合と少

数組合の間で残業割り当てについての処遇の違いが生じています。本件では，こうした使用者の取扱いが労組法 7 条の不当労働行為に該当するか否かが争点となります。

　本件では，使用者は併存組合の双方に対して同一時期に同一内容の新勤務体制を提示しており，形式的には両組合の差別的取扱いは認められません。しかし，この新体制のもとでは，少数組合が従前から強く反対してきた夜勤が残業の割り当ての前提となっていたため，残業の実施の有無につき，使用者が併存組合との団体交渉を操作して少数組合が不利益になる状況を招来したのではないかが問題となります。この点の参考判例としては，日産自動車事件・最 3 小判昭和 60 年 4 月 23 日民集 39 巻 3 号 730 頁，日本メール・オーダー事件・最 3 小判昭和 59 年 5 月 29 日民集 38 巻 7 号 802 頁などがあります。

　本件のもう 1 つの重要な問題は，不当労働行為に対する法的救済のあり方です。不当労働行為があった場合には労働委員会に対して行政救済を求めることができますが，それとは別に，直接裁判所に救済を求めることはできるのか，できるとすればいかなる根拠でいかなる内容の救済を求めることができるかが問題となります。この点に関する判例の立場は，医療法人新光会事件・最 3 小判昭和 43 年 4 月 9 日民集 22 巻 4 号 845 頁などで確認しておくとよいでしょう。

Example

1　Y 社を相手方として，①労働委員会に不利益取扱い（労組法 7 条 1 号）および支配介入（同条 3 号）の不当労働行為があることを理由として差別的取扱いの中止命令およびポスト・ノーティス命令の救済申立てを行うこと（同法 27 条以下），②裁判所に不当労働行為によって生じた損害の賠償を請求すること（民法 709 条）が考えられる。

2

（1）　問題の所在

　本件では，Y 社が，B 労働組合の組合員に対し，A 労働組合の組合員と異なり残業を一切命じない方針をとっているため，不利益取扱いおよび支配介入（労組法 7 条 1 号・3 号）の不当労働行為が成立するのではないかが問題となる。ここでは，そもそも残業を命じないことが労組法 7 条の禁止する不利益取扱い（ないし支配介入）にあたるかが問題となるが，残業を命じないことは時間外労

働に伴う収入増加の利益を失わせることになるため，本件のように職場で残業から外されることが不利益であると認識されている場合には，不利益取扱い（ないし支配介入）に該当すると解される（最高裁日産自動車事件判決参照）。ただし，本件の場合，Ｂ労働組合の組合員に残業を命じないことの理由がＢ労働組合との交渉の決裂によるものであったため，こうした取扱いは交渉の自由の帰結として許容されるのではないかが問題となる。

(2)　労働委員会による行政救済

　日本では，憲法 28 条および労組法において，労働組合に対し，組合員数にかかわらず，等しく団結権・団体交渉権・団体行動権を保障しており（複数組合主義），このことの帰結として，使用者は組合併存下において，すべての組合を平等に扱い，すべての組合に対して中立的立場をとることが要請される（中立保持義務）。しかし他方で，併存組合の組織人員に大きな違いがある場合には，使用者が，事業場の統一的な労働条件の形成のために，併存組合との労使関係を多数組合との団体交渉および合意を中心にして運営することがしばしば起こる。使用者が併存組合に対してほぼ同時期に同一の労働条件を提示して交渉した結果，多数組合とは合意に達し，少数組合とは意見の対立が大きい場合には，使用者が多数組合との合意内容で少数組合と妥結すべくこれに固執することは，交渉の自由の帰結であり，原則として違法ではない。しかし，少数組合との合意不成立とそれによる少数組合の組合員への不利益招来が，使用者が当該組合の弱体化を図るために併存組合との団体交渉を操作したことに起因すると認められる特段の事情がある場合には，少数組合に対する支配介入やその組合員に対する不利益取扱いの不当労働行為が成立すると解するのが妥当である（判例も同様の見解に立っている）。

　本件では，Ｙ社はＡ労働組合・Ｂ労働組合の双方に対し，昼夜二交替制における夜間勤務での残業実施について，ほぼ同時期に同一内容の条件を提示している。そして，Ｙ社で多数の従業員を組織するＡ労働組合がこれを受け入れた後，これを拒否するＢ労働組合との関係でＡ労働組合に対するのと同一の条件に固執し，結果的にＢ労働組合とは妥結に至らなかったのであるから，形式的にはＹ社による両組合の差別的取扱いは認められない。しかし，Ｂ労働組合は従前から夜間勤務に反対する立場を明らかにし，情宣活動を行うなどしてＹ社

との対立を深めていたことに留意する必要がある。このようななかでＹ社が夜間勤務に応じることを前提とした残業制度を実施した経緯を踏まえれば，Ｙ社はＢ労働組合が強く反対する条件を意図的に掲げ，Ａ労働組合と同一の条件に固執することで交渉を決裂させ，これによってＢ労働組合の組合員の不利益取扱いを招来したと評価されうる。このＢ労働組合に対する不利益取扱いは，Ｙ社新社長の再三にわたるＢ労働組合への敵対的発言を考慮するとＹ社の組合嫌悪の意思に基づくものであり，Ｙ社には不当労働行為意思があったと認められる。したがって，Ｂ労働組合に対するＡ労働組合と異なる取扱いは不当労働行為（労組法 7 条 1 号・3 号）となり，労働委員会による差別的取扱いの中止命令およびポスト・ノーティス命令の救済が受けられると解する。

(3)　裁判所による司法救済

次に，Ｂ労働組合は，Ｙ社の不利益取扱いや支配介入による不当労働行為について，裁判所に直接救済を求めることも考えられる。ここでは，そもそも不当労働行為の司法救済は認められるのか，認められるとすればその法的根拠は何かが問題となる。

判例は，不当労働行為制度は憲法 28 条の団結権保障を具体化したものであるとし，労組法 7 条を根拠に，不当労働行為に対する司法救済が可能であるとしている。しかし，不当労働行為制度は円滑な団体交渉関係の実現のために労組法が政策的に創設した制度であり，これを定めた労組法 7 条は行政救済を予定しているので，それ自体は司法救済の根拠にはならないと考えるべきである。ただし，その場合でも，憲法 28 条の団結権保障は，労使間においてこれらの権利を尊重すべき公序（民法 90 条）を設定していると考えられるので，不利益取扱いや支配介入は，団結権侵害行為として公序違反となり，不法行為（同法709 条）としての違法性を備えると解される。

本件では，Ｙ社によるＢ労働組合に対する不利な処遇は不利益取扱いや支配介入による不当労働行為に該当し，Ｂ労働組合の団結権を侵害する不法行為として違法性を備える。そして，これはＹ社によって意図的にもたらされたものといえるため，Ｙ社の当該行為は不法行為を構成し，Ｂ労働組合は不利益取扱いや支配介入によって生じた損害（財産的損害および社会的評価の低下等の非財産的〔無形〕損害）の賠償をＹ社に請求することができる。

Checkpoints

1　使用者の中立保持義務とは何か。それはどこから導かれるのか。

2　組合併存下で組合の組織力に応じて組合間に労働条件格差が生じている場合，これが不当労働行為を構成するのはいかなる場合か。

3　2のケースで，特定の組合（少数組合）に対する不当労働行為の成立が肯定された例および否定された例としてどのようなものがあるか。それぞれの判断の決め手となったのは何か。

4　不当労働行為について，労働委員会による行政救済の他に司法救済を求めることはできるか。その法的根拠は何か。

【Case 18-2】

　従業員800人の工作機械メーカーであるY社と，従業員30人のA社は，親子会社の関係にある。親会社であるY社はA社の株式の5分の4を所有し，A社は主にY社の工作機械の部品製造等の下請業務を細部にわたり具体的指示を受けて行っていた。A社の役員の9割はY社の役員が占め，A社の労働者の人事管理や財務管理についても，形式としてはA社が決定しているものの，現実にはY社の意向で決まっていた。

　Y社は，子会社との連携関係を整理再編して経営の合理化を進めることとし，Y社の別の子会社であるB社（従業員数20名）とA社とを合併させる計画を立てた。この計画を具体化すべくY社，A社およびB社は3社間で協議を行い，A社とB社を合併して新会社を設立する方針を固めた。

　A社には，その従業員で組織するX労働組合が存在している。A社は，上記の協議で決定したB社との合併についてX労働組合に説明したところ，X労働組合は，A社と並んでY社にもこの件に関する団体交渉を求めた。

　これに対しA社は，Y社の代表取締役社長の同席も得て，X労働組合と第1回団体交渉を行った。この場では，まずA社の総務部長からB社との合併に関する経緯の説明が約20分間行われ，その後，X労働組合の委員長が「この件については，わが組合も従業員も何の相談も受けていない。この計画を白紙撤回したうえで，ゼロから交渉を行ってほしい」と述べた。これに対しY社の代表取締役社長は，「この件は，すでにわがY社の常務会で決定し，A社とB社の経営者とも協議して決定された既定事項である。そもそも会社の合併というのは，経営者が責任をもって決めるべき経営専権事項であり，労働者がとやかく口をはさむべき筋合いのものじゃない」と発言して，団体交渉開始後約30分で団体交渉の場から退席した。

　その1週間後に，A社とX労働組合との間で第2回団体交渉が開催されたが，Y社の関係者は参加せず，A社の社長や総務部長は，「親会社であるY社の方針なので，わが社としては従わざるをえない。今後はわが社の従業員の雇用をできる限り確保すべく，Y社とねばり強く協議していくしかない」と答えるのみであった。

　X労働組合の執行部は，A社と交渉をしていてもらちが明かないため，Y社を相手方として何らかの手段をとりたいと考えている。

Questions

Q1　この Case について，X労働組合はY社を相手方としてどのような法的機関に対しいかなる法的救済を求めることが考えられるか。

Q2　Q1の法的救済を求める場合に問題となる法的な論点を挙げたうえで，それぞれについて検討しなさい。

Keypoints

　この Case では，労働契約上の使用者であるA社ではなく，親会社であるY社との間で団体交渉義務違反が成立するか，その場合の法的救済としてどのようなものが考えられるかが問われています。具体的には，労組法上の「使用者」概念（→ Unit 2），団交義務の対象と態様（義務的団交事項と誠実交渉義務），司法救済の根拠と内容が主たる論点となります。

　これらの点については，必ずしも法律上明文の規定があるわけではなく，法の解釈としてどのような見解をとるかが，この Case の第1のポイントとなります。そこでは，不当労働行為制度や労組法の趣旨に遡って考えるという基本的な姿勢が問われますので，制度の趣旨や目的をしっかり頭に入れて，そこから具体的な解釈を導き出す訓練を積んでください。そのような解釈枠組みを前提として，具体的な事実関係に照らして適切に事案のあてはめを行うことが，ここでの第2のポイントです。これらの点については，判例・裁判例の判断枠組みとそこでの事案のあてはめが重要な参考になります（朝日放送事件・最3小判平成7年2月28日民集49巻2号559頁，カール・ツアイス事件・東京地判平成元年9月22日労判548号64頁など）。労組法上の「使用者」概念や不当労働行為の司法救済については，不当労働行為制度一般にも関わる点ですので，不当労働行為制度（→ Unit 21）を勉強した後，もう一度この Case を復習してください。

　なお，この Example では，不当労働行為制度の趣旨について団結権侵害説に立った論述をしています。この点については，立法政策説に立った論述も考えられます（→ Case 18-1 の Example 参照）ので，両説の異同と当否についてあ

わせて考えてみてください。

Example

1　X労働組合は，労働委員会に対し，Y社は労組法上の「使用者」（7条）にあたり，同社の態度は団交拒否の不当労働行為（同条2号）にあたるとして誠実団交命令等を求める救済の申立て（同法27条以下），裁判所に対して，団体交渉を求める地位の確認（同法7条2号）と団交拒否によって生じた損害の賠償（民法709条）を請求することが考えられる。そのほか，労働関係調整法上の労働争議（6条）として，労働委員会に斡旋，調停，仲裁の申請を行うこと（同法10条以下）も考えられる。

2

(1)　本件における論点

本件では，①Y社は労組法上の使用者にあたるか，②会社の合併に関する事項は義務的団交事項にあたるか，③Y社の態度は団交義務（誠実団交義務）に反するものか，④労組法7条は裁判所における救済の根拠になるか，⑤団交拒否に対する司法救済としていかなる内容の救済が認められるかが，法的な論点となる。

(2)　労組法上の「使用者」性

不当労働行為禁止の名宛人となる使用者（労組法7条）は，不当労働行為制度が団体交渉による労働条件の対等決定の実現を目的としている（同法1条1項参照）ことからすると，原則として，労働者と労働契約を締結して労働条件を決定する使用者を指すと解される。しかし，労働契約を締結している使用者以外に，労働条件等について現実的かつ具体的に支配・決定することができる地位にある者がいる場合には，その限りにおいて，その者が不当労働行為の主体である使用者にあたるものと考えられる（判例も同様の見解に立つ）。このような場合に，実質的な権限をもっていない労働契約上の使用者とのみ団体交渉をしても，労働条件対等決定という法の趣旨は実現されないからである。

本件においては，X労働組合の組合員の労働契約上の使用者はA社であるが，本件で問題となっているA社とB社の合併およびそれをめぐる雇用・労働条件問題については，A社の親会社であるY社が現実的かつ具体的に支配・決定できる地位にあり，A社には実質的な決定権限がない状態にある。したがって，

本件においては，Ｙ社は不当労働行為の主体として，Ｘ労働組合と団体交渉を行う義務を負うものと解される。

(3)　義務的団交事項の範囲

Ｙ社は，団体交渉を打ち切る理由として，会社の合併は経営専権事項であり，労働組合との交渉事項ではないことを挙げている。そこで，この事項が義務的団交事項にあたるか否かが問題となる。

義務的団交事項の範囲について，労組法はその定義を明らかにしていないが，労組法の趣旨（1条1項）からすれば，労働条件その他の労働者の待遇（同法16条参照）および労使関係の運営に関する事項であって，使用者に決定権限があるものが，これにあたると解される。

本件で問題となっているＡ社とＢ社の合併問題は，たしかに使用者が経営者としての責任をもって決定する事項との性格をもつが，そのような性格をもつ事項であっても，労働者の待遇や労使関係の運営に関連するときには，その限りで義務的団交事項に該当しうる。そして，会社の合併においては労働契約を含むすべての権利義務が当然に承継されるものとされる（会社法750条・754条参照）が，合併の前後において労働条件が変更され，また，解雇等の人員整理が行われることも考えられる（実際にＡ社は従業員の雇用確保のためＹ社とねばり強く協議していく旨発言し人員整理の可能性を示唆している）。このような事情からすると，Ａ社とＢ社の合併をめぐる問題はＸ労働組合の組合員の労働条件に関連する限りで，義務的団交事項にあたると解される。

(4)　団体交渉の態様（誠実団交義務違反の存否）

Ｙ社（代表取締役社長）は，第1回団体交渉の場に同席し，約30分ではあるが団体交渉に応じている。しかし，労組法が求める団体交渉とは，単にテーブルに着くだけの形式的なものではなく，合意達成の可能性を模索して誠実に交渉を行うこと（誠実団交義務）である。本件でＹ社は，自らの見解を一方的に述べただけで退席しており，合意達成の可能性を模索した誠実な交渉が行われたとはいえない。Ｙ社のこのような態度は，実質的な団交拒否（労組法7条2号）として，不当労働行為にあたるものといえる。

(5)　司法上の救済の根拠

上記のような理由から，労働委員会は，Ｘ労働組合の救済申立てを受けて，

労組法7条2号違反を根拠に，Y社に対し誠実団体交渉命令等を発することが考えられる。

　これに対し，労組法7条2号は，裁判所における救済の根拠となりうるかが解釈上問題となる。この点については，不当労働行為制度は円滑な団体交渉関係の実現のために労組法が政策的に創設した制度であり，これを規定した同条は労働委員会による行政救済の根拠となるにすぎないとする見解がある。しかし，不当労働行為制度と憲法規範との理論的関連性を重視して，同制度の根幹は憲法28条の団結権保障にあると解すべきであり，したがって労組法7条は，憲法28条の権利保障の一環として司法救済の根拠となると解される（判例も同様の見解に立っている）。

(6)　司法上の救済の内容

　団交拒否に対する司法救済の内容については，団体交渉請求権（団交応諾仮処分）自体を肯定する裁判例もあるが，誠実団体交渉という給付内容を具体的に特定することは困難であるから，司法救済としては，団体交渉を求める地位の確認という形で請求（仮処分申立て）を行うべきである。また，団交拒否によって損害が生じた場合には，不法行為（民法709条）に該当するものとして，損害賠償請求をすることもできる。

　したがって，X労働組合は，裁判所に対し，Y社の団交拒否（労組法7条2号違反）を根拠に，団体交渉を求める地位の確認（その仮処分申立て），および，それによって損害が生じている場合にはその賠償を請求することができるものと解する。

Checkpoints

1　団交拒否の不当労働行為の主体たる使用者とはどのような者か。労働契約上の使用者以外の者がこれに該当するのはどのような場合か（→ Unit 21）。

2　使用者はいかなる事項について団体交渉義務を負うのか。

3　使用者の誠実交渉義務とは何か。その法的根拠は何であり，義務違反とされるのはいかなる場合か。

Materials

荒木 681〜695 頁，菅野 879〜916 頁，土田 371〜385 頁，西谷 675〜688 頁，水町 373〜382 頁

Unit 19	労 働 協 約

【Case 19】

　製造業を営むＹ社は，中高年層の従業員の人件費が経営を圧迫している
として，賃金制度の改革に着手した。同社には，本社および全工場におい
て，従業員の80％以上を組織するＭ労働組合（以下「Ｍ組合」という）と従
業員の２％を組織するＮ労働組合（以下「Ｎ組合」という）が併存していた。
同社は50歳代の従業員の基本給の10％引下げを内容とする改革案を両組
合に提示し，団体交渉を行った（なお，同社の定年年齢は60歳であり，65歳
までの継続雇用制度が導入されているが，継続雇用は賃金制度が大きく異なるため
50歳代のみが対象とされた）。Ｎ組合は改革案に反対したが，Ｍ組合は競争
力の回復につながるとして同社の提案を基本的に支持した。当初Ｍ組合の
内部には中高年層の組合員を中心に反対意見もみられたが，同組合は意見
集約および反対する組合員の説得に努め，最終的には組合大会における承
認を経て，上記改革案を内容とする労働協約を同社と締結した。この協約
締結を受けて，Ｙ社は，就業規則の基本給に関する規定を変更することの
ないまま，50歳代の全従業員の基本給を10％引き下げた。

　同社の経理課長のＸ₁（52歳），営業部で営業を担当する非管理職のＸ₂
（53歳）は，基本給の引下げは賞与や退職金の計算にも影響し，決して小
さくない不利益が生じるとして，いずれもこの改革に強く反対している。
なお，Ｘ₁は，入社以来Ｍ組合に加入していたが，管理職昇進に伴い，同
組合の規約および労働協約で「非組合員」として扱われ，同組合から脱退
し現在は労働組合に加入していない。他方，Ｘ₂は，入社以来現在までＮ
組合に加入している。

Question

Ｑ　Ｙ社とＭ組合が締結した労働協約によって，Ｘ₁およびＸ₂の基本給がそ
れぞれ10％引き下げられることになるか否かについて，法的な論点を指摘
しつつ論じなさい。

Keypoints

この Case では，労働協約によって従前の労働条件を労働者にとって不利益に変更することの可否が問われています。

本件ではまず，労働協約締結後も就業規則が変更されていないため，就業規則上の労働条件が労働協約よりも有利であるとしてこれまでどおり適用されるのではないかが問題となります。これは有利原則の存否の問題であり，この点を最初に議論することで労働協約と就業規則の適用関係が明らかになります。

就業規則との関係で労働協約が優先されると解した場合，次に問題となるのが，労働組合はそもそも労働条件を不利益に変更する労働協約の締結権限を有するのか，有するとしてもいかなる制約を受けるのか，当該協約を締結した組合に所属していない労働者に当該協約が拡張適用されるのはいかなる場合か，という点です。本件では，当該協約を締結した組合とは別組合の組合員，非組合員（未組織労働者）という異なる立場にある労働者が存在するため，それぞれについて労働協約による労働条件の不利益変更の可否を検討していく必要があります。なお，この点の参考判例としては，朝日火災海上保険（石堂・本訴）事件・最1小判平成9年3月27日労判713号27頁，朝日火災海上保険（高田）事件・最3小判平成8年3月26日民集50巻4号1008頁があります。

労働協約による労働条件の不利益変更の問題は就業規則論とも関係する重要論点であり，日本の団体交渉・労働協約制度の特徴と関連づけて，しっかり理解しておく必要があるでしょう。

Example

1　本件における論点

Y社とM組合が締結した労働協約（以下「本件協約」という）によってX₁，X₂の労働条件が変更されるかについて，本件では，まず，①労働協約より有利な内容の就業規則の効力が問題となる。次に，②労働協約によって労働条件を不利に変更することの可否，および，③労働協約を締結した労働組合の組合員ではない労働者への適用（拡張適用）の有無が問題となる。

2　労働協約より有利な内容の就業規則の効力（有利原則の問題）

本件では，労働協約締結後も従前の就業規則が変更されていないため，本件協約より有利な内容の就業規則が法的効力を保持するかどうかが問題となる。

これは，労働協約よりも有利な労働条件は有効かという，いわゆる有利原則の存否の問題である。労組法においては，労働協約の「基準に違反する」労働契約の部分を無効とすると規定されており（労組法16条），労働協約より有利な労働条件も「違反する」ことになるのか，文言だけでは明らかでない。この点については，日本では企業別労働組合が多数で，労働協約は組合員の労働条件の最低基準ではなく現実の労働条件を定めているのが通常であるため，協約当事者（労使）が有利な逸脱を認める趣旨でない限り，有利原則は認められず，就業規則との関係でも労働協約が優位する（労基法92条，労契法13条）と解すべきである。

　本件協約はまさに就業規則上の労働条件の引下げを目的として締結されたため，有利な逸脱を認める趣旨はなく，有利原則は否定されると解される。したがって，本件協約に規範的効力が認められれば，本件協約の適用を受ける者については，労働条件は本件協約のレベルまで引き下げられることになる。

③　不利益な協約締結権限の有無と限界

　(1)　協約締結権限の有無

　労働組合は労働条件の維持改善等を主な目的とするため（労組法2条参照），本件のように労働条件を不利に変更する労働協約を締結することができるのか，問題となる。この点，団体交渉はギブ・アンド・テイクの取引であるから，ある時点における不利益性を根拠に労働組合の協約締結権限を否定することは，労働組合の交渉権限を著しく限定することになり，妥当でない。したがって，組合員に不利な労働協約も原則として規範的効力を有すると解すべきである。

　(2)　協約締結権限の限界

　しかし，原則としては上記(1)のとおりであるとしても，従前の労働条件を不利益に変更する労働協約は何の制約もなく規範的効力が認められるわけではなく，①組合員個人の権利性が強いもの（いわゆる個別的授権事項）を組合員個人の授権なく勝手に処分する内容が締結された場合，②特定または一部の組合員をことさらに不利益に扱うなど労働組合の目的を逸脱して締結された場合，③重要な民主的手続を欠いて締結された場合には，規範的効力が否定されると解すべきである。

　本件においては，個別的授権事項が対象ではないため①には該当せず，組合

大会における承認を経ていることから③にも該当しないが，②に該当するか否かが問題となりうる。この点，中高年層の人件費がY社の経営を圧迫している事実からすると，たしかに50歳代の組合員に不利益は生じるが，ことさらに不利益に取り扱ったものとまではいえないと解される。よって，本件協約はM組合の組合員に対し規範的効力を有する。

④　労働協約の拡張適用の有無

（1）　拡張適用が及びうる労働者

　X_1，X_2は，M組合の組合員ではないため，原則として本件協約の適用を受けない。しかし，労組法17条の規定する事業場単位の労働協約の拡張適用の要件が満たされれば，例外的に本件協約の適用を受けることになる。ただし，拡張適用が他組合の組合員にも及ぶと解すると，憲法28条が他組合にも保障している団体交渉権を実質的に侵害することになってしまうため，他組合員への拡張適用は否定されるべきである。したがって，拡張適用が及びうるのは非組合員であるX_1のみであり，X_2に対しては及ばないと解すべきである。

（2）　労組法17条の要件該当性

　本件については，M組合はY社の各工場事業場で80％以上を組織している。さらに，基本給の引下げは全組合員を適用対象とするもので（50歳代に達すれば全員が引下げの対象となる），Y社で常時使用される同種の労働者の4分の3以上の労働者が本件協約の適用を受けることになり，労組法17条の要件を満たす。なお，X_1は管理職であり，M組合の組合員資格は有しないが，本件協約は50歳代の従業員を適用対象として客観的に想定しているものと解されるので，X_1も同種の労働者に該当する。よって，X_1に対し本件協約の拡張適用が及びうることになる。

（3）　拡張適用による労働条件不利益変更の可否

　しかし，労働協約の拡張適用によって，非組合員に対し労働条件の不利益変更を及ぼすことができるかについても，検討の必要がある。この点については，前記③のとおり労働条件の不利益変更も原則として協約締結権限の範囲内であり，拡張適用の趣旨が，当該事業場の大多数の労働者に適用される労働協約によって労働条件を統一し，多数組合の団結権を維持強化するとともに公正な労働条件の実現を図ることにあることからすれば，非組合員への拡張適用が著し

く不合理であると認められる特段の事情がある場合を除き，拡張適用を認めるべきである。そして，この特段の事情については，非組合員が労働組合の意思決定に関与する立場になく，労働組合も非組合員の労働条件の改善等のために活動する立場にないことからすると，非組合員に生じる不利益の程度・内容，労働協約締結の経緯，当該労働者が労働組合の組合員資格を認められているかどうかに照らして判断されるべきである。

　本件においては，まず，協約締結の経緯について，M組合は非組合員の意見の汲み上げまでは行わなかったものの，基本給の引下げに関し組合内部で議論を尽くし，組合大会で協約締結の承認を得るに至っており，大きな問題はないといえる。次に，組合員資格についても，X_1 はもともと資格を有していなかったわけではなく，管理職に昇進したため非組合員扱いとなったもので，拡張適用を否定する大きな理由とはならないであろう。最後に，10％の基本給引下げは50歳代の従業員にとって決して小さくない不利益ではあるものの，中高年層の人件費がY社の経営を圧迫しているのは事実である。以上からすると，本件では拡張適用が著しく不合理とまではいえないと解される。

　以上より，本件においては，Y社とM組合が締結した労働協約によって，X_1 の基本給は引き下げられるが X_2 の基本給は引き下げられないこととなる。

Checkpoints

1　労組法に規定されている労働協約の成立要件は何か。労働協約にはどのような効力があるか。

2　就業規則や個別労働契約上の労働条件を労働協約で不利益に変更することはできるか。

3　労働条件を不利益に変更する労働協約にはいかなる場合に規範的効力が認められるか。

4　労組法17条の労働協約の拡張適用制度とはいかなるものであり，その法律上の要件は何か。また，その制度趣旨は何か。労組法18条についてはどうか。

5　1つの事業場に複数の組合が存在する場合，多数組合の労働協約を少数組合員にも拡張適用することはできるか。非組合員（未組織労働者）についてはどうか。

6　労働協約を解約する場合にはいかなる手続が必要か。労働協約の一部解約
　が許容されるのはいかなる場合か。

7　労働協約が終了すると，労働契約を規律していた規範的効力はどうなるか。

Materials

荒木 696〜721 頁，菅野 917〜953 頁，土田 241〜245 頁・386〜402 頁，西谷 689〜711 頁，
水町 382〜393 頁

Unit 20　団 体 行 動

【Case 20-1】

　書籍販売を業とするＹ書店の従業員であるＸ₂らは，同書店の従業員の6割で構成されるＸ₁労働組合を組織している。Ｘ₁労働組合の役員は，執行委員長であるＸ₂，副執行委員長Ｘ₃，書記長Ｘ₄の3名からなり，この3名による三役会議で同組合の日ごろの活動方針などを決めていた。

　Ｙ書店は，ここ数年来の書籍販売量が低迷するなか，従業員の人員整理か大幅な賃金引下げを行わなければ経営を存続していくことは難しいと考え，2022年4月，Ｘ₁労働組合に団体交渉を申し入れた。この問題について，Ｙ書店とＸ₁労働組合との間で3か月の間に6回にわたる団体交渉が行われたが，両者間で合意に達するには至らなかった。そこでＹ書店は，同年7月6日，就業規則の賃金規程を改定して2023年4月から従業員全体の賃金を20％削減するとの方針を明らかにした。

　これに対し，Ｘ₁労働組合の三役会議はストライキで対抗するとの方針を決め，2022年7月16日，緊急に開催した臨時組合総会でスト投票を行って98％の組合員の賛成票を得た。そこで，Ｘ₁労働組合は同月20日にＹ書店に通告したうえで，同月27日から全組合員で無期限ストライキに突入した。

　このストライキの間，Ｘ₂・Ｘ₃・Ｘ₄の統率のもと，Ｘ₁労働組合の組合員は，販売店の前で，他の従業員や顧客に対して，「Ｙ書店の不当な首切り・賃下げを許すな！　Ｙ書店の威圧的な態度に対するわれわれの闘いにご理解とご協力をお願い致します。Ｘ₁労働組合員一同」と書かれたビラを配布し，組合歌を唱和したりシュプレヒコールを上げるなどした。また，組合員は胸に赤地に白で「Ｙ書店の独断を許すな！」と書かれたリボンを着けていた。組合員は，販売店のなかに入ろうとする他の従業員や顧客に対し，大声を張り上げたり，身体を使って押し返すといった行為は行っていなかったが，入店し本を購入する顧客の数は通常時よりも激減し，ストライキ開始後1か月間の営業利益は，通常時の1200万円から200万円に

減少した。

Q　弁護士であるあなたは，Ｙ書店から，X₁労働組合およびストライキを主導しているX₂・X₃・X₄に対し損害賠償を請求することができないか，および，X₂・X₃・X₄を就業規則上の懲戒事由（「故意に会社の業務を妨害したとき」）に該当するとして懲戒処分に付すことができないかについて，相談を受けた。この相談に対し，あなたはどのように答えるか。問題となる法的な論点を挙げ，それぞれについて自らの見解を示しつつ，答えなさい。

　このCaseでは，ストライキ，ピケッティング，ビラ配布，リボン着用といった団体行動によって損害を被っている使用者が，労働組合や組合役員に対して損害賠償請求や懲戒処分を行おうと考えており，法的にみてこれを適法に行うことができるのか（行う場合にはどのような点に注意しなければならないか）が問われています。労働者の団体行動については，それに正当性が認められる場合には，憲法28条によって刑事免責，民事免責，不利益取扱いの禁止という効果が発生すると解釈されていますので，ここでは，本件の団体行動に正当性が認められるかが最も重要な論点となります。

　団体行動の正当性を判断するにあたっては，争議行為の正当性とその他の組合活動の正当性とでは判断基準が異なると考える見解が一般的であり，判断の前提として，争議行為と組合活動との区別（争議行為の定義）を行う必要があります。その区別の仕方（定義の内容）によっては，たとえば本件のようなストライキに伴うビラ配布やリボン着用が争議行為にあたるのか組合活動にあたるのかについて，位置づけが異なってきます。*Example*では，争議行為の定義について「団体交渉のための労務不提供を中心とした圧力行動」との見解に立ち，ストライキに伴うビラ配布やリボン着用を一体とした争議行為ととらえてその正当性を判断していますが，これとは異なる見解に立って判断することも考えられます。いずれの見解に立つにせよ，争議行為と組合活動をどのように区別し，それぞれについてどのような基準から正当性が判断されるのかを，しっか

りと頭に入れておきましょう。そして，具体的な事案のなかで事実をきちんと
拾い上げ，正当性の判断（具体的なあてはめ）を適切に行うことができるように
しておくことが大切です。

　その他，正当性を欠く団体行動に対する損害賠償請求や懲戒処分（→Unit
8）を行う際の留意点についても簡単に触れていますので，確認しておいてく
ださい。

Example

① 本件の主たる争点

　本件でX₁労働組合およびその役員であるX₂らが行っているストライキ等
の行動は，労働者の団体行動であり，それに正当性が認められる場合には，憲
法28条による団体行動権の保障に基づき，刑事免責（労組法1条2項参照），民
事免責（同法8条参照），不利益取扱いの禁止（同法7条1号，民法90条）という
法的効果が発生する。したがって，これらの行動が正当な団体行動にあたる場
合には，かりに債務不履行や不法行為（民法415条・709条）の要件を満たすと
しても，X₁労働組合およびX₂らに対し損害賠償を請求することはできず，
X₂らに対し懲戒処分という不利益取扱いを行うこともできない（労組法7条1
号，民法90条に反し無効とされる）ことになる。そこで，本件の主たる争点は，
X₁労働組合およびX₂らのストライキ等の団体行動に正当性が認められるか
という点にある。

② 団体行動の正当性

（1）争議行為の概念

　本件では，X₁労働組合およびX₂らは，ストライキ，販売店前でのピケッ
ティング，ビラ配布，リボン着用などの団体行動を行っている。その正当性を
判断するにあたっては，これらの行為が争議行為にあたるのか，争議行為以外
の組合活動にあたるのかが問題になる。争議行為とそれ以外の組合活動とでは，
正当性の判断基準が異なるものと解されるからである。そこでまず，争議行為
とはどのように定義され，上記の行動がそれに該当するのかが問題となる。

　争議行為の概念については，「労務不提供（ストライキ，怠業）とそれを維
持・強化するためのピケッティング，職場占拠，ボイコット」を指すとする見
解がある。この見解によると，ビラ配布やリボン着用は争議行為の範囲外とな

る。この見解は，労務不提供を争議行為の中心ととらえている点では，先進諸国で確立された争議権を継承した団体行動権保障の歴史的経緯に沿った妥当なものといえるが，労働組合の選択に委ねられるべき具体的戦術を法的に限定的にとらえている点で形式的・機械的にすぎる解釈といえる。争議行為については，「団体交渉において要求を貫徹するために使用者に圧力をかける労務不提供を中心とした行為」と定義し，労務不提供に伴うビラ配布やリボン着用も一体となったものとしてとらえて，その正当性を判断すべきである。したがって，上記のストライキと，それに伴って行われたピケッティング，ビラ配布，リボン着用は，いずれも争議行為に該当するものとして正当性が判断されるべきである。

(2)　争議行為の正当性

　争議行為の正当性は，①主体，②目的，③手続，④態様の4つの点から判断される。本件のストライキを中心とした行動は，①X₁労働組合が組合総会での組合員の賛成を得て，②賃金削減に反対するという労働条件の維持向上を目的とし，③団体交渉を経て使用者にも事前に予告をして行っているものであり，主体，目的，手続の面からは正当性が認められうるものである。問題は，④態様面での正当性である。

　争議行為の態様としては，第1に，暴力を伴う行為には正当性は認められず（労組法1条2項ただし書参照），第2に，労働者の団体行動権（憲法28条参照）と使用者の営業の自由，財産権（同法22条・29条参照）との調和の要請から，労務不提供を超える積極的な行為が平和的説得（言論による説得）の範囲を超えて行われた場合には正当性は認められないと解される（判例も同様の見解に立っている）。

　本件では，単なる労務不提供（ストライキ）を超えて，ピケッティング，ビラ配布，リボン着用という積極的な態様の行為が行われている。しかしそこでは，他の従業員や顧客に対し大声を張り上げたり身体を使って押し返すといった行為は行われておらず，その限りでは「平和的説得」の範囲にとどまるものと解される。また，ビラやリボンに書かれた「Y書店の不当な首切り・賃下げを許すな！」，「Y書店の独断を許すな！」といった表現も，本件の労使交渉の推移に照らすと，使用者の営業の自由や財産権を不当に侵害する態様のものと

はいえない。したがって，これらの行為以外に，暴力を伴う行為や平和的説得の範囲を超えて使用者の営業の自由，財産権を不当に侵害する行為がない限り，本件のX₁労働組合およびX₂らのストライキを中心とした行動は，正当な団体行動として憲法28条の保護を受けるものと解される。

③　損害賠償請求と懲戒処分に関する論点

　かりにX₁労働組合およびX₂らの行動に団体行動としての正当性を否定する事実があった場合，Y書店としては，X₁労働組合およびX₂らに損害賠償を請求し，また，X₂らを懲戒処分に付することが考えられる。そこで以下，損害賠償請求および懲戒処分を行うにあたって注意すべき点を述べる。

（1）損害賠償請求

　団体行動としての正当性が否定された場合，Y書店はX₁労働組合およびX₂・X₃・X₄に対して，Y書店の営業利益を侵害する不法行為として，それによって生じた損害の賠償を請求することができる。この場合の損害賠償責任の帰属先として，組合員個人の責任を否定し，労働組合のみがその責任を負うとする見解もある。しかし，民法上の不法行為の構造からすれば，違法な行為を行った個人（組合員）が責任を負担し，労働組合は使用者責任（民法715条）の形で損害賠償責任を負うものと解すべきである（多くの裁判例も同様の見解に立っている）。したがって，本件の団体行動の正当性が否定された場合には，それによって生じた損害について，その行為を主導したX₂・X₃・X₄とX₁労働組合とが不真正連帯債務として損害賠償責任を負うことになる。

（2）懲戒処分

　団体行動としての正当性が否定された場合，X₂・X₃・X₄に対し懲戒処分を行うことも可能となる。もっとも，その際には，就業規則の周知と懲戒の種別・事由の明示（最高裁フジ興産事件判決参照），X₂らの行為の性質・態様等に照らした処分の相当性（労契法15条参照），弁明の機会の付与など適正な懲戒手続の履践等の要件を満たしたうえで懲戒処分を行う必要があり，これらの要件を満たさない懲戒処分は無効となることに留意すべきである。

Checkpoints

①　憲法28条の団体行動権保障の法的効果はどのようなものか。

②　団体行動の「正当性」とはどのような意味をもつものであり，どのような

基準によって判断されるか。「争議行為」と「組合活動」で判断基準が異なるものとされるのはなぜか。

③　消極的行為にとどまる争議行為（単なる労務不提供）と積極的行為を伴う争議行為（たとえば身体を張って入構を阻止するピケッティング）とで「正当性」の判断基準が異なるのはなぜか。後者はどのような基準で判断されるか。

④　勤務時間中に組合バッジを胸に着けて就労することは正当な組合活動といえるか。それはなぜか。昼休み時間に社内食堂で「消費税引上げ反対！」と書かれたビラを配ることはどうか。

⑤　勤務時間外に企業施設外で行われる労働組合の情報宣伝活動や街頭宣伝活動は正当な組合活動といえるか。それはどのような基準で判断されるか。

⑥　ストライキのために労務を提供しなかった（または労務を提供できなかった）労働者の賃金請求権はどうなるか。それはいかなる法的根拠に基づいて判断されるか。

【Case 20-2】

　精密部品の製造を業とする従業員 100 名の Y 社には，従業員のうち 20名が加入する A 労働組合（以下「A 組合」という）と，同じく 20 名が加入する B 労働組合（以下「B 組合」という）が存在し，残りの 60 名は労働組合に加入していない。2 つの労働組合は活動方針の違いのため対立している。また，Y 社と A，B 両組合はそれぞれ労働協約を締結しているが，いずれの労働協約においても，争議行為の手続については特に定めがなかった。なお，Y 社の事業場は工場 1 つのみであり，A，B 両組合はともに労組法 2 条および 5 条の要件を満たし，かつ法人格を取得している。

　A 組合は，基本給が 3 年間据え置きであることに不満をもち，賃上げを求めて Y 社と団体交渉を開始したが，交渉が難航したため，事態を打開するべく組合規約所定の手続を踏んでストライキを開始した。その際，A 組合委員長の X_1 は，Y 社のシステム管理が A 組合員 2 名（C，D）と非組合員 1 名（X_2）によってなされていることに着目し，C および D の 2 名のみがストライキを行うという戦術を立てた。この 2 名のストライキによってシステムの管理業務が不可能となり，工場を制御するコンピュータシステムに大規模な不具合が生じたため，Y 社はストライキ開始から 3 日間全く何の業務もできず，同社には 1200 万円の損害が生じた。急遽，Y 社が派遣会社から専門知識を有する派遣社員の派遣を受けて，X_2 とともに管理業務にあたらせた結果，システムは復旧し，平常どおりに生産を行うことが可能になった。これを知った A 組合は，委員長 X_1 の発案で戦術をスローダウンに変更し，A 組合員で唯一 X_1 の方針に反対した X_3 を除く 19名が，作業のスピードを著しく遅くするという行動をとった。このため，A 組合員以外の者および X_3 が普段どおりに仕事を行おうとしても，作業スピードを遅くしている者のところで仕事が滞ってしまい，Y 社全体の作業能率は通常の 2 割以下となった。この状態が続いたため製品の出荷ができない日が続き，多くの取引先からクレームを受けるとともに，Y 社には 4000 万円を超える損害が生じた。大口の取引先は，Y 社の精密部品が届かなかったことで自社も大きな損害を受けたので，今後 Y 社との取引は見

直さざるをえない，と通告してきた。Y社は，このままでは取引先等の信用を完全に失い，経営が危うくなると判断して，A組合に対しロックアウトを通告し，工場からX₃を含むA組合の組合員全員を閉め出した。閉め出しの後，すぐに作業分担を見直し人員を再配置することで，通常の8割程度の生産を再開することができた。生産再開から5日後，情勢不利とみて賃上げの要求を断念したA組合が要求撤回を宣言することで，Y社はA組合員の仕事への復帰を認め，A組合の争議行為は終結した。

Y社は，A組合によるストライキ開始から最初の3日間については，誰も何の仕事もしていないのだから給料を受け取る資格はないとして，全従業員に対し，その3日分の賃金（①）を支払わなかった。また，Y社は，A組合員の閉め出しおよび生産再開からA組合の争議行為終結までの5日分の賃金（②）については，A組合員以外の者に対しては支払ったが，A組合員に対しては支払わなかった。さらに，A組合委員長のX₁について，ストライキおよびスローダウンを主導した点が許せないという理由で，同社就業規則所定の普通解雇事由「勤務成績・態度が不良で改善の見込みがないとき」に該当するとして解雇予告を行い，30日後に普通解雇処分とした。

それから半年後，Y社は経営効率の向上のため人員を1割削減する計画を立て，A，B両組合と団体交渉を開始した。日頃は穏健な活動方針をとっていたB組合も人員削減計画には激しく抵抗し，B組合員全員で無期限のストライキに突入するとともに，ピケッティングを開始した。具体的には，工場の前で組合員達がスクラムを組んで，大声で威圧することで，B組合員以外の者が工場に入ろうとするのを阻止し，何とか工場内に駆け込もうとする者には手をかけて実力で押し戻した。Y社はB組合のストライキ中もB組合員以外の者だけで業務を継続しようとしたが，B組合によるピケッティングのために全く何の業務もできず，同社には1000万円の損害（③）が生じた。

Questions

Q1 X₁は，どのような機関にいかなる法的救済を求めることが考えられる

か。また，それらの救済は認められるか。論じなさい。

Q2　下記の各相談に対し，あなたが弁護士として回答する場合に検討すべき
　　法律上の論点を指摘し，それぞれについてあなたの見解を述べなさい。

（1）　X₂, X₃は，Y社に対し，下線部①の支払（または休業手当の支払）を求
　　めたい。

（2）　X₃は，Y社に対し，下線部②の支払を求めたい。

（3）　Y社は，B組合に対し，下線部③の賠償を請求したい。

Keypoints

　この Case では，①争議行為であるストライキおよびスローダウンの正当性
（および不当労働行為の成否），②争議行為不参加者の賃金，③ロックアウトの正
当性，④ピケッティングの正当性が問題となります。

　①については，不利益取扱いの不当労働行為（労組法7条1号）の成否を判断
するうえで，争議行為の正当性を検討する必要があります。判断要素は争議行
為の主体，目的，手続，態様の4つに整理できますので，基本事項としておさ
えておくとともに，事例に沿った丁寧な検討を心掛けてください。なお，X₁
個人に着目しているため Example では取り上げていませんが，委員長X₁に対
する解雇はA組合に対する支配介入（労組法7条3号）に該当する可能性もあり
ます。

　②については，争議行為には参加していないが，争議行為の影響で労務を履
行できなかったという労働者について，使用者が賃金や休業手当の支払義務を
負うかが問題となります。民法536条2項，労基法26条の帰責性が使用者に
認められるか，当該労働者が争議行為を実施した労働組合の組合員か否かで場
合分けして考えることが求められます。

　③については，使用者の争議行為であるロックアウトの意義と正当性につい
て，丸島水門製作所事件・最3小判昭和50年4月25日民集29巻4号481頁
の枠組みをきちんと理解しておくことが重要です。ロックアウトについては，
近時，必ずしも多くの事例があるわけではないので，なぜ認められうるのか，
正当性の判断要素はどのようなものか，よく確認しておきましょう。

　④については，ピケッティングという争議行為の具体的な内容と，正当性の

判断で重要となる「平和的説得」という概念を理解しておくことが求められます。

　一般に争議行為といえばストライキが思い浮かびますが，この **Case** ではストライキ以外の様々な争議行為が登場しますので，それぞれの類型について特徴と正当性判断のポイントをよくおさえておきましょう。

Example

① Q 1 について

(1) 救済の内容について

　まず，行政救済として，X_1 は，Y社の X_1 に対する解雇（以下「本件解雇」という）が不利益取扱いの不当労働行為（労組法7条1号）に該当するとして，所轄の労働委員会に救済申立てを行うことが考えられる（同法27条以下）。救済の内容としては，原職復帰命令およびバックペイ命令，ポスト・ノーティス命令が考えられる。

　次に，司法救済として，X_1 は，不当労働行為に該当する解雇が私法上無効であるとして，裁判所に訴えを提起し，労働契約上の権利を有する地位にあることの確認請求，解雇期間中の未払賃金請求（民法536条2項），違法な解雇に基づく損害の賠償請求（民法709条）を行うことが考えられる。

(2) 不当労働行為（不利益取扱い）の成立要件について

　本件解雇が不利益取扱いの不当労働行為に該当するか否かを判断するにあたっては，労組法7条1号の要件に沿って，①原因となった争議行為の正当性，②不利益な取扱いの存在，③Y社の不当労働行為意思の有無を検討する必要がある。このうち，本件においては②および③の要件は満たされている。すなわち，本件解雇は明らかに不利益な取扱いであり，Y社はXが主導した労働組合の行為が争議行為であることを認識し，当該争議行為のゆえに本件解雇を行っているので，不当労働行為意思も認められる。そこで本件では，ストライキおよびスローダウンが正当な争議行為といえるかが問題となる。

(3) 争議行為の正当性について

　まず，本件におけるストライキが正当な争議行為であるかを検討する。争議行為とは団体交渉において要求を貫徹するために使用者に圧力をかける労務不提供を中心とした行為であり，正当性の判断要素としては，主体，目的，手続，

態様が考えられる。本件においては，主体がA組合であることは明らかであるし，目的も賃上げという団体交渉における義務的団交事項に該当する事柄である。手続は，団交開始後に行われており，団交のための圧力行為であるといえるし，組合規約上の手続違反もみられない。態様は，労務の不提供という消極的行為にとどまっているし，組合員の一部のみがストライキを行う部分ストである点も，態様の面で特に問題はないと解される。したがって，ストライキの正当性は認められる。

次に，ストライキに続き行われたスローダウンについても，上記と同様に，主体，目的，手続に特段の問題はなく，態様も作業のスピードを遅らせるという消極的なもので，正当性が認められる。

以上より，争議行為は正当なものであるから，本件解雇は不当労働行為に該当し，前記(1)の行政救済が認められる。また，不当労働行為制度の目的は労働者の団結権・団体行動権（憲法28条）の保護にあることから，同制度を定める労組法7条は私法上の効力を有すると解される。したがって，不当労働行為に該当する本件解雇は同条を根拠として無効となるので，前記(1)の司法救済も認められる。

2　Q2について

(1)　スト不参加者の賃金，休業手当について

(a)　X₂は，ストライキを実施したA組合の組合員ではなく，ストライキには当然不参加であったが，ストライキ開始から3日間，Y社は全く何の業務もできなかったので，X₂はこの間ストライキの影響で労務の履行不能の状態にあったと解される。このような場合の賃金の支払につき，労働契約上，X₂とY社に特段の合意はみられないので，Y社に賃金や休業手当の支払義務を課す帰責事由（民法536条2項，労基法26条）があるかが問題となる。この点，使用者には団交において組合側に譲歩する義務はなく，Y社が譲歩しなかったためストライキが起こった本件においても，Y社はX₂に対し民法上の過失責任という意味での帰責性（民法536条2項）はない。しかし，ストライキ実施組合の組合員と異なり，非組合員であるX₂には労働組合が積み立てたスト資金等から生活保障費用が拠出されることはないため，労働者の最低生活の保障という観点からの帰責性（労基法26条）はY社に認められるものと解される。した

がって，X₂は，賃金全額の請求は認められないが，平均賃金の6割の休業手
当の請求は認められる。

(b) X₃は，ストライキを実施したA組合の組合員であるが，ストライキ
に不参加であった。上記のX₂と同様に，X₃についても，Y社に賃金や休業
手当の支払義務を課す帰責事由（民法536条2項，労基法26条）があるかが問題
となるが，X₃がストライキ実施組合の組合員であり，団交における譲歩の義
務が使用者にない以上，Y社にはいずれの条文の意味でも帰責事由は認められ
ない。したがって，X₃の請求は認められない。

(2) ロックアウトの正当性について

Y社が行った5日間のロックアウト（労務の集団的な受領拒否）によって，X₃
は，債務の本旨に従った労務を提供する意思があったにもかかわらず，労務の
履行不能の状態になった。このロックアウトが使用者の争議行為として正当で
あれば，X₃の履行不能につきY社の帰責事由（民法536条2項）が否定され，
賃金支払義務は消滅するものと解される。

この点，憲法28条が労働者に争議権を認めたのは，労使間の交渉力の差を
補い，均衡のとれた力関係を実現するためであるから，一般に労働者よりも優
位な立場にある使用者には，公平の見地から，原則として争議権を認める必要
はない。しかし，争議行為によって労使間の勢力の均衡が破れ，使用者側が著
しく不利な圧力を受けている場合は，衡平の見地から，労使間の均衡回復のた
めの対抗防衛手段として，使用者の争議行為に正当性が認められる。もっとも，
ロックアウトが使用者の争議行為として正当か否かは，団交における交渉態度
や争議行為に至る経緯，使用者が当該争議行為によって受ける打撃の程度など
に照らして慎重に判断されるべきである。

本件においては，Y社はA組合から求められた団交に応じており，A組合の
要求を受け入れなかったため交渉は難航したものの，特段，Y社に責められる
べき点はない。他方，ストライキによってY社は実際に多額の損害を受けてい
る。さらにスローダウンにおいては，参加したA組合員の労務の一部は履行さ
れているため，その履行分についてはY社に賃金支払義務が生じるにもかかわ
らず，製品の出荷が不可能となり，取引先の信頼を失うとともにきわめて多額
の損害を受け，経営に支障をきたすことになる。そうすると，A組合のストラ

イキおよびスローダウンは前記[1](3)のとおり正当な争議行為ではあるものの，これらによってY社の受ける打撃はきわめて大きいものといえる。以上の検討から，本件におけるロックアウトは正当であると解され，Y社は賃金支払義務を負わないので，X₃の請求は認められない。

（3）　ピケッティングの正当性について

B組合によるピケッティングが争議行為として正当であれば，団体行動として民事免責（憲法28条，労組法8条）の対象となる。主体，目的，手続，態様が判断要素となるが，主体がB組合であることは明らかであるし，目的も人員削減に反対するという団交における義務的団交事項に該当する事柄で，手続も団交開始後に行ったストライキに付随して行われたもので，特段の問題はない。態様としては，いわゆる平和的説得の範囲を超えるかが問題となるが，B組合は，言論による平和的説得を超えて，工場に入ろうとする者に手をかけて引き戻すという実力行使や，スクラムを組んで大声で威圧する行為を行っており，態様の面で正当性は認められないと解される。したがって，ピケッティングは正当な争議行為ではなく，民事免責を受けられないため，Y社はB組合に対し，違法な争議行為によって受けた損害の賠償を請求することができる（民法709条）。

Checkpoints

1　ロックアウトの「正当性」と民法536条2項の（使用者の）「責めに帰すべき事由」とはどのような関係にあるか。前者はどのような場合に認められるか。

2　ロックアウトが正当と認められる場合の効果は非組合員にも及ぶか。

3　ある労働組合がストライキを実行したため非組合員も労務を提供できない事態に陥った場合と，非組合員は労務提供可能な状況であったが使用者が非組合員も含めロックアウトした場合とでは，非組合員の賃金請求権の帰趨に違いはあるか。

【Case 20-3】

　X社は，物価高によるコスト増などの影響で経営が急速に悪化したため，人件費の削減を含む経営改善計画の策定に着手した。X社の従業員の約6割が加入するY労働組合（以下，Y組合）は，この情報が社内に広まり，不安を抱く組合員が少なくないことから，自分達を守る法律について学び直すとともに，職場の不満や不安を共有するための大規模な研修会を企画した。Y組合は，X社本社の施設の中では従業員食堂が（収容人員の多さやテーブル・椅子の設備があることから）研修会に最適と判断し，終業後に貸出を受けたいとX社に申し出た。しかしX社は，衛生面などから，昼食時の食堂としての使用以外の使用は認められないとして，この申し出を認めなかった（ただ，これまで，従業員有志による懇談会や同好会の活動のため，終業後に食堂を貸し出す例は複数存在した）。Y組合は，ぜひとも研修会を行う必要があるとして，結局，X社の許可を受けることなく，従業員食堂を使って研修会を開催した。

　その後，X社は経営改善計画を発表したが，その中には全従業員の基本給を2年間の期間を定めて一律に10％減額することが含まれていた。Y組合はこれに抗議し，「経営改善計画は組合と協議することなく一方的に作られたもので，いったん撤回し，新たに計画を作り直すべきだ」と主張した。同組合はその旨を記したビラを作成し，朝の始業時刻前，X社本社前の公道（歩道）において，出社してくる従業員に対して組合員・非組合員を問わずビラを配布する街頭宣伝活動（以下，街宣活動）を行った。また，Y組合は，今回の計画には，社外から起用されている同社の社長Aの意向が強く働いていると考え，休日の昼間にAの私宅付近に集合し，拡声器を使って「経営改善計画反対」「X社社長は従業員の声に耳を傾けよ」などと声を上げる街宣活動を行った。なお，Y組合はこれらの街宣活動の実施に際し，道路交通法上必要となる警察署での手続等はすべて適正に行っていたが，A宅付近における街宣活動では，静かな住宅街の中で一般に騒音といえるほどの大きな音量を出し，近隣住民の生活の平穏も害される状況となっていた。

このような活動を行ってもX社の姿勢に変化が見られなかったため，Y労働組合は，Aが社長から退陣すれば状況が変わるのではないかと考えるようになった。そこでY労働組合は，そのような事実は特段認められないにもかかわらず，世論を味方に付けたいという一心で，「X社の社長Aは私利私欲をむさぼる悪徳経営者」「社長Aはセクハラの常習者」などとする書き込みを同組合が独自に開設しているホームページに掲載するとともに，経営改善計画の見直しをX社に求め続けた。

Question

Q　弁護士であるあなたは，X社から，Y労働組合の一連の活動に対して損害賠償を求めたいという相談を受けた。回答の際に問題となる法律上の論点を挙げて，それぞれについてあなたの見解を述べなさい。

Keypoints

このCaseでは，労働組合の様々な組合活動の正当性が問題となります。具体的には，①無許可で企業施設を使用すること，②企業の正門前でビラを配布すること，③経営者の私宅前で街宣活動を行うこと，④ホームページに経営者を批判ないし中傷する内容を掲載すること，それぞれについての正当性を検討することが求められます。

まず，労働組合の団体行動のうち，組合活動と争議行為では正当性の判断要素が異なります（→Case 20-1）。本問ではY組合は団体交渉に着手しておらず，組合活動であることは明らかともいえますが，事例を検討する際は冒頭で簡単に確認しておくとよいでしょう。

次に，判断要素である主体・目的・態様に沿って，①〜④の正当性について検討していくことになります。ただ，本問では主体が労働組合であること，目的も経営改善計画の見直しを求めることが労働者の経済的な地位の向上につながることも明らかですから，特に態様が問題となります。

①については，企業施設の利用につき，無許可の利用は原則として正当な組合活動とはいえないものの，使用者の施設管理権の濫用といえる事情があれば，例外的に正当性が認められうるという基本事項がポイントになります（国鉄札

幌運転区事件・最3小判昭和54年10月30日民集33巻6号647頁等）。②については，公道上の街宣活動ですから施設管理権との直接の衝突はなく，正当性が認められやすいといえそうです。他方，同じ街宣活動といっても，③については，経営者の私生活の平穏や人格権との衝突を意識する必要があるといえます（東京・中部地域労働者組合〔街宣活動〕事件・東京高判平成17年6月29日労判927号67頁等）。最後に④については，ホームページを使った組合活動（いわゆる情報宣伝活動〔情宣活動〕）自体が否定されるわけではありませんが，内容が社会通念上相当といえるかが問題となります（富士美術印刷事件・東京高判平成28年7月4日労判1149号16頁等）。

　以上の検討に基づき，組合活動に正当性が認められれば，その効果として民事免責（憲法28条，労組法8条）が受けられるため，たとえ労働組合の行為が不法行為等に当たるとしても，損害賠償責任は負わないことになります。正当性が否定される場合，不法行為等に基づく損賠賠償責任のほか，（本問では問題とされていませんが）事案によっては差止め請求も認められる余地があるでしょう。

　また，本問のバリエーションとして，組合活動を行ったことを理由として，組合員が懲戒処分を受けたり解雇されたりするケースも考えられます。組合活動に正当性があれば懲戒処分や解雇は無効という結論になると思われますが，その理由（法律構成）としては，正当な組合活動に対する不利益取扱いの禁止という労使関係法上のアプローチだけでなく，そもそも懲戒事由や解雇事由に該当しないといった雇用関係法上のアプローチの両方がありうることも確認しておきましょう。

Example

1　正当性の判断枠組み

　本件におけるY労働組合（以下「Y組合」という）の各行為は労働者の団体行動であり，法的に正当性が認められれば，団体行動権の保障（憲法28条）に基づき，民事免責（労組法8条参照）等が受けられることになる。したがって，仮にY組合の行為が不法行為（民法709条）等に該当するとしても，Y組合は損害賠償責任を負わない。よって，正当性の有無が問題となる。

　なお，団体行動において，正当性の判断基準は組合活動と争議行為で異なる

が，争議行為は，団体交渉において要求を貫徹するために使用者に圧力を掛ける労務不提供を中心とした行為，と解されるところ，本件ではY組合が団交を求めているわけではないため，本件の各行為は組合活動に当たるといえる。

　組合活動の正当性は，主体・目的・態様の3つの点から判断される。本件では，いずれの行為も主体がY組合であり，目的も経営改善計画の見直しによる組合員の経済的な地位の向上にあることは明らかであるから，主体，目的の面からは正当性が認められる。よって，態様面での正当性を以下で具体的に検討する。

2　各行為の正当性

(1)　食堂の無許可利用

　Y組合がX社の許諾を得ることなく従業員食堂（以下「食堂」という）を利用し，研修会という組合活動を行ったことについて検討する。

　食堂はX社の企業施設に当たり，X社は食堂について施設管理権を有する。企業施設の中で組合活動が行われる場合，施設管理権と組合活動権（団体行動権）の調整については，使用者に組合による企業施設の利用を受忍する義務があるわけではないため，使用者の許諾を得ることなく企業施設を利用することは原則として正当な組合活動とはいえない。しかし，使用者が利用を許さないことが施設管理権の濫用となるような特段の事情がある場合には例外的に正当性が認められうる。

　本件にあてはめると，Y組合は確かにX社の許諾を受けずに企業施設を利用しているが，就業時間外に研修会で従業員食堂を利用したとしても，それだけでただちに職場内の秩序を乱すおそれがあるとはいえない。研修会の中で参加者が職場の問題等につき議論を交わすことがあったとしても，X社が主張するように衛生面で特段の問題が生じるとは考えにくい。さらに，他の従業員が懇談会等に用いる際は使用を許諾してきたことなどもあわせ考えると，Y組合に使用を許諾しなかったことは，施設管理権の濫用に当たる特段の事情があると解される。したがって，確かにX社の許諾は得ていないものの，Y組合の食堂利用は態様として例外的に正当性が認められるため，組合活動として正当と解される。

(2)　本社前のビラ配布

Y組合が本社前でビラを配布したことについては，公道上ということから，前記(1)のような施設管理権との抵触は一般に生じない。また，配布は始業前，すなわち，勤務時間外に行われており，労働契約上の義務に反して勤務時間中に行われたわけではない。さらにビラの内容も，会社や経営陣に対する誹謗中傷などではなく，経営改善計画の見直しを求めるものとして内容としても穏当である。以上から，本社前のビラ配布については態様が正当と認められ，組合活動として正当と解される。

(3)　Aの私宅前の街宣活動

Y組合が社長Aの私宅前で，拡声器を使って「経営改善計画反対」「X社社長は従業員の声に耳を傾けよ」と声を上げたことについては，前記(2)でも述べたように施設管理権との抵触の問題は生じず，休日すなわち勤務時間外に行われたという点では態様は正当といいうる。しかし，Aの私宅前で行ったことについては，Aの私生活の自由・平穏やAの人格権を侵害するものであるし，大音量によって近隣住民の生活の平穏を害していたこともあわせ考えると，社会的相当性を逸脱するものとして，態様として正当性が認められないと考えられる。したがって，Aの私宅前の街宣活動については組合活動として正当ではないと解される。

(4)　ホームページへの書き込み

Y組合がAを中傷する内容をホームページに掲載したことについて，ホームページ自体は私的なものであり企業施設を利用したわけではないから，施設管理権との抵触は生じない。一般にホームページ等を用いた情報宣伝活動が否定されるわけではないが，本件でY組合が掲載した内容は，A，ひいてはAが社長を務めるX社の名誉・信用を毀損しうる内容であることが問題となる。

この点，ホームページ等で摘示された事実が，真実であるか，または真実であると信じるに足りる相当な理由があり，その態様も労働者の経済的地位の維持・向上という目的を達成するための手段として社会通念上相当と認められる場合には，組合活動としての正当性が認められるといえる。

本件にあてはめると，Aが私利私欲をむさぼる，セクハラの常習者といった記載は，Y組合がAを中傷し世論を味方に付けようとする一心で書き込んだもので，真実ではないし，真実であると信じるに足りる相当な理由も特段認めら

れない。したがって，ホームページへの書き込みについては態様として正当性が認められず，組合活動として正当ではないと解される。

3　結　論

　Y組合の一連の活動のうち，前記2の(1)(2)については組合活動として正当性があるため，X社による損害賠償請求は認められないが，(3)(4)については正当性がないため損害賠償請求が認められうる。よって，X社は正当性のない組合活動である前記2(3)および(4)がY組合による不法行為に当たると主張し，受けた損害の賠償を請求することが考えられる。

Checkpoints

1　街頭宣伝活動や情報宣伝活動とは具体的にどのような活動のことか。

2　企業施設にはどのようなものが含まれるか。

3　使用者の施設管理権の濫用が認められるのはどのような場合か。

4　ビラの貼付と配布では組合活動の正当性の判断に違いはあるか。

5　労働組合のビラやホームページに使用者の名誉・信用を毀損する内容が含まれている場合，組合活動としての正当性はどのように判断すべきか。

Materials

荒木722〜749頁，菅野954〜999頁，土田403〜421頁，西谷665〜674頁・712〜735頁，水町359〜361頁・395〜407頁

Unit 21 | 不当労働行為

【Case 21-1】

　Y社は製造業を営む従業員300名の会社である。Y社の各事業場で同社従業員の9割を組織するA労働組合（以下「A労組」という）は，Y社と協調的な活動方針をとっており，Y社からの労働条件の引下げの提案に対しても，強く抵抗することなく，最終的には同意するという態度であった。A労組の副委員長として組合執行部の一員であったXは，同労組の方針・態度に不満をもち，「会社にきちんと物が言える組合に変わっていこう」と組合執行部や一般組合員に呼びかけたが，状況は変わらなかった。嫌気が差したXは，企業別労働組合ではなく，その地域の企業で働く労働者であれば誰でも加入できるというコミュニティ・ユニオンのB労働組合（以下「B労組」という）に加入し，A労組に対して脱退届を提出した。

　Xの加入後，ただちにB労組はY社に対し労働条件の引下げの見直しを求めて団体交渉を申し入れた。これに対し，Y社は，同社とA労組の間で締結されている労働協約（以下「本件労働協約」という）の1条の規定（後掲参照）をB労組に示し，「当社では労働条件の交渉はA労組とのみ行うことになっています」と述べて，団体交渉に一切応じなかった(ア)。

　他方，A労組の組合規約には，同労組からの脱退に関し「組合員の脱退には委員長の承認を要する」「脱退を希望する者は書面で届け出る」旨規定されていたが，これまで自分から脱退を希望した者はいなかった。A労組の委員長Cは，副委員長が脱退するなど絶対に認められないとして，脱退を承認しない旨をXに伝えた。しかし，Xの決意は固く，A労組に戻る意思はないとの返答があったため，A労組はXが組合規約に統制事由として定められている「組合の団結を乱した者」に該当するとして，統制処分として組合規約に定めのある「戒告」「組合員としての権利停止」「除名」の中で最も重い除名処分とした(イ)。除名後すぐに，A労組は，本件労働協約2条2項（後掲参照）に沿って，Xを解雇するようY社に求めた。Y社はこれを受けて，Xに解雇予告手当として30日分の平均賃金を支払い，

247

同人を解雇した(ウ)。

　なお，Case 中の労働組合は，いずれも労働組合法上の労働組合の要件
を満たしているものとする。

〔Y社・A労働組合労働協約（抜粋）〕

　Y社（以下「会社」という）とA労働組合（以下「組合」という）は，労働
協約を締結し，互いに誠意をもってこれを遵守する。

第1条

　会社は，組合が会社における従業員を代表する唯一の交渉団体であるこ
とを認める。

第2条

　①　会社の従業員は，第3条に定める者を除き，すべて組合員とする。

　②　会社は，組合を除名された従業員，組合に加入しない従業員および
　　組合を脱退した従業員をただちに解雇する。

第3条

　非組合員の範囲は次のとおりとする。

　(1)　役員など労働組合法第2条第1号により組合員になれない者

　(2)　会社と組合で協議決定した者

Questions

Q1　下線部(ア)について，B労組はどのような法的機関にいかなる内容の法的
　救済を求めることが考えられるか，述べなさい。次に，その救済を求める場
　合に問題となる法律上の論点を指摘し，各論点についてあなたの見解を述べ
　なさい。なお，Q1においては，下線部(イ)，(ウ)について考慮する必要はない。

Q2　下線部(イ)の除名処分の効力について，問題となる法律上の論点を挙げな
　がら論じなさい。

Q3　下線部(ウ)の解雇の効力について，問題となる法律上の論点を挙げながら
　論じなさい。

この Case では，①団交拒否，②組合からの脱退，③それに伴う解雇が問題となっています。これらの問題を解くには，それぞれ，①団交拒否の救済方法，②労働組合からの脱退の自由，③ユニオン・ショップ協定について理解しておくことが必要となります。

①については，まず，使用者の団交拒否に対する法的救済として，労働委員会による救済（行政救済）と裁判所による救済（司法救済）の 2 つのルートがあることをおさえておきましょう。そして，救済が受けられるには，Y 社に団交義務があったかどうかが問題になります。本件労働協約 1 条に定めるような唯一交渉団体条項の有効性については，住友海上火災保険事件・東京地決昭和 43 年 8 月 29 日労判 67 号 87 頁が参考になります。また，使用者は，企業外の労働組合に対する団交義務を負うかどうか，いかなる範囲の事項について団交義務を負うのかといった基本事項の理解も求められます。

司法救済を求める場合には，不当労働行為禁止規定が私法上の効力も有するかが問題となります。**Example** では，国鉄団交拒否事件・最 3 小判平成 3 年 4 月 23 日労判 589 号 6 頁を参考に，労組法 7 条自体に司法救済の根拠を求めています。

②では，除名処分の前提となっている組合からの脱退を制限する規約上の条項が問題となります。組合員の脱退の自由の有無については，国労広島地本事件・最 3 小判昭和 50 年 11 月 28 日民集 29 巻 10 号 1634 頁，そして，脱退の自由を実質的に制限するような組合規約や合意の適法性については，日本鋼管鶴見製作所事件・最 1 小判平成元年 12 月 21 日労判 553 号 6 頁，東芝労働組合小向支部・東芝事件・最 2 小判平成 19 年 2 月 2 日民集 61 巻 1 号 86 頁が参考になります。

③は，ユニオン・ショップ協定をめぐる解釈問題です。ユニオン・ショップ協定の有効性に関する最高裁の判断として，三井倉庫港運事件・最 1 小判平成元年 12 月 14 日民集 43 巻 12 号 2051 頁があります。ただし，ユニオン・ショップ協定については，組合に入らない自由の重要性から，組合に非加入の労働者との関係でも無効と解すべきとする主張も有力になされています。このユニオン・ショップ協定無効論に立った論述も考えられます。なお，解雇の前提と

なるユニオン・ショップ協定が有効の場合と無効の場合とで，解雇の効力がどのようになるのかについては，日本食塩製造事件・最2小判昭和50年4月25日民集29巻4号456頁を確認してください。

Example

1

(1)　求める法的救済

　B労組は，Y社の団交拒否に対して，労働委員会に不当労働行為の救済申立てを行い，誠実交渉命令を求めることが考えられる（労組法27条以下）。

　また，裁判所に団体交渉を求める地位の確認請求をすること（労組法6条），団交拒否によって損害が生じた場合には，不法行為（民法709条）として損害賠償請求をすることが考えられる。

(2)　法律上の論点

(a)　論点の指摘

　労働委員会に救済を求める場合も，裁判所に救済を求める場合も，Y社がB労組に対し，団交義務を負うかどうかが問題となる。具体的には，①本件労働協約1条（唯一交渉団体条項）の有効性，②B労組が団体交渉の主体となる労働組合といえるかである。また，Y社が一般的にはB労組に対する団交義務を負うとしても，③B労組がY社に申し入れた事項が義務的団交事項にあたるかどうかも検討する必要がある。

　さらに，裁判所に救済を求める場合には，④いかなる法的根拠で司法救済を求めることができるのか，⑤救済の内容は労働委員会による救済とどのように異なるかを検討する必要がある。

(b)　見　解

　①Y社は，本件労働協約1条に定めるA労組とのみ交渉を行う旨の規定を根拠に，B労組との団体交渉を拒否している。しかし，このような唯一交渉団体条項は他の労働組合の団体交渉権（憲法28条）を侵害するものとして公序に反し無効である（民法90条）。したがって，Y社は本条項を根拠にB労組からの団体交渉の申入れを拒否することはできない。

　もっとも，②B労組はY社外の組合であることから，Y社はB労組に対して団交義務を負うかどうかが問題となる。これは，団体交渉を申し入れている労

働組合が「使用者が雇用する労働者の代表者」（労組法7条2号）といえるかという問題と考えられる。この点，労働組合の規模や組織レベルを問わず，労組法（2条・5条2項）上の要件を満たす労働組合（法適合組合）であり，使用者が雇用する労働者を代表して団体交渉を申し入れている場合には，当該組合には団体交渉を行う権利が認められる。XはY社に雇用されており，B労組はXを代表して団体交渉を申し入れている。また，B労組は法適合組合である。したがって，Y社はコミュニティ・ユニオンであってもB労組との団体交渉に応じなければならない。

　とはいえ，③使用者はいかなる事項についても団交義務を負うわけではない。義務的団交事項について，労組法の目的規定（1条）において，ⓐ労働条件の対等決定とⓑ労使自治の促進が掲げられていることからすると，このような目的を実現する場である団体交渉においては，ⓐ労働条件その他の労働者の待遇（労組法16条参照），および，ⓑ労使関係の運営に関する事項であって，使用者に決定権限のあるものについて，交渉を行うことが義務づけられていると解される。本件では，B労組は労働条件の引下げの見直し（ⓐ）を求めてY社に団体交渉を申し入れていることから，義務的団交事項にあたり，Y社は交渉を行うことが義務づけられる。

　以上から，Y社がB労組からの団体交渉の申入れを拒否したことには正当な理由は認められず（労組法7条2号），労働委員会は誠実交渉命令を発すると考えられる。

　また，裁判所に救済を求める場合には，④不当労働行為禁止規定が，労働委員会による救済の根拠規定であるだけでなく，私法上の効力も有するかが問題となる。この点，不当労働行為制度と労働者の団結権・団体行動権（憲法28条）との密接な関係を考慮すると，労組法7条の規定は，労働委員会による救済命令を発するための要件を定めたものであるだけでなく，労働組合と使用者との間でも私法上の効力を有すると解すべきである。もっとも，⑤司法救済においては，誠実交渉という具体的な行為を請求する団体交渉請求権は認められず，団体交渉を求める地位の確認を請求することができるものと解される（労組法6条）。また，不法行為（民法709条）として損害賠償請求が認められることもある。

以上から，本件では，裁判所はB労組の団体交渉を求める地位確認請求を認め，さらに，Y社の団交拒否により，組合員の信頼喪失や組合の社会的評価の低下といったことが認められる場合には，損害賠償請求も認めると考えられる。

2

（1）　法律上の論点

本件除名処分は，XがCの承認を得られなかったにもかかわらずA労組を脱退する意思を示したことを理由になされている。したがって，除名処分の効力を検討するにあたっては，まず，A労組組合規約における，組合員の脱退に委員長の承認を要することを定める条項（脱退承認条項）の適法性を検討する必要がある。

（2）　本件除名処分の効力

労働組合は労働者によって自主的に組織される任意団体であり，その組織の内部運営については，組合自身でルールを決め，それに従わない組合員に対して統制処分を行うことができるのが原則である（組合自治の原則）。しかし同時に，労働組合は，憲法や労組法によって，通常の任意団体にはない特別の権能（民事免責，刑事免責，規範的効力をもつ労働協約の締結，不当労働行為の行政救済など）を与えられた半公的性格を有する団体でもある。そこで，労働組合には，組合の内部運営を民主的に行うことが求められる（労組法5条2項参照。組合民主主義の原則）とともに，その内部自治において組合員個人の市民的自由を尊重することが要請される（市民的自由の尊重）。

以上に加えて，一般に，労働組合の組合員は，その意思により組合員としての地位を離れる脱退の自由を有するものと解されることからすれば，脱退承認条項は，脱退の自由という組合員の重要な権利を奪うものである。したがって，A労組組合規約のうち脱退を制約する部分は，公序良俗（民法90条）に反し，無効である。

だとすれば，本件では，XはA労組に対して脱退届を提出しており，書面での届出というA労組組合規約に定める手続をとっている以上，脱退承認条項にかかわらず，Xは有効にA労組を脱退したものというべきであり，除名処分は無効といえる。

3

(1)　法律上の論点

本件解雇は，本件労働協約2条2項に定めるいわゆる「ユニオン・ショップ協定」に基づいてなされている。したがって，①そもそもユニオン・ショップ協定は有効か，有効だとして，②ユニオン・ショップ協定に基づいてなされた解雇は有効かが問題となる。

(2)　本件解雇の効力

①ユニオン・ショップ協定は，解雇の威嚇によって特定の労働組合への加入を強制するものであり，労働者の組合選択の自由（積極的団結権）や労働組合に加入しない自由（消極的団結権）を侵害するおそれがある。この点は，ユニオン・ショップ協定によって，憲法28条が保障する組合選択の自由や他の労働組合の団結権を侵害する場合には許されないというべきである。したがって，ユニオン・ショップ協定締結組合以外の他の労働組合に加入している者やユニオン・ショップ協定締結組合から脱退・除名後に他の労働組合に加入したり，新たな労働組合を結成した者との関係では，同協定は憲法28条が設定する公序に違反し無効となる（民法90条）と解される。

②については，ユニオン・ショップ協定に基づいてなされた解雇が解雇権の濫用（労契法16条）にあたるかどうかが問題となる。これについて，有効なユニオン・ショップ協定に基づく解雇は，客観的に合理的な理由があり社会通念上相当として是認できるとし，権利濫用にはあたらないとされる。もっとも，ユニオン・ショップ協定に基づく解雇は，同協定によって使用者に解雇義務が発生している場合に限り是認することができる。これに対して，使用者に解雇義務が生じない場合，当該解雇は客観的に合理的な理由を欠き社会的に相当なものとして是認することはできず，他に解雇の合理性と相当性を裏づける特段の事由がない限り，解雇権の濫用として無効となる。

本件では，XはB労組に加入していることから，Xとの関係ではY社とA労組とのユニオン・ショップ協定は公序に反し無効となる。したがって，Y社にはXの解雇義務は生じておらず，他に解雇の合理性と相当性を裏づける特段の事由も認められないから，Xの解雇は解雇権の濫用として無効となる。

Checkpoints

1　不当労働行為救済制度の趣旨はどのようなものか。

2　不当労働行為救済の法的機関と手続はどのようなものか。

3　不当労働行為として禁止される行為の類型とそれぞれの成立要件はどのようなものか。また，それぞれに対してどのような内容の救済があるか。

4　不当労働行為の主体となる「使用者」とは誰か。当該労働者が労働契約を締結している相手方である企業のほかに，どのような者が「使用者」となりうるか。

5　不利益取扱いの成立要件のうち，「不当労働行為意思」はどのように認定されるか。

6　不利益取扱いを立証するにはどうしたらよいか。

7　支配介入の態様にはいかなるものがあるか。

8　労働組合が企業施設を利用して組合活動をしようとする場合，使用者が施設管理権を行使してこれを制限・禁止することは支配介入にあたるか。

【Case 21-2】

　自動車部品の製造会社であるY社には350人の従業員が雇用されており，Y社には，250人のY社従業員が加入するA労働組合（以下「A組合」という）と，50人が加入するB労働組合（以下「B組合」という）の2つがあった。A組合は従来から労使協調を基本的な原則として活動してきたが，B組合は労働者の権利擁護をスローガンに掲げ，使用者と対立することが多かった。

　2023年4月，夏季賞与の支給率に係る団体交渉において，Y社は，「仕事を最大限効率化する」との条件（以下「本件条件」という）を付すことに同意するのであれば，2.0か月分の夏季賞与を支給すると提案した。A組合は，1回目の団体交渉において本件条件を受け入れ，A組合・Y社間で2023年度夏季賞与に関する労働協約を締結した。同年6月，A組合の組合員には，提案どおり2.0か月分夏季賞与が支給された。

　他方，B組合は，「本件条件は表現が抽象的で様々な解釈がありうる。どのような意味なのか，具体的に説明してほしい」と述べた。しかし，Y社は，「本件条件の意味は，『一生懸命働く』という当然のことを意味しており，明確なはずだ」と応じるにとどまった。この説明に対し，B組合は，本件条件は，労働強化や人員削減を伴う合理化につながるとの懸念を表明し，本件条件の問題は，夏季賞与の交渉とは切り離し，別個に議論すべきだと主張した。しかしY社は，本件条件は夏季賞与支給の条件であるとして譲らず，結局，Y社・B組合間の団体交渉は決裂した。そのため，Y社・B組合間においては，夏季賞与に関する労働協約が成立せず，同年6月，B組合員には夏季賞与が支給されなかった。

　ところで，B組合の委員長であるCは，団交決裂後の同年5月6日，臨時組合大会を開き，Y社の対応は不当であるとしてストライキを行うことを提案した。提案は7対3の賛成多数により可決された。

　この様子を見たY社は，社長名で後記のとおり声明（以下「本件声明」という）を，社内LANを利用し，従業員のメールアドレスに直接一斉送信するという方法で発表した。

　また，あわせて，Ｙ社はＢ組合に対し，「社内に無用の混乱を起こすのはやめてほしい」と申し入れたが，Ｃは，「労働組合の権利を行使するだけです」と答えた。そこで，Ｙ社は，Ｙ社就業規則の懲戒規程の定める「職場の秩序を乱したとき」に該当するとして，同年５月末日付けで，Ｃに対し１か月の出勤停止処分を行った。

　Ｙ社がこのような対応をとるなか，ストライキを実施する気運は下がり，またストライキの実施に反対していたＢ組合員の３割の者は，Ｂ組合を脱退した。

〔本件声明全文〕

従業員のみなさんへ

　自動車製造の分野における国際競争の激化によって，わが社の経営もまた年々厳しさを増していることはすでにご承知のことと思います。

　このようななかであっても，わが社は従業員のみなさんの生活を考え，2023 年度の夏季賞与において，例年並みの水準である 2.0 か月分を支給する提案をいたしました。それとともに，わが社の置かれている苦境を従業員一丸となって克服すべく，最大限の経営効率化に協力をしていただきたいと要望しました。

　しかしながら，従業員の一部には，このような事情を理解することなく，会社からの要望を一顧だにせずただただ反対し，あまつさえ，ストライキを決行しようとする動きもあると聞いております。これはストのためのストを行おうとするものです。しかし，会社も，わが社の置かれている状況に鑑みれば，現在提案している要望を撤回する余地はありません。会社としてこのままの事態が続けば重大な決意をせざるをえません。

　従業員のみなさんには，節度ある行動をとるよう，切に希望いたします。

　　　　2023 年 5 月 11 日

　　　　　　　　　　　　　　　　　　Ｙ社代表取締役社長

Questions

Q1　B組合および組合員は，夏季賞与を受給できないことに不満である。どのような法的機関に対し，いかなる法的救済を求めることができるか。また，それは認められるか。検討すべき法的問題を明らかにしたうえで，あなたの考えを述べなさい。

Q2　B組合およびCは，本件声明およびCに対する出勤停止処分について，法的救済を求めたい。どのような法的機関に対し，いかなる法的救済を求めることができるか。また，それは認められるか。検討すべき法的問題を明らかにしたうえで，あなたの考えを述べなさい。

Keypoints

　このCaseの中心的な論点は，①複数組合併存下における中立保持義務，誠実交渉義務が果たされたか，②不利益取扱いの不当労働行為の成否，③使用者の言論の自由と支配介入の不当労働行為の成否です。

　論文の形にまとめるときに注意すべきことは，それらを労組法7条の規定する要件に則して論じていくことです。それに合わせて一般論ないし判断枠組みを提示し，そして丁寧に事実の評価を行っていくことになります。

Example

1

（1）　求めうる法的救済

　行政的救済として，所轄の労働委員会に対し，B組合員に2023年度夏季賞与が支給されないのは，労働組合員であることを理由とする不利益取扱い（労組法7条1号）およびB組合に対する支配介入行為（同条3号）の不当労働行為に該当するとして，2.0か月分の夏季賞与の支給命令およびポスト・ノーティス命令の発出を求める。

　司法上の救済として，裁判所に対し，Y社の行為は不当労働行為に該当し，B組合員の権利利益を不当に侵害するものであるから不法行為（民法709条）を構成するとして，2.0か月分の夏季賞与額相当分の損害賠償を請求する。

（2）　検討すべき法的問題

　労組法7条1号は，①労働組合員であること等の，②故をもって，③不利益

取扱いを行う使用者の行為を禁止している。本件において，①および③の要件が満たされることは明らかである。そこで「故をもつて」（②）の要件が満たされるかが問題となる（論点1）。

　また，労組法7条3号は，労働組合の運営等に対する使用者の支配介入行為を禁止しているが，本件の論点1において不利益取扱いの不当労働行為が成立する場合には，B組合の存在を脅かし，組合員に動揺を与えるものといいうるから，当然に支配介入の不当労働行為が成立すると解される。

　さらに，本件においてY社の行為が不当労働行為に該当する場合には，B組合の組合員の団結権等を侵害する行為にあたるといいうるから，不法行為を構成し，損害賠償の責を免れないと解される。

(3)　不利益取扱いの不当労働行為の成否

(a)　基本的な考え方

　企業内に複数の労働組合がある場合において，使用者がそれぞれの労働組合と賞与について交渉し，その交渉の結果，一方の組合とは合意に達し，他方の組合とは合意に達せず，一方の組合員には賞与が支給され，他方には支給されないという差異が生じても，一般的には，それは使用者と労働組合との間の自由な取引の場において各組合が異なる方針ないし状況判断に基づいて選択した結果が異なるにすぎず，不当労働行為の問題は生じない。

　しかし，そのようにいうためには，団体交渉の結果が組合の自由な意思決定に基づく選択によるものといいうる状況があることが前提である。そのために使用者には，いずれの組合との関係においても誠実に団体交渉を行うべきことが義務づけられる（「誠実交渉義務」という）。また，単に団体交渉の場面に限らず，すべての場面で使用者は各組合に対し，中立的態度を保持し，その団結権を平等に承認，尊重すべきであり，各組合の性格，傾向や従来の運動路線のいかんによって差別的な取扱いをすることは許されない（「中立保持義務」という）。そして，使用者が誠実交渉義務および中立保持義務に違反する対応を行った結果，複数組合の組合員間に取扱いの差異が生じたとしたら，それは特定の組合の組合員であることを理由とする不利益取扱いに該当すると解される。

　この観点から，本件において，Y社のB組合に対する対応が上記義務に反するものといえないかを検討する。

　(b)　本件について

　本件において，Y社は「仕事を最大限効率化する」という，きわめて抽象的な条件を提示し，それについての説明を求めたB組合に対し「『一生懸命働く』という当然のこと」と回答するのみで十分な説明を行っていない。この程度の説明にとどまる限り，労働者の権利擁護をスローガンに掲げるB組合が受諾できないことは当然に予想されることである。

　これに対し，A組合は，労使協調を基本的な活動の原則としていたことから，本件条件を受諾することは十分予想されていたと思われる。

　また，その後の交渉においても，Y社は本件条件を夏季賞与の支給率に係る交渉とは切り離し別個に交渉すべきだとのB組合の主張に耳を貸すことなく，本件条件の受諾に固執している。

　以上の事実を踏まえると，Y社・B組合間で夏季賞与の支給率に関する労働協約が成立せず，その結果，B組合員が夏季賞与を受給できなくなったことは，Y社のB組合に対する嫌悪の意図が具体化した行為であるということができるから，不利益取扱いの不当労働行為に該当すると解される。

　(4)　支配介入の不当労働行為の成否

　(2)で述べたように，本件において不利益取扱いの不当労働行為が成立する場合には，Y社のB組合に対する支配介入の不当労働行為も当然に成立するものと解される。

　以上のとおりであるから，労働委員会はY社に対し，2023年度夏季賞与をB組合の組合員にも支給すること，および，ポスト・ノーティスを行う旨の救済命令を発するべきである。

　(5)　司法上の救済について

　以上のとおり，Y社の行為は不当労働行為に該当し，不法行為を構成することから，司法上の救済として，夏季賞与相当額の損害賠償の責を免れない。

②

　(1)　求めうる法的救済

　行政上の救済として，所轄の労働委員会に対し，Cに対する出勤停止の懲戒処分（以下「本件処分」という）が不利益取扱いの不当労働行為に該当すること，および，本件声明が支配介入の不当労働行為に該当することを理由に，本件処

分の撤回とポスト・ノーティスの救済命令の発出を求めることが考えられる。

　司法上の救済として，裁判所に対し，本件処分が労契法 15 条に反し客観的に合理的な理由を欠くとして無効確認を求めるとともに，出勤停止期間中の未払賃金の支払を求めること，および，本件声明は不当労働行為に該当し不法行為を構成するとして，慰謝料の支払を求めることが考えられる。

　(2)　検討すべき法的問題

　まず，本件処分の不利益取扱いの不当労働行為該当性について，①(2)で示した要件に照らした場合，Cの組合活動を理由とする不利益取扱いであることは明らかであることから（要件②および③の充足），問題となるのはCの行為が正当な組合活動といいうるか（要件①）である。

　また，本件処分が不当労働行為に該当する場合，本件処分には客観的に合理的な理由がないことは明らかであるから，当然に無効となる（労契法 15 条）。あわせて，Y社には，出勤停止期間中の未払賃金 1 か月分の支払義務が生じる。

　次に，本件声明が支配介入の不当労働行為該当性について，使用者に憲法 21 条に基づく言論の自由があることは否定されるいわれのないことであるが，憲法 28 条の保障する労働基本権を侵害してはならないという制約を受けることは免れず，それを逸脱する場合には支配介入の不当労働行為が成立する。そこで，本件声明がB組合の労働基本権を侵害していないかが問題となる。

　(3)　本件処分の適法性

　一般に，組合活動の正当性は，主体，目的，態様の観点から判断される。本件においては，主体，目的の観点からは全く問題はなく，また，団交決裂後ただちに臨時組合大会を開催し，ストライキを行う提案を行ったことは，組合の正当な活動の範囲内にあることは言を俟たない。

　したがって，本件処分は不利益取扱いの不当労働行為に該当することから，労働委員会において本件処分の撤回命令が認められるとともに，裁判所において本件処分の無効確認が認められる。また，出勤停止期間中支払われなかった賃金について，Y社の責めに帰すべき理由により労務の提供が不可能になったものであるから，その全額の支払が認められる（民法 536 条 2 項）。

　(4)　本件声明の不当労働行為該当性

　(a)　判断枠組み

　組合に対する使用者の言論が不当労働行為に該当するかどうかは，言論の内容，発表の手段・方法，発表の時期，発表者の地位・身分，言論発表の与える影響などを総合して判断し，当該言論が組合員に対し威嚇的な効果を与え，組合の組織および運営に影響を及ぼすような場合は支配介入となる。

　(b)　本件について

　本件声明は，その対象を「従業員」としているが，A組合がY社と労働協約を締結し夏季賞与を受給することとなっている状況下においては，およそB組合員にのみ呼びかけていることは明らかである。また，「従業員の一部」を批判することにより，B組合およびその組合員を職場から孤立させるおそれがある。さらに，本件においてB組合は，本件条件のより具体的な説明と交渉の継続を求めているにもかかわらず，それを本件声明は「ただただ反対し」と表現している。この部分は，本件経緯を正確に述べたものとはいえず，B組合執行部への反感をいたずらに喚起するものである。加えて，「重大な決意」との文言は，一般的にいって組合員に対する威嚇的な効果をもつことは否定できず，「節度ある行動をとるよう」との呼びかけは，組合員に対するストライキ不参加の呼びかけというほかはない。

　発表時期は，Y社とB組合との団体交渉が決裂した後のことではあったが，交渉の余地が全くなくなっていたわけではない。また，本件声明は社長名義でなされ，さらに，従業員に付与されているメールアドレスに一斉送信するという方法で行われている。そして，その結果，B組合からストライキに反対する組合員が離脱するという事態が生じている。

　以上を総合して考えると，本件声明は，組合の組織および運営に介入して影響を及ぼし，その労働基本権を侵害するものといえるから，支配介入の不当労働行為が成立する。

　したがって，(1)で述べた法的救済はすべて認められると解される。

Checkpoints

1　労働委員会とはどのような組織か。都道府県労働委員会および中央労働委員会の役割はそれぞれどのようなものか。

2　労働委員会に不当労働行為救済申立てが行われた場合，どのような手続で審査が行われるか。

3　不当労働行為救済申立てに対する労働委員会の命令（救済命令または棄却もしくは却下命令）は，どのような観点から行われるか。また救済命令を発する場合，その内容について，いかなる範囲でその裁量が認められるか。

4　労働委員会の発した不当労働行為救済命令に対して裁判所に取消訴訟が提起された場合，裁判所はその適法性をどのような観点から判断するか。具体的に取消判決が出た例としてどのようなものがあるか。

5　労働関係調整法のもとで，労働委員会はどのような役割を負っているか。

Materials

荒木 722〜749 頁・755〜804 頁，菅野 954〜990 頁・1000〜1055 頁・1102〜1144 頁，土田 422〜459 頁，西谷 624〜664 頁，水町 407〜430 頁

第Ⅳ部　労働市場法

Unit 22 労働市場法

【Case 22-1】

　Y社は，鉄道車両用のブレーキ装置，自動扉装置，連結装置，安全設備および同部品の製造，販売，保守，修理などを業とする株式会社であり，M社は損害保険の代理業および自動車損害賠償保障法に基づく保険代理業，Y社が委託する経理事務，福利厚生事務の処理に関する業務などを業とする株式会社である。M社の全株式はY社が保有しており，Y社の完全子会社である。M社の取締役Bは，Y社の管理部総務人事部グループリーダーを兼務しており，またそのほかのM社取締役は，Y社の従業員（兼務）か元従業員（転籍）である。またM社は，Y社の工場地区のなかにある。

　Xは，M社が出した「職種：組立作業およびピッキング作業」という内容の求人広告をみて応募し，2021年11月15日に実技試験と面接を受け，同年12月1日付けで，M社との間で期間を3か月間とする有期労働契約を締結した。Xを採用するための実技試験および面接にあたっては，取締役Bも立ち会い，採用決定に関与している。M社は，労働契約の締結に際して，最初の3か月間は試用期間であり，その後，適性に問題がなければ，6か月間の有期労働契約を締結することを説明した。Xは，「求人広告には期間雇用だとの記載はなかったではないか」と不満を述べたが，B取締役は，「あなたが，この仕事に適性があるかどうか慎重に判断したいし，製造業はどうしても受注の変動が激しいので，期間の定めをつけています」と答えた。不承不承ながら，Xは契約書に署名押印をした。なお，Xと同時期に同じ求人広告によってM社に採用された労働者は，Xを含めて20名いる。

　M社はY社との間で，労働者の出向に関わる協定（以下「本件出向協定」という）を締結している。本件出向協定には，出向先，出向の労働条件（賃金・退職金，労働時間・休日・休暇，職務内容，勤続年数の通算，出向中の地位など），出向期間や更新手続，復帰手続などが規定されており，M社からY社に出向する者に対しては，Y社が自社の賃金表に基づいて算定され

た金額をM社に支払い，M社が出向労働者に対して賃金を支払うこととされている。もっとも，Y社が算定した金額とM社が出向労働者に対して支給する賃金額とが同額であるかは不明である。

　また，M社には労基法の定めに従って作成された就業規則があるが（意見聴取，届出済み），同規則には，業務上必要がある場合には本件出向協定に基づいて出向を命じる旨の規定があり，周知されている。

　Xは，M社に採用後ただちに，本件出向協定に基づき，Y社に出向を命じられ，Y社工場における組立作業に従事した。Y社での就労の際には，Y社従業員と同じ作業服を着て，Y社の上司の指揮の下で，Y社の就業時間に従って働いている。最初の3か月が終わる2022年2月末，M社はXに対し，期間を同年3月1日から同年8月31日までとする有期労働契約への署名押印を求め，Xはこれに応じた。X以外の19名についても同様の措置がとられた。

　同年5月頃，自分の雇われ方に疑問をもっていたXは，ひょっとして「違法派遣」にあたるのではないかと思い，Y社工場の直属の上司に質問するとともに，もしそうであればY社に直接雇用されることを希望している旨，述べた。しかし，直属の上司は，「本社の人事部に問い合わせたが，あなたは，Y社とM社との間の出向協定に基づいて出向し，Y社工場での業務に従事しているにすぎず，Y社はあなたを直接雇用する気はないとのことでした」と返事をした。

　同年7月末，Y社は，M社に対し，受注量の低下によりY社工場における人員不足が一部解消されたとして，Xのほか4名についてM社への復帰を求めた。M社は8月末をもってXら5名を復帰させることに了承した。そして，M社はただちに，M社への復帰が決まったXら5名に対し，同年8月31日付けで，期間満了に伴い労働契約関係を終了する旨を通知した。そして同日をもって，XとM社との間の労働契約は終了した。なんとしても職場を確保しなければならない状況に追い込まれたXは，労働契約の更新を求める文書をM社およびY社に送付した。

　なお，Xらと同時期にY社に出向した他の15名の労働者は，同年9月1日から再び6か月の期間の定めのある労働契約をM社との間で締結し，

現在もＹ社で就労している。また，Ｍ社は労働者派遣法に基づく派遣事業の許可は受けていない。

Questions

Ｑ１　あなたがＸの代理人としてＹ社に対し訴えを提起する場合，どのような請求をすることが考えられるか，述べなさい。

Ｑ２　Ｑ１の請求の可否について，Ｙ社の反論を想定しながら，あなたの見解を述べなさい。

Keypoints

このCaseは，出向を装った違法派遣が行われていることが疑われる事案です。

このような場合，まず，労働者派遣法40条の6第1項に基づき，労務供給先（ユーザー企業）との間に労働契約関係が成立するかが問われます。このCaseの場合，同項5号の該当性が問題になるため，①労働者派遣に該当するか，②同項ただし書にいうユーザー企業の善意無過失が認められるか，③同号にいう「この法律……の規定の適用を免れる目的」を有していたかが論点となります。これらが認められる場合，ユーザー企業は，それを認識した時点から当該労働者について「同一の労働条件を内容とする労働契約の申込みをしたものとみな」されることから，Ｙ社での直接雇用を希望するＸとＹ社の間においては，労働契約関係が成立することになります。

本Caseのもう1つの論点は，雇止めの適法性です。Ｘ・Ｙ社間に労働契約関係が成立している場合，および，Ｘ・Ｙ社間には労働契約関係が成立しておらず，あくまでもＸ・Ｍ社間に労働契約関係があるにすぎない場合の両方について検討することが必要になります。雇止めの適法性については，東芝柳町工場事件・最1小判昭和49年7月22日民集28巻5号927頁および日立メディコ事件・最1小判昭和61年12月4日労判486号6頁を検討し，それぞれの事案の特徴およびそこで示された法律構成の違いをきちんと把握しておくことが重要です（→Case 12-1）。

Example は労働者派遣法40条の6の趣旨および行政解釈（平成27年9月30

日付け職発 0930 第 13 号）を手がかりに記述されていますが，別の考え方も十分にありうるところです。社会の状況と法律の規定をにらみつつ，考えを深めてください。

Example

1　主位的請求として，Y 社との間に労働契約上の権利を有する地位にあることの確認，予備的請求として，M 社との間に労働契約上の権利を有する地位にあることの確認，および，2022 年 9 月 1 日以降口頭弁論終結時までの未払賃金の支払を請求することが考えられる。

2

（1）　X・Y 社間の労働契約の成否について

　Xの請求の可否を論じるにあたっては，まず，X・Y 社間に労働契約が成立しているか否かを明らかにしなければならない。

　Xは，M社の採用試験を受け，M社との間で労働契約を締結している。また，XはY社において就労しているが，それは本件出向協定およびM社による出向命令に基づいて行われている。したがって，XがY社で就業している事実があるとしても，直接の労働契約の相手方ではないY社に対して労働契約上の地位確認を求めることは原則としてできない。

　しかしながら，労働者派遣法 40 条の 6 によれば，①労働者派遣の役務の提供を受ける者が，②同条 1 項 1 号ないし 5 号に該当する行為を行い，③そのことについて善意無過失でなく，さらに，同項 5 号に関しては，④「法律の規定の適用を免れる目的で，請負その他労働者派遣以外の名目で契約を締結」したといえる場合には，労働者派遣の役務の提供を受ける者は，当該労働者派遣に係る派遣労働者に対し，その時点における当該派遣労働者に係る労働条件と同一の労働条件を内容とする労働契約の申込みをしたものとみなされる。

　もっとも，本件についていえば，本件出向という法形式が要件④に該当する場合，当然要件②を満たすとともに，その場合には出向ではなく，要件①にいう労働者派遣に該当すると解すべきである。そのため，以下では，要件④およびY社の認識を問う要件③の該当性を中心に検討すれば足りると解される。

（2）　本件出向の労働者派遣法 40 条の 6 第 1 項 5 号該当性

　本件においては，次の事実が認められる。まず，Xは，Y社従業員と同じ作

業着を着て，Y社の上司より指揮命令を受け，Y社の就業時間に従って就業しており，Y社従業員と同一の作業を渾然一体となって行っていた。もっとも，出向においては，出向労働者と出向先との間に労働の提供に関わる労働契約関係が成立し，それに基づいて就労していると解されることから，Y社におけるXの就労の状況は出向においても見出すことのできるものである。したがって，このような事実をもって，当然に出向を装った違法な労働者派遣に該当するということはできない。

　しかしながら，M社は，Xら5名の採用や出向，復帰に関して，Y社の意向を踏まえた決定を行っていたことがうかがわれる。とりわけ，Xの採用決定にあたってY社取締役Bが立ち会っていること，M社での就業の実態が全くなく，採用後すぐにY社に出向させられていること，Y社において受注量の減少や人員不足の解消が生じた際には，Xら5名にただちに復帰を命じ，その後労働契約を終了させていることが看取できる。また，M社は本来，損害保険の代理業等を業とする会社であるにもかかわらず，「組立作業およびピッキング作業」という本来の業務とは全く異なる業務についてXらを採用している。さらに，Xらの賃金はM社から支払われているが，その賃金額は，Y社の賃金表に基づいて算定された金額と異なるものである可能性がある。その金額に差があり，XらがM社から受け取る賃金額の方が低い場合，Y社がM社に支払っているXらの賃金相当額は，労働者派遣に係る派遣料金であって，差額分はM社の労働者派遣に係るマージンに相当すると解する余地がある。

　これらの点に鑑みれば，M社は自らの業務に従事させるためにXらを採用したというよりもむしろ，Y社に派遣することを目的としつつ，労働者派遣業を行うための許可申請を回避し，労働者派遣法の法規制を潜脱する目的をもって出向という法形式を採用したとみるのが妥当である。

　そして，このような事情のもと，Y社は，M社の全株式を有し，またM社取締役がすべてY社関係者であって，M社の経営に重大な影響を及ぼしていた点に鑑みれば，本件出向が労働者派遣法40条の6第1項5号に該当する違法派遣であることについて，Y社が善意無過失であったということはできないというべきである。

　したがって，Y社はXの採用の時点から，M社における労働条件と同一の労

働条件を内容とする労働契約の申込みをしたものとみなすべきであり，Xが2022年5月の時点で，Y社に直接雇用されたい旨申し述べていることからすれば，遅くとも，この時点において，X・Y社間には労働契約関係が成立したものと解される。

(3)　雇止めの適法性について

X・Y社間に労働契約の成立が認められるとしても，Y社は，Xの労働契約は期間満了により2022年8月31日をもって終了したと主張すると考えられる。

しかしながら，労契法19条によれば，①同条1号ないし2号に該当する場合において，②有期契約労働者が当該有期労働契約の更新の申込みを行った場合，③客観的に合理的な理由を欠き，社会通念上相当であると認められない場合には，使用者は従前の有期労働契約の内容である労働条件と同一の労働条件で当該申込みを承諾したものとみなされる。

本件においては，Xの有期契約は1回更新されたにすぎず，またXは3か月および6か月の有期労働契約を締結する際に，労働契約書に署名押印をしており，期間の定めについて明確な認識があったものといえるから，当該有期労働契約を終了させることが，期間の定めのない労働契約を締結している労働者に対する解雇と社会通念上同視できる場合（労契法19条1号）にはあたらないと解される。

しかしながら，Y社工場での組立作業は臨時的業務ではなく，またM社の求人募集には期間の定めが付されていなかったといった事情に鑑みると，Xは長期にわたって就業できるものと期待したと解するのが妥当である。したがって，労契法19条2号に該当し，上記要件①を満たす。そしてXは，労働契約の更新を求める文書をY社およびM社に送付していることから，上記要件②も満たしている。

そこで，上記要件③の該当性が問題となるところ，Y社がM社を介して行った雇止めは，Y社における受注量の減少を理由とするものであるから，いわゆる「整理解雇」に類するものということができる。そうであれば，Xを含む5名について雇止めを行ったことにつき，①人員削減の必要性，②雇止め回避努力の履践，③人選の合理性，④本人および労働組合等との交渉手続の妥当性の要件を満たさなければならない。

　本件においては，これらの点に関する状況は不明である。もっとも，Xら5名が有期労働契約で雇用された労働者であることに鑑みるならば，正社員に対する希望退職の募集等に先立ちXら5名を雇止めしたとしても，その点のみでは客観的に合理的な理由がないとまではいえない。しかしながら，Y社の経営状況や雇止めを回避するための努力の有無，労働組合等との交渉などの点に鑑み，Xに対する雇止めにつき客観的に合理的な理由と社会通念上の相当性に欠けるといえる場合には，X・Y社間の有期労働契約は，従前の有期労働契約と同一の内容で更新されたものと解され，Xの請求は認められる。

Checkpoints

1　職業紹介とは何か。これに対して法律上どのような規制が加えられているか。

2　労働者供給とは何か。これに対して法律上どのような規制が加えられているか。労働者供給と適法な業務処理請負とはどのように区別されているか。

3　労働者派遣とは何か。これに対して法律上どのような規制が加えられているか。労働者派遣と適法な業務処理請負とはどのように区別されているか。

4　派遣先企業は派遣労働者に対し法的にどのような義務・責任を負っているか。

5　労働者派遣法40条の6が定める，派遣先企業に労働契約の申込み義務が発生する場合とはどのような場合か。

【Case 22-2】

　X₁は，高校を卒業後，正社員として雇ってくれる会社がなかったので，派遣会社であるY社に登録をし，連絡を待っていた。すると，近所にあるZ社の工場で新しい製品を製造するためのラインが組まれることになり，そこで働く新たなスタッフを派遣してほしいという依頼がY社にあったため，Y社は，2015年10月1日付けで，派遣期間1年とする労働契約をX₁と締結し，Z社の工場にX₁を派遣した。

　X₁は，工場での作業の飲み込みも早く，人間関係もそこそこうまくやってきたので，1年の派遣を3度更新され，同じ工場の製造部門で4年にわたって同じ業務に従事してきた。更新の際には，Y社と1年の労働契約をその都度締結していたが，期間満了により派遣が終了するとの説明を受けたことはなかった。しかし，4年目の契約が終了する1か月前の2019年8月末，Z社の工場長から「X₁さんが従事しているラインは，業務再編で別のラインに組み替えられることになりました。X₁さんの本工場での仕事はそれに伴って終了となります。長い間ご苦労さまでした」と突然宣告された。突然仕事がなくなると言われても生活に困ってしまうX₁は，すぐに派遣元のY社に連絡したところ，「Z社の業務再編に伴い，同社と当社の労働者派遣契約は解約されることになりました。X₁さんを派遣する会社はもうありません。この契約の期間が満了したら契約の更新はしません」と伝えられた。そしてそのとおり，4年目の契約が終了した後は，X₁はZ社で働くことができなくなり，Y社との間でも新たな労働契約は締結されなかった。

　また，X₁の後輩で，Y社に登録していたX₂は，2019年4月1日付けで，派遣期間1年とする労働契約をY社と締結し，X₁と同様にZ社の工場に派遣されていた。しかし，X₁と同じ経緯で，2019年8月末，Z社から同年9月末に仕事がなくなる旨宣告され，同年8月末にY社から解雇予告通知を受けたうえで，同年9月30日，Y社から解雇された。

　X₁とX₂は，雇用の継続と賃金の支払を求めて訴訟を提起したいと考えている。なお，X₁とX₂は，Z社から指揮命令を受けて同社の工場で

働いていたが，その賃金はＹ社との労働契約に基づき決定されＹ社から支給されていた。また，Ｚ社では，2018年9月末の時点で，2015年労働者派遣法改正に基づく派遣労働者の受入れが3年になることを受けて，Ｚ社の過半数労働組合からの意見聴取など同法に定められた手続をとっていた。

Questions

Ｑ1　あなたが，Ｘ₁およびＸ₂の代理人として，Ｙ社およびＺ社に対し訴えを提起する場合，どのような請求をすることが考えられるか。

Ｑ2　Ｑ1の訴えを提起する場合に問題となる法的な論点を挙げつつ，それぞれについて検討しなさい。

Keypoints

　このCaseでは，登録型派遣労働者（Ｘ₁およびＸ₂）が派遣の終了とともに労働契約を解約された場合に，派遣先（Ｚ社）および派遣元（Ｙ社）に対して労働契約上の地位確認等を請求できるかが問題となっています。

　Ｘ₁からＺ社（派遣先）への請求にあたっては，Ｚ社が労働者派遣法上の派遣期間制限（有期雇用派遣については同一組織単位への継続派遣は3年。35条の3・40条の3）を超えて派遣している場合の法的効果（40条の6）が問題となります。また，この3年の期間制限を迎える際に，Ｙ社（派遣元）は有期雇用派遣労働者に対し雇用安定措置を講じることが労働者派遣法上義務づけられています（30条，同法施行規則25条の2）が，Ｙ社がこの措置を講じていない場合，どのような法的効果（私法上の効果）が生じるかも問題となります。

　これらの点に加えて，Ｘ₁およびＸ₂のＹ社（派遣元）への請求にあたっては，①期間満了によるＸ₁の契約終了に対してＸ₁に対して雇止め法理が適用されるのか，②Ｘ₂の期間途中での解雇について求められる「やむを得ない事由」とはどのようなものか，③本件のような場合に契約終了や解雇の合理性・相当性をどのように判断するのかが，それぞれ重要なポイントとなります。①については，伊予銀行・いよぎんスタッフサービス事件・高松高判平成18年5月18日労判921号33頁，および，その上告不受理決定（最2小決平成21年3月27日労判991号14頁）の今井功反対意見が参考になります（*Example*は今井反対

意見を理論的に補強した見解をとっています）。②については，労契法上の条文（17条）の解釈をめぐる問題ですが，学説や裁判例においてある程度共通した見解が形成されつつあります。③については，具体的な事実関係に照らして適切な判断（あてはめ）ができるかが鍵になります。

　また，法人格否認の法理や黙示の労働契約成立の法理によって労働契約の成立を主張することができるのはどのような場合か（→ Unit 2）も，あわせて復習しておきましょう。

Example

1　X_1 は，3年の派遣期間制限を超えて X_1 を業務に従事させていた Z 社に対して，労働契約上の権利を有する地位の確認，未払賃金の支払を請求することが考えられる。また，Y 社に対して，契約の終了（雇止め）が違法であることを理由として労働契約上の権利を有する地位の確認，未払賃金の支払および不法行為としての損害賠償を請求することが考えられる（Z 社に対する労働契約上の地位確認・賃金支払請求と Y 社に対する労働契約上の地位確認・賃金支払請求は，X_1 の選択により，いずれかを主位的請求とし，他方を予備的請求とする）。

　X_2 は，Z 社に対して，労働契約上の権利を有する地位の確認および未払賃金の支払を請求することが考えられる。また，Y 社に対して，期間途中での解雇が違法無効であることを理由として労働契約上の権利を有する地位の確認，未払賃金の支払および不法行為としての損害賠償を請求することが考えられる（Z 社に対する労働契約上の地位確認・賃金支払請求と Y 社に対する労働契約上の地位確認・賃金支払請求は，X_2 の選択により，いずれかを主位的請求とし，他方を予備的請求とする）。

2

　(1)　Z 社に対する請求

　　(a)　労働者派遣法上の派遣期間制限違反と労働契約申込みみなし（X_1 について）

　有期雇用派遣労働者である X_1 を派遣先の同一の組織単位に継続して派遣することができる期間は3年とされており（労働者派遣法35条の3・40条の3），この期間制限を超えて派遣労働者を受け入れている派遣先には，労働契約申込みのみなし規定（40条の6第1項）が適用される。同規定によれば，派遣先が

違法であることを知りまたは知らなかったことに過失があるときには，派遣先は当該派遣労働者に対し，その時点における労働条件と同一の労働条件を内容とする労働契約の申込みをしたものとみなすとされている。

　本件では，派遣先であるＺ社には派遣期間制限を超えて派遣労働者を受け入れていたことに少なくとも過失があったものと解され，X_1がＺ社との労働契約の締結を求める意思表示をした場合には，Ｚ社からの労働契約申込みみなしに対する労働契約締結の承諾として，X_1とＺ社との間に，X_1とＹ社間の労働契約と同一の労働条件を内容とする労働契約が成立したものとされ，労働契約上の権利を有する地位確認，および，同契約に基づく賃金の支払を請求できる（民法536条2項参照）ものと解される。

　(b)　法人格否認の法理，黙示の労働契約成立の法理（X_1・X_2について）

　X_1およびX_2は，法人格否認の法理や黙示の労働契約成立の法理により，Ｚ社との間に労働契約が成立していることを主張することが考えられる。

　法人格否認の法理は，Ｙ社がＺ社に株式所有や人事・財務・業務執行等の点で完全に支配・管理され，Ｙ社の法人格が全くの形骸にすぎない場合（法人格形骸型），または，Ｚ社が雇用主であるＹ社と同視できる程度に労働条件決定等について支配力を有し，違法・不当な目的でＹ社の法人格を濫用していた場合（法人格濫用型）に，Ｙ社の法人格を否認してＺ社に対する労働契約上の責任追及を認めようとする法理である。本件においてこれらの要件に該当する事実を主張・立証することができれば，X_1・X_2はＺ社に対し労働契約上の地位確認および未払賃金の支払（民法536条2項）を請求することができる（これに関する事実の存否は本Caseで示された事実関係からは明らかでない）。

　黙示の労働契約成立の法理は，X_1およびX_2がＺ社に使用されて働き，その対価としてＺ社から賃金支払を受け，これらの点についてX_1・X_2とＺ社との間に共通の認識（黙示の合意）があった場合に援用することができる（労契法6条参照）。本件では，X_1・X_2の賃金はＹ社との契約で決定されＹ社から支給されていたとされており，この法理によりX_1・X_2とＺ社との間に労働契約の成立を認めることは困難である。

　(2)　Ｙ社に対する請求

　(a)　X_1に対するＹ社の雇用安定措置義務違反の私法上の効果

　X₁を有期雇用派遣労働者として派遣していたＹ社（派遣元）には，３年の派遣期間制限を迎える際に，①派遣先への直接雇用の依頼，②新たな派遣先での就業機会の提供，③派遣元での無期雇用の機会の提供，④その他教育訓練であって雇用の安定に特に資すると認められる措置のいずれかを講じることが義務づけられている（労働者派遣法 30 条，同法施行規則 25 条の２）。本件では，Ｙ社がこのような雇用安定措置を講じたという事実をうかがい知ることはできない。

　もっとも，この労働者派遣法上の義務は国が事業主である派遣元に措置を義務づけている一種の行政取締法規であり，この義務違反に対しては厚生労働大臣による指導・助言，指示（同法 48 条１項・３項），この指示にも違反する場合の許可取消し（同法 14 条１項４号）が定められている。このような本措置の性格を考慮すると，この義務違反を根拠にただちにX₁とＹ社間における無期労働契約の成立など私法上の効果が発生するものと解することはできないが，この法律上の義務に違反したＹ社の行為（不作為）は，不法行為（民法 709 条）として，Ｙ社にそれによって生じた損害を賠償する義務を生じさせるものと解される。

　(b)　X₁の契約終了について

　X₁は，有期雇用派遣労働者（従来の登録型派遣労働者）としてＹ社と労働契約を締結しており，派遣先への派遣期間が終了するとＹ社との労働契約も原則として終了する関係にあるものと解されうるが，この場合に，期間の定めのある労働契約の終了（雇止め）に関する判例法理の適用があるか否かが解釈上問題となりうる。この点を結論として否定した裁判例もあるが，雇止め法理の理論的根拠である信義則による契約の補充的・修正的解釈の要請は労働者派遣における労働契約にも同様に及びうるものであることからすると，雇用継続の期待に合理性があると認められる場合には雇止め法理（労契法 19 条）を適用し，当該関係に即した正義・公平の実現を図るべきであると解する。

　X₁は，Ｙ社と１年の契約を３度更新し，更新の際に期間満了により派遣が終了するとの説明を受けたことはなかったことからすると，１年ごとにその都度労働契約を締結する手続がとられていたことを考慮しても，X₁の雇用継続の期待には合理性があると認められる。したがって，X₁の契約終了は労契法 19 条２号に該当し，客観的に合理的な理由を欠き社会通念上相当として是認

できないときは，従前と同一の労働条件で労働契約が締結されたものとする効果が発生するものと解される。

　(c)　X_2の解雇について

　X_2もX_1と同様に，有期雇用派遣労働者としてY社と1年の期間で労働契約を締結しているが，X_2はこの1年の期間の途中でY社から労働契約を解約（解雇）されている。このような期間の定めのある労働契約の期間途中解雇には「やむを得ない事由」があることが求められている（労契法17条1項）。この「やむを得ない事由」とは，契約上定められた期間の満了を待たずに解雇することを正当化できる程度に重大な事由であることを意味し，期間の定めのない労働契約における解雇の合理的で相当な理由（同法16条参照）よりも重大なものを指すと解される。したがって，X_2の解雇には，解雇権濫用法理の合理性・相当性に準じつつ，それよりも重大な事由があることが求められる。

　(d)　X_1の契約終了およびX_2の解雇の合理性・相当性

　X_1の契約終了およびX_2の解雇は，Y社とZ社との労働者派遣契約が解約されたという経営上の理由によるものであり，整理解雇の4要素（①人員削減の必要性，②解雇回避努力，③人選の合理性，④手続の妥当性）等に準じて，その客観的合理性・社会的相当性を判断することができる。

　本件の事実関係からすると，Y社はZ社から労働者派遣契約を解約され，X_1・X_2を派遣する会社をすぐにみつけることは難しいという点で，人員削減の必要性はなくはない。しかし，Z社以外にX_1・X_2を派遣する会社はないか，Y社自身のなかでX_1・X_2を受け入れる可能性はないかなど，X_1・X_2の契約終了・解雇を回避するための十分な努力が尽くされているとはいえず，Z社との労働者派遣契約の解約と同時に契約終了や解雇が通告されており，X_1・X_2に対し（労働組合がある場合にはそれも含めて）契約終了や解雇についての十分な説明や説得の手続が踏まれたという事情もうかがえない。本件では，X_1・X_2を派遣していたZ社から労働者派遣契約を解約されているが，そのことだけで契約終了・解雇の客観的合理性や社会的相当性が基礎づけられるわけでもない。

　以上の点からすると，X_1の契約終了は客観的に合理的な理由を欠き社会通念上相当と認められないものとして違法であり，また，X_2の解雇はやむを得ない事由を欠くものとして違法・無効であると解される。

（e）　したがって，X_1 はＹ社に対し，従前と同一の労働条件の労働契約上の権利を有する地位の確認，未払賃金の支払（民法 536 条 2 項），その他契約終了（雇止め）によって生じた損害の賠償（同法 709 条）を請求することができる。また，X_2 はＹ社に対し，解雇の無効と労働契約上の権利を有する地位の確認，未払賃金の支払（同法 536 条 2 項），その他解雇によって生じた損害の賠償（同法 709 条）を請求することができるものと解される。

Checkpoints

1　無期雇用派遣労働者と有期雇用派遣労働者はどのような点が異なるか。

2　無期雇用派遣労働者の契約の終了には，どのような法規制・法理が適用されるか。

3　有期雇用派遣労働者の契約の終了には，どのような法規制・法理が適用されるか。

4　4 か月の予定で派遣された労働者Ｘ（有期雇用派遣労働者）が，派遣予定期間の途中で派遣先から就労を拒否され，派遣元は代わりの労働者を派遣した事案で，裁判所は派遣元に対しＸに派遣予定期間終了日まで平均賃金の 6 割（休業手当）を支払うよう命じた（三都企画建設事件・大阪地判平成 18 年 1 月 6 日労判 913 号 49 頁）。それはなぜか。その判断は妥当か。

5　雇用保険法上の求職者給付（いわゆる失業手当）は，どのような者に対し，どのような手続で，いかなる額・期間，支給されるか。

6　雇用保険二事業とはどのようなものか。

7　高年齢者雇用安定法が定める高年齢者雇用確保措置とはどのようなものか。労働契約上これと異なる内容の定めがある場合，私法上どのような効果が発生するか。

Materials

荒木 592〜620 頁・807〜855 頁，菅野 43〜146 頁・378〜420 頁，土田 36〜37 頁・334〜342 頁，西谷 19〜20 頁・526〜553 頁・556〜560 頁，水町 432〜449 頁

第Ⅴ部　総合的考察

Unit 23 総合的考察

【Case 23- 1 】

　Y社は従業員数70名程度の会社である。XはY社の採用面接を受け，2022年5月1日に期間の定めのない労働契約を締結した。XはDTPにより印刷用の組版を行う部署（以下「制作部」という）に配属され，DTPのオペレーターとして住所録作成の業務に従事した。Y社の主たる業務は学校から受注する卒業アルバムの制作であり，毎年11月から翌年3月までが繁忙時期にあたる。Xも，採用面接の際に，Y社の仕事は納期厳守なので，繁忙期には頻繁に時間外および休日勤務が行われる旨の説明を受けている。

　Xは2022年10月までほとんど残業をすることなく定時に終業し帰宅していたが，繁忙期に入った同年11月から毎日30分ないし1時間30分程度残業し，午後7時頃に終業し帰宅するようになった。しかしY社全体でみると，この頃から日常的に午後9時頃まで残業が行われるようになり，制作部では午前0時すぎまで残業する者もいた。そのため，Xの直接の上司である制作部主任はXに対し，「もう少し残業してくれないかな」とたびたび頼んだが，Xは「自分の担当分はもう終わりましたから」と言って遅くとも午後7時頃に帰宅する習慣を変えることはなかった。

　2022年11月19日，Y社のA部長はXを呼び出し，「うちの仕事は業界の特殊性があって，繁忙期がある。もっとまわりを見て，自分から残業しなさい」と説得した。このとき，XはA部長に，自分はこれまで期限どおりの仕事をしてきたし，また眼精疲労があり長時間の残業は無理である旨を述べた。

　2022年12月中旬，Xの担当である住所録作成業務は順調にノルマを達成していたが，Xの担当外のDTP業務で4日分のノルマの遅れが発生した。Y社は他の仕事の担当者にも残業を命じることにより，これを乗り切ろうとした。そこでA部長はXを呼び出し，「採用面接の際に，繁忙期にはかなり時間外や休日勤務が多くなることは言ったはずだ。それにうちは，

『時間外労働・休日労働に関する協定』（以下「本件協定」という）を締結して，きちんと労基署長に届け出ているし，就業規則にも業務上の都合で必要がある場合には時間外勤務や休日勤務を命じうることを規定している。目が痛いとはいっても，あと1〜2時間は残業できるだろう。もっと同僚の仕事を手伝ってほしい。キミには，12月15日から1週間，午後9時までの残業を命ずる」（以下「本件命令」という）と述べた。

　これに対して，Xは，「Y社には労働組合はないですよね。本件協定を締結したのは誰ですか」と尋ねた。A部長は，本件協定は総務部で閲覧することができること，就業規則は職場の誰でもみることのできる場所に設置してあることを説明した。Xはさっそく総務部に行き，本件協定を閲覧し，そこに規定されている延長時間の上限と従業員代表者の名前を確認した。本件協定の従業員代表の欄には，「Y社友の会」（以下「友の会」という）の代表をしているBの署名があった。

　2022年12月16日，XはY社を欠勤し，眼精疲労でP診療所を受診した。Xは，VDT作業＊と健康の問題を専門とするP医師に診断書を作成してもらい，翌17日にそれをY社に提出した。その診断書には，「眼精疲労・全身倦怠感」と病名が記され，「当分の間，時間外労働をさけて通院加療が必要である。」と記載されていた。Xは，同日以降，終業時刻である午後5時半になると終業し，帰宅するようになった。

　2022年12月20日頃，Xは主任以上の職制を除くY社の全従業員に対し，社内のネットワークシステムを利用して，「はじめまして！」と題した電子メール（以下「本件メール」という）を一斉送信した。本件メールはXが休憩時間中に会社のパソコンで作成し送付したものである。本件メールには，Y社では三六協定の制限を超える違法な残業が強要されており，労基法違反の労働実態がある，会社はもっと真剣に人員増を考えるべきである旨の訴えが書かれていた。

　2022年12月24日，XはA部長に呼び出された。A部長は，Xに対して，「うちの社員は，残業もいとわず納期までに卒業アルバムを制作することを誇りとしている。キミが送ったメールはそういった社員らの気持ちを乱し良好な職場環境を破壊するものである。就業規則第25条3号・4

号にあたるので処分を考えている」旨，告げた。

　2023 年 1 月 14 日，Ｙ社社長ＣはＸを呼び出し，役員ら立ち会いのもと，Ｘに対し自己都合退職するように勧告した。Ｘがこれを拒否すると，ただちに解雇する旨を告げた。解雇理由については，「本件命令に従わなかったことおよび本件メールの送信により職場規律を乱したことが，就業規則第 25 条 3 号・4 号および第 41 条 3 号・4 号に該当する。Ａ部長や制作部主任がこれまでもたびたび指導してきたが，あなたはいうことを聞かず，改善の見込みがない。そこで，懲戒解雇とすべきところ，あなたの将来を慮り，就業規則第 40 条 4 号・5 号・6 号に基づき普通解雇とする」と告げ，解雇予告手当を支給した。

　ところで，Ｙ社友の会というのは，Ｙ社の役員，従業員ら全員で構成される会で，Ｘも入社時に入会している。友の会の代表は，任期を 2 年とし，役職に就いていない一般社員のなかから従業員全員による投票によって選出されている。Ｂもいわゆるヒラ社員である。他方，Ｂが本件協定の締結当事者となっていることについては，本件協定では「全員の話合いによる選出」と記されているのみで，本件協定締結当時Ｙ社にいなかったＸには，Ｂが具体的にどのような方法や手続によって本件協定の従業員代表として選出されたか，わからない。

＊ VDT 作業：ディスプレイ，キーボード等により構成される VDT（Visual Display Terminals）を使用した作業をいい，一般的にはコンピュータを用いた作業を指す。作業者に心身の健康問題を引き起こすおそれがあるとされている。

〔Ｙ社就業規則（抜粋）〕

第 17 条【勤務日および休日】

　①　休日を除く日および会社が指定した日を勤務日とする。

　②　休日は以下のとおりとする。

　　一　土曜日，日曜日および祝日

　　二　その他の休日については別に定める規程による。

第 18 条【就業時間】

始終業時刻および休憩時刻は以下のとおりとする。

始業　午前 8 時 30 分

終業　午後 5 時 30 分

休憩　午前 10 時から同 10 時 10 分

　　　午後 0 時から同 0 時 40 分

第 19 条【時間外および休日勤務】

業務の都合で必要のある場合，時間外および休日勤務をさせることがある。詳細については，別途規定する「時間外労働・休日労働に関する協定」に従う。

（略）

第 25 条【服務】

従業員は以下の行為を行ってはならない。

（略）

三　許可なく集会，演説，印刷物の配布をすること

四　業務上の必要性なく社内のネットワークシステムを利用すること
　　（メールを含む）

（略）

第 40 条【解雇】

会社は以下の事由に該当する場合には従業員を解雇する。

（略）

四　就業規則で定められた諸規定に違反して職場の秩序を乱したとき

五　職務上の指示命令に従わず，職場の規律を乱したとき

六　第 41 条に定める懲戒事由に該当するとき

（略）

第 41 条【懲戒解雇】

以下の事由に該当する場合には懲戒解雇に処する。

（略）

三　職務上の指示命令に不当に反抗し，職場の規律を乱したとき

四　就業規則で定められた諸規定に理由もなく違反して，職場の秩序を
　　著しく乱したとき

（略）

〔時間外労働・休日労働に関する協定（2016 年 4 月 6 日，所轄労基署長に届出・受理）〕

　　一　時間外労働をさせる必要のある具体的事由：

　　　　　　　一時に大量の受注があり，期日に納入する必要がある場合

　　二　業務の種類：営業・事務・公務・DTP・製版

　　三　延長することができる時間：

　　　(1)1 日につき　　　3 時間（ただし，4 月から 10 月までの間）

　　　　1 日につき　　　6 時間（ただし，11 月から 3 月までの間）

　　　(2)1 週につき　　　15 時間

　　　(3)1 月につき　　　45 時間

　　　(4)1 年につき　　　360 時間

　　四　協定の当事者の選出方法：全員の話合いによる選出

　　五　協定の当事者　　　　使用者　　　　Y 社社長　　　C

　　　　　　　　　　　　従業員代表　　　営業部　　　B

〔Y 社友の会規約（抜粋）〕

第 1 条

　本会は役員以下 Y 社全従業員によって構成される。

第 2 条

　本会は会員相互の親睦と生活の向上，福祉の増進をはかり，融和団結の実をあげることを目的とする。

　（略）

第 6 条

　本会代表および役員は，会員選挙によって選出される。

第 7 条

　本会代表および役員の任期は 2 年とする。ただし再任を妨げない。

Questions

　弁護士であるあなたはＸから上記事案について相談を受けた。Ｘは，雇用の回復を求め，Ｙ社を相手方として訴えを提起したいという。次の問いに答えなさい。

Ｑ１　あなたがＸの代理人として訴えを提起する場合，どのような請求をすることが考えられるか。

Ｑ２　Ｑ１の請求は認められるか。あなたの見解を述べなさい。

Keypoints

　この Case では，解雇の有効性が問われています。具体的には，①本件時間外労働命令に従わなかったこと，および，②会社のネットワークシステムを私的に利用したことが，解雇を正当化する客観的に合理的で社会的に相当な理由（労契法 16 条）に該当するかが問題となります。

　このうち，①については，時間外労働命令が適法に発せられたかが問われていますが，まず，三六協定が適法に締結されたかを審査する必要があります。三六協定の適法性に問題がある場合，時間外労働命令は違法な命令であって，強行法規違反（労基法 32 条違反）により無効となりますので，本件解雇について客観的に合理的な理由があるとはいえないことになります。三六協定の適法性については，トーコロ事件・最 2 小判平成 13 年 6 月 22 日労判 808 号 11 頁〔〔原審〕東京高判平成 9 年 11 月 17 日労判 729 号 44 頁）を参照してください。

　次に，三六協定が適法であるとしても，労働契約上基礎づけられた時間外労働命令が権利の濫用にあたらないかを検討する必要があります。Ｘの抱える事情（健康上の問題），および，Ｙ社の置かれている状況について，丁寧に検討してみてください。

　②の点については，使用者の施設管理権や企業秩序との抵触が検討の中心となります。この点については，目黒電報電話局事件・最 3 小判昭和 52 年 12 月 13 日民集 31 巻 7 号 974 頁を参考にしつつ，考えを深めてみてください。

Example

①　ＸはＹ社に対し，本件解雇の無効と労働契約上の権利を有する地位にあることの確認，および，解雇期間中の賃金の支払（民法 536 条 2 項）と違法な解雇

によって生じた損害の賠償（同法709条）を請求することが考えられる。

2

　(1)　Xは，①本件命令に従わないこと，および，②本件メールを従業員宛に送付し職場規律を乱したことを理由に解雇されている。

　一般に，労働者による業務命令違反および職場規律違反は解雇の理由となり，本件Y社においても就業規則にその旨規定されている（本件就業規則40条参照）。しかしながら，解雇にあたっては，形式的に就業規則所定の解雇事由に該当するだけでは足りず，当該解雇につき客観的に合理的な理由があり，解雇を行うことが社会通念上相当でなければならない（労契法16条）。そこで，①および②がこの要件を満たすかを検討する。

　(2)　本件命令違反を理由とする解雇の有効性

　　(a)　適法な時間外労働命令の要件

　本件では，そもそもXに本件命令に従う義務があったのかが問われる。

　この点について，使用者が労基法32条の労働時間を延長して労働させる場合には，使用者は当該事業場の労働者の過半数で組織する労働組合がある場合においてはその労働組合，ない場合においては過半数を代表する者との間で書面による協定（以下「三六協定」という）を締結し，これを所轄労働基準監督署長に届け出たうえで（労基法36条1項），労働契約において労働者との間で時間外労働等を命じる権利ないしそれに従う義務について合意する必要がある。

　三六協定を締結する過半数代表者については，①監督または管理の地位にある者でないこと，②三六協定を締結する者を選出するためであることを明示して実施される投票，挙手等の方法による手続によって選出された者であって使用者の意向に基づき選出されたものでないことのいずれの要件をも満たす者でなければならない（労基則6条の2第1項）。

　また，使用者が当該事業場に適用される就業規則に三六協定の範囲内で一定の業務上の事由があれば労働契約に定める労働時間を延長して労働者を労働させることができる旨定めている場合には，企業経営における時間外労働の必要性および労働者の被る不利益の程度が高くないことに鑑み合理性のある規定といえるから，個別の合意によらなくとも，当該就業規則が周知されていることを要件として，使用者の時間外労働命令権ないし労働者の時間外労働義務が労

働契約によって根拠づけられる（労契法7条）。もっとも，労働契約に根拠づけられる権利であっても，その行使にあたっては信義に従い誠実に行使されなければならず，濫用されてはならない（同法3条4項・5項）。

　そこで以下では，本件協定が適法な三六協定であったか，適法な三六協定であったとしても，Y社による時間外労働命令権の行使が違法なものではなかったかについて検討する。

　(b)　Bの過半数代表性について

　本件では，友の会の代表であるBが本件協定の労働者側代表となっているが，友の会は役員を含めたY社の全従業員によって構成された親睦団体であり（友の会規約1条・2条参照），労働組合でないことは明らかである。したがって，Bが友の会の代表であるということで，機械的に本件協定を締結した場合には，Bは労働組合の代表者でもなく，また過半数代表者にも該当しないから，本件協定は無効である。またBが自動的に本件協定の締結当事者となっていなくとも，投票や挙手等従業員の意思を反映する手続を経て選出されたとはいえない場合には，本件協定は無効である。

　本件協定が無効である場合，それを前提とする本件命令は適法な命令とはいえず，Xには本件命令に従う義務はないのであるから，業務命令違反を理由とする解雇に合理的な理由があるとはいえない。

　(c)　本件命令の適法性について

　次に，かりにBがY社の過半数代表として適法に本件協定を締結していたとすると，Y社就業規則には時間外労働を命じる旨の規定（19条）があり，従業員に周知されていることから，Y社は労働契約に基づきXに対して適法に時間外労働を命じることができ，Xはこれに従う義務があるといいうる（労契法7条）。

　しかしながら，そのような場合であっても，業務上の必要性がない場合や労働者に残業命令に従えないやむをえない事由があり，それへの配慮が十分でない場合には，使用者が時間外労働を命ずることは権利の濫用にあたり，無効である（同法3条4項・5項）。

　そこで，2022年12月16日頃の本件命令における業務上の必要性について検討すると，Xは担当業務で順調にノルマを達成していたが，同一の部署に属

する DTP 業務では遅れが発生しており，X に時間外労働を命じる業務上の必要性は存したものと認められる。たしかに本件命令においては残業すべき仕事が特定されておらず，また「1 週間午後 9 時までの残業」という命令の仕方は業務上の必要性を十分に検討しているとはいいがたく，さらに本件協定に規定された週あたり時間外労働の上限時間を超過しかねない内容であった。しかし，それまでの経過に照らすと，X に DTP の手伝いを命じていることは容易に推測でき，また午後 9 時までという時間も職場の実態を勘案したものであることから，本件命令が発せられた時点で，上記事情のみをもって本件命令が違法であるということはできない。

　他方，Y 社が本件解雇に至った理由には，本件命令のみならず日頃から X が Y 社の望む時間まで時間外労働に従事しなかったという事情が影響していることがうかがわれる。しかし，X は本来の担当業務については順調にノルマを達成しており，また 2022 年 12 月 16 日以前においては，ほぼ毎日 30 分から 1 時間 30 分程度の時間外労働を行うなどしており，会社の指示に従ってこなかったわけではない。そして，2022 年 11 月 19 日には眼精疲労等の症状を訴え，同年 12 月 17 日には P 医師の診断書を提出している。P 医師が VDT 作業と健康の問題を専門とする医師であることに照らせば，同医師の診断結果の信用性に格別疑問を差しはさむ余地はない。このような事情に照らせば，時間外労働に関わる X の日頃の勤務態度に問題があったということはできず，また本件命令についても，それに従えないやむをえない事由があったと解すべきである。

　以上により，X には本件命令に従う義務があったとはいえないから，X がこれに従わなかったことをもって就業規則所定の解雇事由があったとはいえず，また，このことを理由とする解雇に客観的に合理的な理由があるとはいえない。

　(3)　本件メール送付を理由とする解雇の有効性について

　　(a)　一般に，事業場内において集会，演説，印刷物の配布などを行うこと，また社内ネットワークシステムの私的利用は，それがたとえ休憩時間中に行われるものであっても，使用者の施設管理権や他の職員の休憩時間の自由利用を妨げるおそれがあり，また内容いかんによっては企業秩序を乱すおそれがあるため，これらの行為を原則として禁じ，許可制のもとにおくことには合理性がある。しかしながら，それらの行動のもつ抽象的危険のみをもっぱら重視する

と，労働者の「表現の自由」を不当に侵害する場合もありうる。そこで具体的な違反行為が実際上職場の秩序を乱すおそれがない場合あるいはきわめて少ない場合には，そのことを理由とした解雇は，客観的に合理的な理由を欠き無効となると解すべきである。

　（b）　以上を踏まえて本件を検討すると，まず前述のとおり本件就業規則第25条の内容およびこれに反する行為を解雇ないし懲戒解雇の対象とすること（40条・41条）には合理性が認められ，また従業員に周知されているから，X・Y社間の労働契約の内容となっていると解される（労契法7条）。

　しかしながら，一般にメール送信にかかるネットワークへの負担は管理および費用の面でもそれほど大きくないと考えられること，本件メールは休憩時間に作成・送信されたものであること，実際にXに対し本件協定に規定する時間外労働時間の上限を超えかねない命令が発せられたことは事実であり，本件メールの内容について全く事実に基づかない誹謗，中傷であるということはできないこと，Xの目的がY社に労基法を遵守させ職場の労働環境を改善しようとすることにあったこと，Xが本件メール以外に頻繁に会社のネットワークシステムの私的利用していたなどの事情が特にあるわけではないことなどに照らせば，Xの本件メール送信行為がY社の職場秩序を乱す行為であったとまではいえない。

　そうであれば，Xが本件メールをY社従業員宛に一斉送信することにより形式的には就業規則に違反したことは明らかであるが，そのことを理由にXを解雇することは，客観的に合理的な理由を欠くと解さざるをえない。

　以上のとおりであるから本件解雇は違法無効であり，[1]で述べたXの請求はいずれも認められる。

【Case 23- 2】

　約20の店舗を全国的に展開する飲食店経営会社Y社は，成果主義を基礎とする賃金体系を採用しており，従業員を，マネージャーP職（給与等級6級），マネージャーQ職（給与等級5級），店長P職（給与等級4級），店長Q職（給与等級3級），店員P職（給与等級2級），店員Q職（給与等級1級）の6つの資格（＝給与等級）に分け，基本給与につき給与等級ごとに上限額，下限額を定めた就業規則を有していた。

　Y社の就業規則には，人事権による降格の規定が置かれていた。そこには，「評価の結果，本人の顕在能力と業績が，属する資格（＝給与等級）に期待されるものと比べて著しく劣っていると判断した際には，資格と，それに応じて処遇を下げることがある。ただし，降格はあくまで例外的なケースで，通常に成果を上げている者に適用されるものではない。」と定められ，かつ，従業員に周知されていた。

　Y社の従業員の人事上の昇格，降格は，－3から－1，0，＋1から＋3までの7段階の評価基準による人事評価によって決定されるものとされていた。人事評価は，現場での評価の後，社長，副社長等の役員で構成される人事評議会を経て決定され，最終的に代表取締役社長が了承するというものであった。そこで－2以下の評価を受けた者が降格の対象となり，人事評議会の審議によって具体的に降格されるか否かが決定されるが，この「降格基準」は従業員には知らされていなかった。

　Xは，2002年，専門学校で調理師免許を取得してY社に入社し，2016年から店長P職を務めていたが，堅実な仕事ぶりが認められ，2022年1月から同年12月までの間，神戸地区の複数のイタリア料理の店舗を統括するマネージャーQ職となり，2022年1月，給与等級5級に格付けされ，基本給与月額は66万円となった。

　2022年10月，Y社は，高級レストランビジネスの成長鈍化を危惧して人員削減を企図し，退職勧奨の対象者をリストアップした。Xを含む15名の関西エリア部所属退職勧奨対象者に対しては，同部長であるA副社長が退職勧奨をしたが，Bのみがこれに応じ，それ以外の者はこれを拒否し

た。A副社長は再度，対象者中最年長のXに対し退職勧奨したが，Xが再度拒否したため，「給料が下がって泣きをみるぞ。はいつくばって生きていけ」などと発言した。

　Xは，2022年1月から同年12月までの間，順調な勤務ぶりであったが，同年の評価は－2であった。Y社は人事評議会でXの人事上の降格について審議し，2023年1月以降Xを店長P職とし，給与等級を5級から4級に引き下げ，兵庫県内でも人口の少ない日本海に近いV町のピザ店の店長に降格配転することにし，同年1月6日，Xにこれを伝えた。この降格配転措置に伴い，同月，Y社はXの基本給与月額を66万円から，4級の者の平均額である45万円に減額した。なお，同時期の人事評議会では，A副社長の退職勧奨に応じなかった従業員は全員降格配転されていた。

　Y社の就業規則には，「会社は，業務上の必要に応じて，配転，出向を命じることがある。」との規定があり，従業員に周知されていた。またY社では，従業員を遠隔地の店舗や地域に配転することも，人事上の措置として頻繁に行われていた。

Questions

Q1　あなたがXの代理人としてY社に対し訴えを提起する場合，どのような請求をすることが考えられるか，述べなさい。

Q2　Q1の請求をする場合に問題となりうる具体的な論点を挙げつつ，それぞれについてあなたの見解を述べなさい。

Keypoints

　このCaseでは，基本給の引下げを伴う降格と配転が一体となった措置の適法性（有効性）が争われています。この措置には降格の側面と配転の側面の2つの側面があります。事案はやや複雑ですが，法的判断の基本に立ち返って考えればさほど難しい問題ではありません。ここではまず，次の3点をおさえておきましょう。

　第1に，この措置は降格と配転の2つの側面をもつが，法律行為としては1つの行為なので，その効力は1本（全体として有効か無効かのいずれか）となる。

　第2に，降格にしても配転にしても，基本的な判断枠組みとしては，①契約上の根拠の存否と②権利濫用など強行法規違反の有無の2本柱となる。

　第3に，①契約上の根拠の存否については，それぞれの側面についてそれぞれ根拠があるか（両方がそろっていて初めて全体として根拠づけられる）が問題になり，②権利濫用性については全体として1本とみて特段の事情の有無の判断をすればよい。

　この3点が理解できれば，あとはそれぞれの論点について，降格や配転のところで展開されている議論を念頭に置きながら，具体的な事実を拾い上げて判断すればよいことになります（→ **Unit 7**）。

　Example では，上記の3点を前提としつつ，基本に忠実に立ち返ってシンプルな論述を行っています。降格などの人事措置をめぐる裁判例では，この基本が必ずしも十分に認識されず，判決の論旨自体が混乱しているものもときどきみられます。複雑な人事をめぐる紛争においては，基本の重要性をもう一度しっかりと念頭に置きながら，きちんと交通整理のできた論述を行うよう心掛けましょう。

Example

1　Xは，Y社が行った本件降格配転は契約上の根拠を欠き（労契法7条参照）または権利の濫用にあたり（民法1条3項，労契法3条5項）無効であるとして，本件降格配転の無効確認，XのV町店での就労義務不存在の確認，給与等級5級としての賃金（既払賃金との差額）の支払，および，本件降格配転によって生じた損害の賠償（民法709条）を請求することが考えられる。

2

　(1)　基本的な判断枠組み

　本件では，Y社がXに対し，（基本給与引下げを伴う）降格と配転が一体となった人事措置を行っている。これらの性格をもつ措置は，いずれにしても，①就業規則等の契約上の根拠によって基礎づけられ，かつ，②権利の濫用（民法1条3項，労契法3条5項）など強行法規に反しないものでなければならない。以下，これらの点につき，それぞれ具体的に検討する。

　(2)　契約上の根拠の存在

　　(a)　降格について

　役職の低下にすぎない降格については，昇格の裏返しの措置として，使用者に裁量が認められうるが，基本給と連結した資格等級の引下げを伴う降格については，一般の職能資格等級制度ではそれが想定されていないことが多いことから，就業規則上の規定や個別の合意などそれを根拠づける契約上の根拠が必要であると解される。

　本件では，Y社に降格について就業規則の規定があり，その内容は，能力と業績に基づく人事管理を行う必要性から合理的なものと認められうる。かつ，この就業規則規定は従業員に周知されているため，労働契約の内容となり（労契法7条），Y社が降格措置を行う契約上の根拠となりうる。

　もっとも，この就業規則規定には，「評価の結果，本人の顕在能力と業績が，属する資格に期待されるものと比べて著しく劣っていると判断した際」との要件が定められており，そのただし書には「降格はあくまで例外的」と記されている。本件では，Xの2022年の勤務ぶりは順調であったとされており，この要件に該当する事実があったとは考えにくい。Y社としては，同年の評価を－2とし基本給与を月21万円減額させたことに相当する事実（Xの顕在能力と業績が著しく劣っていることを示す事情）を立証できない限り，この要件は満たされず，本件降格措置は契約上の根拠を欠くものと解される。

　(b)　配転について

　Y社には，配転命令権を基礎づける就業規則の一般規定があり，幅広い能力開発や雇用の柔軟性確保の要請から，この規定には合理性が認められうる。かつ，この就業規則規定は従業員に周知されており，Y社の配転命令権を基礎づける契約上の根拠になりうるもの（労契法7条）といえる。またY社では，従業員の遠隔地への配転が頻繁に行われていたとされており，他に特段の合意がない限り，配転命令権を制限する勤務地限定の合意も認められない。したがって，特段の合意がない限り，Xに対し神戸地区からV町店への配転を命じること自体は，就業規則規定によって契約上根拠づけられる。

　(3)　権利濫用性の判断

　かりに，Xの降格および配転について労働契約上の根拠が存在するとしても，その権利の行使が濫用にあたる（民法1条3項，労契法3条5項）など強行法規に反する場合には，この措置は無効となる。特に，①業務上の必要性に基づか

ない場合，②不当な動機・目的による場合，③労働者に通常甘受すべき程度を超える著しい不利益を負わせる場合などの特段の事情が認められる場合には，使用者の人事権の行使は権利の濫用として無効となるものと解される（最高裁東亜ペイント事件判決参照）。

　本件では，Ｙ社はＸの2022年の評価を－2とし，それに基づいて本件降格配転を行っている。しかし，2022年のＸの勤務ぶりは順調とされ，その能力や業績が著しく劣っているという事実は明らかにされていないこと，ＸがＹ社からの退職勧奨を拒否したところＡ副社長が「給料が下がって泣きをみるぞ」等の発言をし，その直後の評価で－2の評価を受けていること，Ｙ社からの退職勧奨に応じなかった従業員は全員降格配転されていることといった事情に鑑みれば，Ｘに対する本件降格配転は，業務上の必要性に基づくものではなく，Ｘの退職勧奨拒否への報復という不当な動機・目的によって行われたものと解される。また，Ｘを遠隔地の店舗に配転し基本給与を月21万円も減額させることは，労働者の通常甘受すべき程度を超える著しい不利益であるといえる。したがって，本件降格配転は権利の濫用として無効であると解される。

　(4)　結　論

　以上のように，Ｘに対する本件降格配転は，契約上の根拠を欠き，または，権利の濫用にあたるものとして無効であり，[1]で挙げたＸの請求はいずれも認められるものと解する。

【Case 23-3】

　Y社のA事業場においては，労働者の70％を組織するP労働組合（以下「P組合」という）と10％を組織するX労働組合（以下「X組合」という）が併存している。このうちP組合は労使協調的な路線をとっていたが，X組合は，その結成当初からY社に敵視され，X組合員は，Y社社長により組合からの脱退や会社からの退職を要求されるなど，様々な形で組合活動の妨害を受けていた。

　他方で，Y社のA事業場においては，長い間，三六協定を締結することなく，また，時間外労働（法定時間外労働をいう。以下同様）の実施について何らの規定を置くことなく，労働者に無制限に時間外労働を行わせ，かつ，本来は割増賃金の算定基礎に算入すべき手当を除外して割増賃金（時間外労働手当）を支払うなど，労基法に違反する労働時間管理を行っていた。そのため，Y社は労基法違反につき労働基準監督署から是正勧告を受けた。そこでY社は，時間外労働の許容限度を明確にした三六協定と，業務上の必要がある場合にY社が時間外労働を命じうる旨の労働協約の締結を計画した。そしてその際，Y社は，経営状態が特に悪化しているわけではなかったが，従前の基本給を維持したまま労基法の定めに従って計算した割増賃金を支払えば，人件費が大幅に増大することが予想されたため，経営上の負担を少しでも軽くするため，今後は基本給を1割減額のうえで時間外労働を実施する方針を固めた。

　以上のような方針に基づき，Y社はまず，P組合との間で，時間外労働の許容限度を定める三六協定と，基本給を1割減額のうえで，業務上の必要に応じて時間外労働を実施する旨の労働協約を締結すべく，団体交渉を開始した。また，これとほぼ同時期に，Y社はX組合に対しても，同一内容の労働協約の締結を提案した。X組合は，三六協定の範囲内で時間外労働を実施することに異論はなかったが，従前から基本給の引下げに反対する立場を表明しており，今回の団体交渉においても，従前の基本給を維持したままで時間外労働を可能とする制度を整えることを要求した。

　こうしたなか，Y社とP組合の間で交渉がまとまり，両者間で三六協定

が締結されるとともに，Ｙ社の上記提案どおりで労働協約が締結された。これ以降，Ｙ社は，Ｘ組合との団体交渉において，基本給の１割減額に応じられないのであれば，時間外労働についての労働協約締結にも応じられないとの立場を強く主張した。Ｘ組合は，時間外労働実施の前提として基本給の引下げに固執する理由をＹ社側に問いただしたが，Ｙ社は多数組合であるＰ組合との間で同一内容の合意が成立したためという説明を繰り返し，結局，Ｘ組合とＹ社との間の団体交渉は決裂した。

　その後Ｙ社は，Ｐ組合と締結した三六協定を労働基準監督署長に届け出たうえで，Ｐ組合員に対し，上記労働協約に基づき時間外労働を命じ，労基法所定の計算に基づき割増賃金を支払った。これにより，Ｐ組合員の大部分が従前よりも収入増となった。これに対し，Ｘ組合員に対しては，Ｙ社は団体交渉の決裂を理由として一切時間外労働を命じない方針を採った。これにより，Ｘ組合内部では，Ｘ組合に所属していても不利な扱いを受けるだけだという不信感が高まり，数名の組合員が脱退した。

Questions

Q1　Ｘ組合は，Ｙ社がＸ組合員に一切時間外労働を命じないことにつき，いかなる法的機関において，いかなる法的救済を受けることが考えられるか。Ｘ組合は法適合組合であるとの前提で論じなさい。

Q2　Ｑ１の法的救済を求める場合に問題となる具体的論点を挙げたうえで，あなたの見解を述べなさい。

Keypoints

　本 Case は，会社が少数組合員に対してのみ時間外労働を命じないことが，労組法７条の不当労働行為にあたるかが問題となり，労働委員会による行政救済と裁判所による司法救済の可否を検討する必要があります。本 Case のモデルとなったのは高知県観光事件・最２小判平成７年４月14日労判679号21頁ですが，論点としては，日本メール・オーダー事件・最３小判昭和59年５月29日民集38巻７号802頁および日産自動車事件・最３小判昭和60年４月23日民集39巻３号730頁が関係しています（→ Case 18-1）。

　本 Case の特徴は，時間外労働について過半数組合と労使協定（労基法 36 条
1 項）が締結されましたが，時間外労働義務を定める労働協約が少数組合との
間で成立しなかったため，少数組合員には適法に時間外労働を命じることがで
きない状況にあることです。しかしこれは，使用者が，少数組合が以前から反
対していた基本給減額を時間外労働実施の前提とした結果であり，使用者が少
数組合との交渉を意図的に決裂させたのではないかが問題となります。本
Case の事案は高知県観光事件と全く同一ではありませんが，同事件では不当
労働行為の成否に関して多数意見と少数意見で評価が分かれており，いかなる
点で評価に違いが出たのかを確認しておくとよいでしょう。

Example

[1]　X 組合は Y 社を相手方として，①労働委員会に対し，不利益取扱い（労組
法 7 条 1 号）および支配介入（同条 3 号）の不当労働行為を理由として，X 組合
員に対する差別的取扱いの中止ないし是正命令，およびポスト・ノーティス命
令を求める救済申立てを行うこと（同法 27 条以下），また②裁判所に対し，不
当労働行為によって生じた損害の賠償を請求すること（民法 709 条）が考えら
れる。

[2]

　(1)　労働委員会による行政救済

　第 1 に，労働委員会による救済に関しては，不利益取扱いおよび支配介入の
不当労働行為の成否が問題となる。このうち支配介入（労組法 7 条 3 号）は組合
弱体化行為であり，法適合組合である X 組合に救済申立資格があるのは当然と
して，不利益取扱い（同条 1 号）はどうか。この点，憲法 28 条は団結権を保障
しているところ，不利益取扱いは組合員に対するのと同様に労働組合に対する
団結権侵害行為であるため，労働組合も労働委員会による救済を受けることに
固有の利益がある。したがって，本件では X 組合も労働委員会への救済申立適
格を有すると解される。

　もっとも，本件で Y 社が一切時間外労働を命じなかったのは X 組合との団体
交渉の決裂によるため，団体交渉を経たうえでの異別取扱いは交渉の自由の結
果として許されるのではないか。特に時間外労働は，A 事業場の過半数を組織
する P 組合との三六協定だけでは実施できず（労使協定には権利義務を設定する

効力はない），時間外労働義務を設定する法的根拠が必要であるところ，Ｘ組合は時間外労働を命じうる旨の労働協約を締結していないので，Ｙ社はＸ組合員に対して適法に時間外労働を命じることができない。したがって問題は，Ｘ組合員に対する時間外労働命令の法的根拠の不存在そのものが，Ｙ社による団体交渉の形式を利用した不当労働行為を原因とするものかである。

　この点について，まず，憲法28条および労組法はあらゆる労働組合に団体交渉権を平等に保障し，複数組合主義を採っていることから，使用者はあらゆる労働組合に対して中立的な立場を採ることが義務づけられる（中立保持義務）。これによると，使用者は団体交渉において原則として同一時期に同一の条件を提示し，同一の方法で交渉を行うことが要請される。しかし，使用者が現実の団体交渉において組合の交渉力に応じて態度を決定することが常に不当とはいえない。同一時期・同一条件で複数の組合と交渉した結果，圧倒的多数の労働者が加入する組合と先に合意に達したため，それ以降使用者が少数組合との交渉で多数組合との合意内容に固執したとしても，そのような使用者の態度は各組合の組織力・交渉力の差に応じた合理的な対応として，原則として中立保持義務には違反しないと解すべきである。ただし，当該交渉事項について当該組合に対する団結権の否認ないし組合嫌悪の意図が決定的動機となって行われた行為があり，当該団体交渉がその既成事実を維持するために形式的に行われていると認められるなど特段の事情がある場合には，例外的に不当労働行為（労組法7条1号・3号）に該当すると解するのが妥当である（判例同旨）。

　本件でＹ社が，事業場の過半数組合であるＰ組合と三六協定を締結したうえで，時間外労働の実施条件につき，Ｐ組合とＸ組合の双方に対し，ほぼ同時期に同一内容の条件を提示した。そして，従業員の大多数を組織するＰ組合がこれに同意したため，少数組合たるＸ組合との関係でも同一条件に固執し，これを拒否したＸ組合との間で労働協約の締結に至らなかったものである。一見すると，これらの交渉経緯にＹ社による差別的取扱いは認められないように思われる。しかし，Ｙ社が時間外労働の実施の前提とした「基本給の1割削減」が，従来から基本給引下げに反対していたＸ組合が応じない条件であることが容易に予測できたため，Ｙ社が当該条件をあえて時間外労働の前提条件とし，意図的に交渉を決裂させたのではないかが問題となる。この点，使用者が事業場の

労働条件統一のために多数組合との交渉結果に重点を置くことも自然の成り行きであるので，少数組合が応じないことが容易に予測できる条件に固執したことでただちに不利益取扱いまたは組合弱体化の意図を認めるべきでなく，上記「特段の事情」の有無は，当該条件に固執することの合理性や使用者の交渉態度の誠実性をも考慮して判断するのが妥当である。

　本件についてみると，Ｙ社の経営状態が悪化しているわけではなく，また，時間外労働自体の抑制によって割増賃金の負担を軽減することも可能であるため，時間外労働の実施に際し，Ｘ組合が受け入れないであろう「基本給の１割削減」に固執することについての合理性は認められない。また，基本給減額を時間外労働実施の不可欠の前提とする理由について，Ｙ社はＰ組合との間で同一内容の合意が成立したためという説明を繰り返すのみで，Ｘ組合にその必要性や妥当性を十分説明しておらず，交渉態度の誠実性も欠く。以上から，Ｙ社は，Ｘ組合に時間外労働を命じないという方針をあらかじめ定めたうえで，それを維持するために団体交渉の形式を整え，時間外労働に係る労働協約の不成立を意図的にもたらしたとみるべきである。

　さらに，Ｙ社がＸ組合をその結成当初から敵視し，Ｘ組合員に対し組合からの脱退や退職を要求するなど組合活動妨害を行っていたことをも考慮すると，Ｘ組合員にのみ一切時間外労働を命じないことには，Ｙ社の不利益取扱いおよび組合弱体化の意図が認められ，不当労働行為（労組法７条１号・３号）が成立する。したがって，Ｘ組合は，労働委員会において，時間外労働に係るＸ組合員に対する差別的取扱いの中止ないし是正命令，ポスト・ノーティス命令等の救済が受けられると考える。

（2）　裁判所による司法救済

　第２に，労組法７条の不当労働行為は憲法28条で保障された団結権を侵害する行為を列挙したものであり，不当労働行為制度は憲法28条の団結権保障を具体化した制度と解されるため，労組法７条は不当労働行為の司法救済の根拠となると解すべきである（判例同旨）。そして上記のとおり，本件ではＸ組合に対する労組法７条１号および３号の不当労働行為が成立するため，団結権侵害の違法性が認められ，Ｙ社の不当労働行為意思により故意も肯定される。したがって，本件におけるＹ社の不当労働行為は不法行為（民法709条）にあた

り，Ｘ組合が被った損害の賠償をＹ社に請求することができる。具体的には，本件ではＹ社の不当労働行為によりＸ組合内部で不信感が高まり，数名の組合員が脱退しているため，Ｘ組合の組合運営への支障等による無形損害が，本件不法行為と相当因果関係にある損害として認容されると解される。

【Case 23-4】

1　X₁，X₂，X₃の３名は，2019年４月１日，機械の精密部品の製造販売を業とするＹ社と期間６か月の有期雇用契約を締結し，期間契約社員として採用され，同社のＡ製作所の製造ラインで組立業務に従事することとなった。Ｙ社では，正社員は長期雇用を前提として職場および職種に限定のない基幹的従業員と位置づけられているのに対し，期間契約社員は臨時的従業員と位置づけられており，職務が製造ラインにおける単純作業に限定されるとともに，転勤も予定されていなかった。ただ実際には，契約の期間満了と更新を繰り返し，Ｙ社で５年以上働き続ける者も少なくなかった。

2　期間契約社員の契約期間が満了する際には，満了の１か月前にＹ社担当者との面談が行われ，本人が継続を希望する場合は，①遅刻や早退の回数と欠勤の日数が同社の基準を超えていないこと，②本人の作業能率や勤務態度等に基づく上長の評価が同社の基準を超えていること，以上①②が満たされていることを担当者と本人が書類で確認のうえ，新たな雇用契約書に署名捺印させるという手続がとられていた。①②のいずれかが満たされていない場合は，契約の更新は行われないことになっていた。本人が希望したにもかかわらず契約が更新されない割合は，更新20件につき１件程度であった。

3　X₁は，Ａ製作所の更衣室の設備が古く，ロッカーの鍵が簡易なものであることに目をつけ，自作の工具で同僚のロッカーを開けて金銭を盗むという行為を繰り返した。１回ごとの金額は少額であったためすぐには発覚しなかったが，不審に思った従業員からの訴えを受けてＡ製作所の所長Ｂが新たに見回りを始めたところ，ほどなくX₁の行為が明らかとなった。同じ頃，Ａ製作所では原材料のうち高価な資材の在庫がよく足りなくなるということが起こっており，もしやと思ったＢがX₁を追及したところ，前職の経験から高値で取引されることを知っていたので，在庫から少しずつ抜き取り，インターネットで転売していたと告白した。Ｙ社は事態を重く受け止め，発覚から１週間後の2019年８月１日，同

社就業規則 14 条 1 項 4 号（後掲）に該当するとして，契約期間 2 か月を残して X_1 を解雇した。

4　X_2，X_3 は，契約の更新を繰り返し Y 社での勤務を続けていた。ところが 2022 年 6 月，大手メーカーが Y 社と同種の精密部品の生産を開始したため，競争の激化によって Y 社の売上げは激減し，回復の見込みもなくなった。2023 年 8 月 26 日，Y 社は A 製作所で期間契約社員対象の説明会を開き，生産の激減について説明した。8 月 28 日にも説明会を開き，経営努力だけでは A 製作所で余剰となった労働力を吸収することはできず，正社員分の業務量も確保できない状況下では，期間契約社員全員の契約を終了せざるをえない旨を説明した。説明会では「本契約は期間の満了をもって終了し，契約更新はしないものとする」という条項が盛り込まれた契約書が配付され，このような契約であれば，同年 10 月 1 日からの 6 か月間だけは働けるということも説明された。

5　X_2，X_3 はこれらの説明会に出席したが，X_2 は Y 社の方針に反発し，質疑応答でも同社を厳しく批判して，雇用の維持を強く主張した。Y 社は，配付した契約書に納得できなければ更新はできないとして，契約期間満了 1 か月前の面談の場で，契約の更新を拒否する旨を X_2 に伝えた。X_2 は，「自分で言うのも何だが，自分の評価はいつも高く，更新で問題になったことはこれまで一度もない」「自分の上長の C も『君がいてくれて本当に助かる。どうかずっとここで頑張ってほしい』といつも言葉をかけてくれた」と述べ，契約の更新を求めた。両者の主張は平行線となり，結局，新しい契約書は作成されないまま，X_2 の契約は 2023 年 9 月 30 日の期間満了を迎えた。

6　これに対し，X_3 は説明会で配付された契約書を自宅に持ち帰り，熟考を重ねた。その結果，X_3 は，もはや期間契約社員の契約終了は回避しがたく，やむをえないものとして受け入れる心境となった。契約期間満了 1 か月前の面談では，Y 社で働き続けることはできないことを十分に理解したうえで，自宅で署名捺印してきた契約書を提出し，「最後の 6 か月間，どうかよろしくお願いします」と述べた。

〔Y社就業規則（抜粋）〕

第 14 条【解雇】

①　会社は，従業員が以下の各号の一に該当する場合には，解雇することができる。

一　精神または身体の故障により業務に堪えられないと認められるとき

二　勤務成績・態度が不良で改善の見込みがないとき

三　経営上やむを得ない都合により事業の縮小または廃止をするとき

四　その他前各号に準ずるやむを得ない事由があるとき

②　（以下略）

Questions

Q 1　X₁に対する解雇の効力について論じなさい。ただし，Case における 4 以降の事実は考慮せずに検討すること。

Q 2　X₂は，2023 年 9 月 30 日に契約期間が満了した後，知人や行政の労働相談窓口，弁護士などに相談して情報を集め，2023 年 11 月 2 日になって，Y社に対し労働契約上の地位の確認を請求して訴えを提起した。この請求の当否を論じなさい。

Q 3　X₃は，2024 年 3 月 31 日の契約最終日の朝，やはりY社で働き続けたいと翻意するに至り，出勤後，契約の更新をY社に求めたが拒否された。X₃がY社に対し労働契約上の地位の確認を請求して訴えを提起した場合における，その請求の当否を論じなさい。

Keypoints

X₁は期間の定めのある労働契約（有期労働契約）の期間満了前に解雇（中途解約）されています。ここでは，有期労働契約は，「やむを得ない事由」があるとき以外は中途解約できない（民法 628 条，労契法 17 条 1 項）ことがポイントとなります。そして，この「やむを得ない事由」がある場合とは，解雇権濫用法理における客観的合理性と社会的相当性が認められる場合（労契法 16 条）よりも厳格に解されることを踏まえて，本件事案のあてはめを行うことになります。

　X_2 については，雇止めの法的保護が問題となります。雇止めについては，一定の場合にそれを制限する判例法理（雇止め法理）が構築され，労契法 19 条として明文化されています。ここではまず，労契法 19 条の判断枠組みを理解していることが求められます。次に，雇止め法理が適用される場合には，客観的合理性と社会的相当性を判断する必要があります。*Example* では，X_2 の雇止めは権利の濫用であると結論づけていますが，本件では，職務内容や配置の変更の範囲が正社員と期間契約社員では異なっていることから，求められる雇止め回避努力は解雇回避努力の程度とは差があるとも考えられ，権利の濫用にはあたらないとする結論も考えられるでしょう。労契法の解釈については，労契法改正後の施行通達である「労働契約法の施行について」（平成 24 年 8 月 10 日付け基発 0810 第 2 号。最終改正は平成 30 年 12 月 28 日付け基発 1228 第 17 号）も確認しておくとよいでしょう。

　X_3 も雇止めの法的保護が問題となりますが，不更新条項に同意している点が特徴です。そこで，不更新条項を理由に雇止めをした場合に，労契法 19 条によって保護されるかどうかが問題になります。不更新条項を受諾したことが雇止め法理にどのような影響を及ぼすのかについて，学説や裁判例の立場は一様ではありません（たとえば，明石書店〔製作部契約社員・仮処分〕事件・東京地決平成 22 年 7 月 30 日労判 1014 号 83 頁は，不更新条項の効果を認めず，他方で，近畿コカ・コーラボトリング事件・大阪地判平成 17 年 1 月 13 日労判 893 号 150 頁では，当該事案の事情に照らして不更新条項の効果を認めています）。*Example* では，雇用継続に対する期待を否定する立場をとっていますが，不更新条項の効果を認めない立場をとれば結論も変わってきます（Case 12-1 の *Example* が参考になります）。

Example

1

(1)　期間の定めのある労働契約の中途解約

　X_1 は契約期間 2 か月を残して解雇されていることから，期間の定めのある労働契約（以下「有期労働契約」という）の中途解約にあたる。

　これについて，使用者は，契約期間中は，やむを得ない事由がある場合でなければ，有期労働契約の労働者を解雇することができない（労契法 17 条 1 項）。この「やむを得ない事由」があると認められる場合は，解雇権濫用法理（労契

法16条）を適用する場合における「客観的に合理的な理由を欠き，社会通念上相当であると認められ」る場合よりも厳格に解される。すなわち，解雇の客観的に合理的で社会的に相当な理由に加えて，期間満了を待たずにただちに雇用を終了させるをえない特別の重大な事由が存在することが必要となる。

したがって，X_1 の行為がY社就業規則に定める解雇事由に該当するとしても，解雇権濫用法理の適用にあたっては，「やむを得ない事由」（労契法17条1項）があるかについては厳格に解されることを踏まえて検討する必要がある。

(2) 本件解雇の効力

(a) 解雇権濫用法理

解雇は，①客観的に合理的な理由を欠き，②社会通念上相当であると認められない場合は，権利の濫用として無効となる（労契法16条）。

まず，①客観的合理性について，X_1 は同僚の金銭を何度も盗んでいること，A製作所にある高価な資材をたびたび転売していたことが認められる。X_1 のこれらの行為はY社就業規則14条1項4号に該当すると考えられ，本件解雇には客観的に合理的な理由が認められる。また，X_1 のこれらの行為は犯罪行為にあたるだけでなく，企業秩序を大きく乱し，企業経営上大きな不利益を生じさせるものである。このような労働者の重大な非違行為は，Y社就業規則に定める解雇事由に該当するだけでなく，期間満了を待たずにただちに雇用を終了させるをえない特別の重大な事由に該当するといえ，「やむを得ない事由」も認められる。

次に，②社会的相当性については，解雇をもって臨むことが過酷にすぎないかどうかという観点から厳格に判断すべきである。しかし，本件では，X_1 に度重なる，しかも複数の非違行為が認められる。また，少額を盗む，少量ずつ抜き取るという形でX_1 の行為を発覚しづらくする画策をしており悪質性も高い。このように，X_1 の行為は労働者間および労使間の信頼関係を破壊するものであることからすれば，解雇をもって臨むことも過酷とはいえず，社会的に相当なものとして是認できると考えられる。

以上より，X_1 に対する解雇は有効である。

(b) 解雇手続

使用者は，労働者を解雇しようとする場合においては，少くとも30日前に

労働者に予告をするか，30 日分以上の平均賃金を支払わなければならないが（労基法 20 条 1 項），本件は労働者の責に帰すべき事由に基づく解雇に該当するため，予告なく即時解雇することができるものと解される（同条 1 項ただし書）。

2

(1)　有期労働契約の終了

　有期労働契約は期間の満了により終了する。本件では，Y 社は X₂ に対し，満了後は契約の更新を拒否する旨を伝えていることから，労働契約は当然終了するのが原則である。しかし，これでは，使用者のイニシアチブでいかなる契約方式をとるか（無期契約か有期契約か）によって労働者の法的地位が不安定なものとなってしまうおそれがある。そこで，一定の場合に雇止めを制限する判例法理（雇止め法理）が構築され，労契法 19 条に明文化されている。したがって，本件では，雇止め法理に照らして X₂ の雇止めが適法といえるかどうかが問題となる。

(2)　雇止め法理

　雇止め法理には 2 つのタイプがある。①実質無期契約型は，有期労働契約が無期労働契約と実質的に異ならない状態で存在していたと認められるときには，雇止めの通知は実質的に解雇の意思表示にあたり，解雇権濫用法理が類推適用されるとするものである（労契法 19 条 1 号）。②期待保護型は，実質無期契約型に該当するとはいえないような場合でも，労働者が雇用継続を期待することにつき合理性があると認められる場合には，解雇権濫用法理が類推適用されるとするものである（同条 2 号）。①・②のいずれかにあたる場合，雇止めに客観的合理性と社会的相当性（労契法 16 条）が認められなければ，使用者は，労働者の契約更新の申込みに対し，従前の有期労働契約と同一の労働条件で当該申込みを承諾したものとみなされる（労契法 19 条）。そして，その判断にあたっては，ⓐ業務の客観的内容，ⓑ当事者の主観的態様，ⓒ更新の手続などの諸事情が勘案される。

　本件についてこれをみると，契約期間満了の 1 か月前に担当者と面談を行い，継続希望者については，継続に必要な基準が満たされていることを書類で確認のうえ，新たな雇用契約書に署名捺印させるという厳格な更新手続がとられていた（ⓒ）。このため，X₂ と Y 社との間に無期労働契約が存在する場合と実質

的に異ならない関係（①）が生じたということはできない。もっとも，期間契約社員の業務は製造ラインに組み込まれている恒常性の高いものであり（ⓐ），また，Ｙ社では，契約の更新を繰り返し，5年以上働き続ける者も少なくなかったこと，本人が継続を希望した場合，圧倒的多数が契約を更新されるという雇用管理がなされていたこと，ＣのＸ₂に対する発言からすれば（ⓑ），Ｘ₂はその有期労働契約が更新されるものと期待することについて合理的な理由があると認められる（②）。

したがって，本件雇止めには客観的合理性と社会的相当性があることが求められる。本件雇止めはＹ社の経営悪化に基づく経営上の理由により行われているため，雇止めの効力の判断にあたってはいわゆる整理解雇の法理に基づいて検討すべきである。

(3)　整理解雇の法理

整理解雇は，①人員削減の必要性，②解雇（本件では雇止め）回避努力，③人選の合理性，④手続の妥当性の4つの要素を総合的に判断して，その客観的合理性・社会的相当性の有無を判断すべきである。もっとも，これら4つの要素は相対的に重要な要素であり，1つでも欠けると権利濫用と判断されるものと解される。

本件についてこれらの4要素をみてみると，①人員削減の必要性については，競争激化によりＹ社の売上げが激減したこと，経営努力だけではＡ製作所で余剰となった労働力を吸収できないこと，正社員分の業務量も確保できない状況にあることが認められる。以上から人員削減をする必要性があると認められる。②雇止め回避努力については，期間契約社員対象の説明会を開くまでに何らかの措置を講じたことはうかがわれず，雇止めを回避する努力が尽くされたとはいえない。③人選の合理性については，期間契約社員全員の契約を終了させるとしており，余剰人員を画定すること，合理的な人選基準を定め，その基準を公正に適用して雇止めする労働者を決定することのいずれも行われた形跡はうかがわれない。したがって，人選の合理性は認められない。④手続の妥当性については，たしかにＹ社はＡ製作所で期間契約社員対象の説明会を開いている。しかし，説明会の内容は，企業の経営状況，期間契約社員全員の契約を終了せざるをえないこと，契約更新はしない旨の条項（不更新条項）を盛り込んだ契

約書の配付にとどまっており，雇止め回避の方法や雇止めの人選の方法などの説明はなされていない。こうした手続は妥当とはいえない。

　以上から，本件雇止めには，①人員削減の必要性は認められるものの，②雇止めを回避する措置が講じられておらず，③人選の合理性についても疑問があり，④妥当な手続を経て雇止めに至っているともいえない。したがって，本件雇止めは許されず，X₂の労働契約上の地位確認請求は認められる（労契法19条）。なお，労契法19条が，期間満了後「遅滞なく」契約締結の申込みをすることを求めていることからすれば，契約期間満了の1か月後に訴えを提起して，更新拒絶に対する異議を表明していることの妥当性が問題となりうる。しかし，この「遅滞なく」は，正当なまたは合理的な理由による申込みの遅滞は許容される意味と解され，X₂は本件雇止めに関わる情報収集のために1か月が経過してしまったことからすれば，遅滞はなかったと考えられる。

③

　(1)　本件判断枠組み

　本件では，X₃の雇止めが適法といえるかどうかが問題となる。そこで，以下ではまず，②の判断枠組みを用いて雇止め法理が適用されるか否かを検討する。

　(2)　雇止め法理

　本件では，Y社のX₃に対する雇止めが，労契法19条に定める雇止め法理に基づいて，制限される場合にあたることが考えられる。

　X₃については，Y社における厳格な更新手続から（②(2)ⓒ），X₃とY社との間に無期労働契約が存在する場合と実質的に異ならない関係（②(2)①）が生じたということはできない。

　そこで，X₃の契約更新の期待に合理性（②(2)②）があったか否かを検討する。この点，X₃は不更新条項を含む契約書に署名捺印して提出している。しかし，このことから雇止め法理の適用が当然なくなるということにはならない。他の事情もあわせてX₃の契約更新の期待に合理性があったか否かを判断し，雇止め法理が適用されるか否かを決定すべきである。たしかに，Y社期間契約社員の業務の恒常性（②(2)ⓐ），および，Y社における長期にわたる契約の反復更新の存在，希望者の圧倒的多数が契約を更新されるという雇用管理が認め

られる。しかし，X₃は上司から契約の更新を期待させるような言動を受けて
いるわけではない。また，X₃は，Y社による不更新条項の説明会に出席して
おり，その際に当該条項やY社の方針に異議を述べた様子は認められない。そ
のうえで，不更新条項を含む契約書に署名捺印し提出している（②(2)ⓑ）。こ
の点，Y社は不更新条項を受諾することを契約更新の条件としていることから，
X₃はこれを受諾しなければ次の契約期間満了時に契約終了となり，受諾して
も更新された契約期間満了時に契約終了になるという厳しい状況に置かれてい
る。そのため，不更新条項に対するX₃の同意の認定は慎重に行うべきである
が，X₃は説明会後に熟考していることや，面談での発言からはX₃自身が最
後の契約期間との認識をもっていることからすれば，X₃の同意は自由意思に
よる真意に基づくものと考えられる。以上によれば，X₃の雇用継続に対する
期待は法的保護に値するものとはいえない。したがって，本件雇止めは適法で
あり，X₃の労働契約上の地位確認請求は棄却される。

【Case 23-5】

　Y社は，バス運転手80名，事務職員20名の合計100名の従業員を雇用するバス会社である。Y社は単一の事業場であり，ほかに支社や営業所はない。X_1〜X_{10}は，かつてY社に雇用され，バス運転手として働いていた者である。X_{11}〜X_{13}は，現在もY社の従業員であり，バス運転手として働いている。Y社には2023年7月の時点で，X_1〜X_{13}を含む75名のバス運転手で組織されるA労働組合が存在していた。

　Y社は，多額の累積赤字を抱えていたことから，同年6月初旬に，バス運転手について従来の年功序列的な旧賃金体系に代えて，新賃金体系を導入する案をA労働組合に提示した。新賃金体系は，固定給の割合を低くして歩合給の比重を高くし，定期昇給を廃止するというもので，20歳代，30歳代であればほとんど変更はないが，40歳代では平均で5％程度の減額，50歳代では平均で20％ほどの減額になるものであった。新賃金体系のもとでは，年齢層間の賃金格差は縮まることになる。

　50歳代のX_1〜X_{13}にとっては著しく不利益な内容であったため，X_1〜X_{13}は，同年7月に行われたA労働組合の定期組合大会において，新賃金体系導入提案の受入れに強く反対した。しかし，A労働組合は同年8月20日に改めて臨時組合大会を開催し，「会社提案を受諾し，新賃金協定を締結する。」旨の執行部案を，62対13（反対者はX_1〜X_{13}）の賛成多数で可決した。ただし，A労働組合組合規約18条に規定されている「運転手班別集会」は開催されていない。

　このようなA労働組合の執行部や多数派の態度に不満を抱いたX_1〜X_{10}は，同年8月21日にA労働組合に脱退届を提出し，即日，B労働組合を結成して，Y社に通知した。

　しかし，A労働組合はX_1〜X_{10}らの脱退を認めず，同月30日にX_1〜X_{10}を除名処分に付し，A労働組合とY社間で締結されているユニオン・ショップ協定に基づき，Y社に対しX_1らを解雇するよう求めた。Y社はこれを受けて同月31日にX_1ら10名に対し解雇予告手当を提供したうえで即時解雇した。

　同年 9 月 10 日，A 労働組合は Y 社との間で新賃金協定（以下「本件協定」という）を締結し，本件協定は同年 10 月 1 日に発効した。その後，Y 社は就業規則の改訂を行うつもりであったところ，賃金体系以外の懸案事項であった勤務時間の配分方法等について Y 社内部で意思の統一が図れず，同年 12 月 9 日現在，なお就業規則は改訂されていない。

　X_{11}〜X_{13} は A 労働組合に残留したが，受領した同年 10 月分と 11 月分の賃金がそれまでより 20％ほど減っていた。そこで，B 労働組合執行委員長である X_1 に不満を打ち明け，一緒に弁護士のもとに相談に行くことにした。

〔A 労働組合組合規約（抜粋）〕
第 18 条
　労働協約の締結は，運転手班別集会での意見を集約したうえ，執行委員長が組合大会に提案し，同大会において組合員の過半数の賛成を得て執行委員長がこれを行うものとする。

Questions

　弁護士であるあなたは，B 労働組合の執行委員長である X_1 と，A 労働組合の組合員 3 名（X_{11}〜X_{13}）から，上記の事案について相談を受けた。X_1〜X_{13} は，雇用の回復や本来もらえたはずの賃金を得るために，Y 社を相手方として訴えを提起したいという。次の問いに答えなさい。

Q 1　あなたが X_1〜X_{13} の代理人として訴えを提起するとした場合，どのような請求をするか。X_1〜X_{10} と X_{11}〜X_{13} に分けて解答しなさい。

Q 2　それぞれの請求は認められるか。あなたの見解を述べなさい。

Keypoints

　この Case では，ユニオン・ショップ協定の有効性とその効力の範囲（→ **Unit 17**），労働協約の一般的拘束力（労組法 17 条）および労働協約による労働条件の不利益変更の可否が問題となります。またやや細かな論点として，就業規則の変更手続に懈怠があった場合に，不利益変更された労働協約と就業規則

との効力関係をいかに考えるべきかが問題になります。

このうち，労働協約による労働条件の不利益変更に関して，組合規約に則った手続が履践されていない点については評価が分かれるところです。*Example* では，組合規約に則した手続が行われていないとしても，組合員の意見は十分に汲み上げられているとして，労働協約が適法に成立したとしていますが，手続上の瑕疵を理由に，その有効性を否定する解釈もありうるでしょう。裁判例も分かれているところです。この点については，中根製作所事件・東京高判平成 12 年 7 月 26 日労判 789 号 6 頁や日本鋼管事件・横浜地判平成 12 年 7 月 17 日労判 792 号 74 頁などを参照し，理解を深めてください。

就業規則の改訂が行われていない点について，*Example* では組合員についても改訂が行われるまでは規範的効力を否定する解釈をとっていますが，組合員には規範的効力を肯定する解釈の方が一般的かもしれません。異なる法源の間の関係についてももう一度確認しておきましょう。

Example

① 　X_1〜X_{10} については，労働契約上の権利を有する地位の確認，および，旧賃金体系に基づいて算定された額で未払賃金の支払（民法 536 条 2 項）を請求する。X_{11}〜X_{13} については，旧賃金体系に基づいて算定された賃金額と実際に支払われた賃金額との差額を未払賃金として請求する。

②

（1）　X_1〜X_{10} の請求について

　（a）　X_1〜X_{10} らに対する解雇の有効性について

本件 X_1〜X_{10}（以下「X_1 ら」という）については，まず，Ｙ社が X_1 らに対して行った解雇の有効性が問題となる。

使用者が労働者を解雇する場合，客観的に合理的な理由を欠き，社会通念上相当であると認められない場合には解雇権の濫用にあたるとして無効と解される（労契法 16 条）。本件において，Ｙ社はＡ労働組合との間のユニオン・ショップ協定（以下「ユシ協定」という）に基づき，X_1 らを解雇している。そこでユシ協定に基づく解雇の有効性が問題となる。

ユシ協定については，労働者の有する組合に入らない自由や組合選択の自由といった利益と衝突することから無効と解する見解もある。しかし，組合組織

の維持強化に役立つというユシ協定の社会的役割に鑑みると，全面的に無効と解するのは妥当ではない。もっとも，当該ユシ協定締結組合からの脱退者や被除名者が，他の組合を結成したり既存の他組合に加入している場合には，他組合員の団結権の保障ゆえに，当該ユシ協定締結組合は使用者に対し解雇要求をなしえず，また使用者は解雇をなしえないと解すべきである。

　本件において，X_1らは 2023 年 8 月 21 日付けでA労働組合を脱退し，ただちにB労働組合を結成している。そうであれば，A労働組合とY社間のユシ協定に基づいてX_1らを解雇することは，客観的に合理的な理由を欠き，社会通念上の相当性を欠く。したがって，X_1らに対する解雇は無効であり（労契法16 条），X_1らは労働契約上の権利を有する地位にあると認められる。

　　(b)　X_1らの賃金の算定根拠について

　　　(ア)　次に，X_1らの賃金の算定根拠に関して，A労働組合が多数組合であることから，A労働組合がY社との間で締結した本件協定の効力がB労働組合の組合員であるX_1らにも及ばないかが問題となる。

　この点，1 の事業場に常時使用される同種の労働者の 4 分の 3 以上の数の労働者が 1 の労働協約の適用を受けるに至ったときは，他の同種の労働者に関しても当該労働協約が適用される（一般的拘束力。労組法 17 条）。もっとも，少数者が協約締結組合とは別の労働組合を結成している場合には，当該組合には当該労働協約の一般的拘束力は及ばないと解すべきである。なぜなら，現行法は，少数組合の団体交渉権も多数組合のそれと同等に保障しており，かりに多数組合の締結した労働協約の効力が少数組合にも及ぶことになれば，少数組合の方が多数組合よりも団体交渉上有利な法的地位を保障されるという結果になるとともに，少数組合の独自の団体交渉権をないがしろにすることになるからである。

　本件において，A労働組合は当初同種の労働者であるバス運転手の 90%以上を組織していた。2023 年 8 月 21 日にX_1ら 10 名がA労働組合を脱退したが，A労働組合のバス運転手に関する組織率は依然として 8 割以上である。したがって，A労働組合が締結した新賃金体系に関する労働協約は一般的拘束力を有する。しかしながら，X_1らはA労働組合脱退の翌日にはB労働組合を結成していることから，A労働組合の労働協約の効力はX_1らには及ばないと解される。

　　　(イ)　そこで，X_1らの賃金算定の根拠が問題となるが，B労働組合はY

社との間で独自の労働協約を締結していない。また，Ｙ社では事情により就業規則の改訂が行われておらず，就業規則の規定は依然として旧賃金体系のままである。就業規則の規定は当該事業場に適用される労働協約に反してはならないが（労基法92条1項），それはあくまで当該労働協約を締結している組合員についてのみあてはまる。したがって，X₁らに適用されるのは，旧賃金体系を定めているＹ社の就業規則である。

　以上のことから，X₁らについては，労働契約上の地位の確認および旧賃金体系に基づく未払賃金の請求が認められる。

(2)　X₁₁〜X₁₃ について

(a)　労働協約による労働条件の不利益変更の可否

(ア)　Ａ労働組合の締結する労働協約は，原則として，X₁₁〜X₁₃（以下「X₁₁ら」という）を含むＡ労働組合組合員の労働条件を規定する（規範的効力。労組法16条）。しかし，本件労働協約は従来の労働条件を引き下げるものであるため，労働組合の目的に反するとして，規範的効力が否定されないかが問題となる。

　一般に，団体交渉は相互譲歩の取引であり，そこで取り決められた内容が一見不利であるとしても，長期的にみて組合員の利益を図るものである場合もある。そのため，労働組合が，不利な内容の交渉を行い，労働協約を締結する権限を有しないとすると，その任務は著しく縮減され，かえって労使自治が阻害されることになりかねない。したがって，原則として労働協約は労働者に不利な事項についても規範的効力を有すると解すべきである。

　しかしながら，労働者は労働条件の維持・改善を期待して労働組合に加入するのであって，労働組合が労働協約の締結を通じて全部または一部の組合員の労働条件を引き下げるのはそうした期待に反することになる。そうであれば，労働条件を不利益に変更する内容の労働協約の締結にあたっては，①通常の場合よりも慎重な手続が要求され，また，②内容的にも組合員の実質的平等が図られており，組合員の一部に通常甘受すべき程度を著しく超える不利益が課されていないか審査されるべきである。

(イ)　本件について手続の面からみると，Ａ労働組合組合規約18条に定められている運転手班別集会が開催されていない。もっとも，Ａ労働組合の最

高意思決定機関である総会が開催され，本件労働協約締結の可否に関しA労働組合全員による投票が行われている。そのため，組合規約に則した手続は踏まれてはいないが，A労働組合の組合員の意見集約はおおむね妥当に行われたと解される。

　他方，内容的にいえば，Y社は多額の累積赤字を抱えていたというのであるから，新賃金体系を導入する必要性は否定できない。またたしかに，新賃金体系は比較的高年齢の労働者について不利益の程度が大きく，実際にX_{11}らは新賃金体系のもとで20％の賃金減額という不利益を被っている。新賃金体系においては，20代，30代のバス運転手の場合にはほとんど賃金の変動はなく，また40代においても平均で5％程度の減額にとどまるというのであるから，X_{11}ら50代の被る不利益の程度は決して小さくない。しかしながら，Y社の旧賃金体系は年功序列的であったというのであるから，X_{11}らの賃金額は他の年齢層に比べ相対的に高額であり，減額後の賃金額そのものは他の年齢層のそれよりも低位にあるわけではない。

　以上を総合的に勘案すれば，本件労働協約による労働条件の引下げは不合理なものとはいえず，X_{11}らは本件労働協約の規範的効力を受けると解される。

　(b)　就業規則改訂の懈怠と労働条件の不利益変更

　ところで，本件においてY社は労働協約締結後，就業規則の改訂を怠っている。前述のとおり本件労働協約は規範的効力を有するから，このままではA労働組合の組合員とそれ以外の労働組合の組合員および非組合員の間では労働条件に格差が生じる結果となる。

　たしかに就業規則と労働協約が競合する場合，労働協約の効力の方が優先する（労基法92条1項，労契法13条）。しかしながら，そのような事態が生じた理由が，もっぱら使用者の側にある場合には，労働協約を締結していることを理由に他組合員や非組合員の労働条件よりも低い労働条件で処遇することはあまりに形式的にすぎ，不合理である。

　そうであれば，少なくともY社の就業規則改訂が行われるまでの間については，本件労働協約の規範的効力は生じないと解すべきである。したがって，X_{11}らは，旧賃金体系に基づいて計算された賃金額と受け取った賃金額との差額を請求する権利が認められると解する。

【Case 23-6】

1　運送業を営むＹ社では，2000年頃から，新たに運転手を採用する時
　は有期労働契約で雇用している。同社では，それ以前に無期雇用で採用
　された運転手（正社員ドライバー）には「正社員就業規則」を適用し，有
　期雇用の運転手（契約ドライバー）には別の「契約社員就業規則」を適用
　している。

　　大型自動車免許を持つＸは，2017年4月にＹ社と期間1年の有期労
　働契約を締結して契約ドライバーとなり，その後，同契約を更新してき
　た。

　　Ｘ・Ｙ間の労働契約によれば，Ｘの賃金は月額20万円で，所定労働
　時間は1日8時間・週40時間とされており，時間外労働，休日労働，
　深夜労働に対しては労基法に基づく割増手当が支払われている。正社員
　ドライバーには，「正社員就業規則」上の規定に基づいて毎年6月と12
　月に賞与が支給されているが，「契約社員就業規則」には賞与に関する
　定めはなく，契約ドライバーに賞与は支給されていない。通常の職務内
　容は，正社員ドライバーと契約ドライバーの間に大きな違いはないが，
　「正社員就業規則」には配転に関する規定があり，実際にもベテランの
　正社員ドライバーが配車係に配転された例がある。Ｘの採用当時，Ｙ社
　の運転手の約8割は契約ドライバーで，正社員ドライバーは5名程度で
　あった。

　　Ｘは，2018年までは20万円の月額賃金に加え，平均して月10万円
　前後の割増賃金を支給されていたが，その後，Ｙ社の運送業務全体が減
　少し，Ｘへの配車時間も短くなったため，2019年の9月にはＸに支給
　される割増賃金は月2万円にまで減少した。Ｘは家族を養いつつ生活す
　ることが苦しくなり，自分を正社員にしてもらえないか，それが無理な
　ら契約ドライバーにも賞与を支給してもらえないかと頼んでみたが，Ｙ
　社は「正社員と契約社員は契約が異なるので，契約社員を正社員にする
　ことはできないし，賞与支給も難しい」と答えた。

　　「正社員就業規則」によると，6月と12月に正社員に支給される賞与

は，それぞれ月額賃金の1か月分を基本としつつ，それぞれの賞与算定基礎期間（6月の賞与については前年度の10月～3月，12月の賞与については当年度の4月～9月）中の欠勤日数に比例する額を下記の計算式に従って控除するという方法で計算されている。

　　賞与＝月額賃金×（1－欠勤日数／30）＊

　　　＊算定基礎期間中の欠勤日数が30日以上となった場合は賞与はゼロとなる。

　また，Y社は，正社員ドライバーを対象に，安全運転技能を高めるための社外研修を会社の費用で受講できる制度を設けているが，契約ドライバーは対象外とされている。Xは，契約ドライバーにも同じ研修の機会を与えてほしいと会社に要求したが，契約ドライバーは人数も多いので研修費用は負担できないとの回答であった。そこでXは自費で研修を受講した。

　なお，賞与や研修に関する契約ドライバーの待遇について，Xは何度か会社に不満を伝えたが，Y社には労働組合が存在せず，この問題が労使間で話し合われたことはない。

2　Y社は当初，契約ドライバーの契約更新について特に上限を設けていなかったが，2012年改正労契法の施行に伴って方針を変更し，2013年4月以降に新たに締結または更新される有期労働契約（契約期間1年）については，契約更新は4回まで，最長契約期間は5年とし，その旨を労働契約書に明記することとした。この方針に沿って，Xの労働契約書にも採用当初から「契約更新は計4回まで，最長契約期間は2022年3月末日まで」との記載がなされ，Xはこれに署名押印して契約を締結・更新してきた。

　2018年4月以降，Y社では，5年の契約更新限度を超える契約ドライバーが現れはじめたが，雇用の継続を希望する者については雇止めをすることなく有期労働契約を更新し，これらの者は契約ドライバーとして勤務を続けてきた。しかし，Y社は，Xに対しては，2022年2月末日，「労働契約書に記載されているとおり，本年3月末日で貴殿との契約は終了します。」と通知した。これに対し，Xは，Y社には気の合う

仲間がいるのでY社で働き続けたいと考えている。またXは，できれば雇用が安定している方がよいと考え，2022年4月1日に，無期雇用してほしい旨をY社に伝えた。

Questions

Q1　Case における1の事実関係のもとで，，XはY社に対してどのような法的請求をすることが考えられるか。また，Xの請求は認められるか。法的に問題となる点を挙げて論じ，結論を述べなさい。

Q2　Case における2の場合に，XはY社に対してどのような法的請求をすることが考えられるか。また，Xの請求は認められるか。法的に問題となる点を挙げて論じ，結論を述べなさい。

Keypoints

　この Case では，①Xを含む有期雇用の契約ドライバーに対する賞与不支給と，安全運転技能を高める研修の費用を負担しないこと（以下，合わせて本件賞与不支給等といいます）がパートタイム・有期雇用労働法（パート有期法）8条に違反するか否か（Q1），②Xに対する雇止めの適法性（労契法19条による更新の有無）および労契法18条に基づく無期労働契約への転換の有無（Q2）が，争点となっています。

　(1)　Q1に関しては，本件賞与不支給等が，パート有期法8条（同条の施行〔2020年4月〕以前の期間については旧労契法20条）の禁止する「不合理な」労働条件の相違にあたるかが問題となります（上記①）。旧労契法20条は，不合理性の判断要素として，職務の内容（業務内容と責任の程度），職務内容や配置の変更の範囲，その他の事情（合理的な労使慣行等）を挙げており，判例・多数説は，問題となる個々の待遇ごとに，その趣旨・目的に照らして相違の不合理性を判断するという立場をとっていました。パート有期法8条は，これを踏まえて，上記の要素のうち当該待遇の性質および目的に照らして適切なものを考慮し，不合理性を判断する旨を明らかにしています。

　したがって，本 Case では，Y社における賞与や研修の趣旨・目的がそれぞれ何であるかを考え，それに照らして，有期雇用の運転手に賞与や研修機会を

与えないことが「不合理」といえるか否かを具体的に検討する必要があります（参考になる判例として，ハマキョウレックス〔差戻審〕事件・最2小判平成30年6月1日民集72巻2号88頁，学校法人大阪医科薬科大学事件・最3小判令和2年10月13日労判1229号77頁，メトロコマース事件・最3小判令和2年10月13日民集74巻7号1901頁，日本郵便〔東京〕事件・最1小判令和2年10月15日労判1229号58頁などがあります。これらは旧労契法20条の解釈適用に関する判例ですが，パート有期法8条の解釈においても参照されうるものとの解釈があります）。近時の判例には，有期雇用のアルバイトに対する賞与不支給について，賞与は労務の対価の後払い，功労報償，労働者の意欲向上など多様な趣旨・目的を含むものであり，職務内容等の異なるアルバイトへの不支給は不合理とはいえないと判断したものがあります（学校法人大阪医科薬科大学事件）が，本 Case の賞与の趣旨等については，事例から読み取れる事実に照らして具体的に考える必要があります。

　賞与不支給等が「不合理な」労働条件の相違にあたる場合，Ｘの請求内容はどのようなものになるでしょうか。パート有期法8条は民事上の強行法規であり，同条違反の行為は不法行為に該当しますが，不法行為に基づく損害賠償請求のほかに，労働契約に基づく賞与請求を認めるか否かが問題となります。判例は旧労契法20条の補充効を否定する立場をとっており，パート有期法8条の補充効については学説上の対立がありますが，否定説を前提とする場合でも，労働契約や就業規則等の合理的解釈により有期雇用労働者に無期雇用労働者の労働条件を適用することが可能な場合もあります。

　(2)　Ｑ2に関しては，第1に，本件雇止めが労契法19条に違反するかが問題となります（上記②）。

　まず雇止め法理の適用の有無について，Ｘ・Ｙ間の労働契約の内容（2013年の方針転換を受けた契約更新限度の設定と契約書への明示），これまでの契約更新の経緯，職務の内容や性質，他の契約ドライバーの更新状況，今回の雇止めの経緯などを考慮し，実質的に無期契約と同視できる場合（労契法19条1号）または更新の期待に合理性がある場合（同条2号）に該当するといえるかを判断することになります。契約更新限度が採用当初から契約書等に明記されており，労働者がそれを理解・納得して契約を締結した場合，限度を超えた更新について合理的な期待は生じないと考えられます（日本通運〔川崎・雇止め〕事件・横浜

地川崎支判令和3年3月30日労判1255号76頁など。更新限度条項が途中で更新時に挿入された場合とは異なります）。他方，使用者が更新限度条項や不更新条項を契約書に明記しても，実際には限度を超える更新が行われている場合や，それを期待させる使用者の言動等がある場合には，なお合理的期待が認められる可能性があるでしょう（カンタス航空事件・東京高判平成13年6月27日労判810号21頁）。

　そして，労契法19条1号・2号のいずれかに該当する場合には，雇止め法理が適用されるので，本件雇止めについて客観的に合理的な理由と社会通念上の相当性の有無を判断し，これを欠くとすれば，労契法19条違反の効果として，従前と同じ内容の有期労働契約が更新されることになります。

　第2に，上記を前提とした場合，2022年4月1日の時点で，労契法18条（2013年4月1日施行）に基づく無期雇用転換請求権がＸに生じているか，Ｘが「無期雇用してほしい」旨をＹ社に伝えたことが労契法18条との関係でどのような意味をもち，どのような法的効果が生じるかが問題となります（同条1項前段）。ちなみに，無期転換後の労働契約の内容は，当事者間に別段の定めがない限り，（期間の定め以外の点では）転換前と同一となります（労契法18条1項後段）。

Example

１

　(1)　Ｘの請求

　ＸはＹ社に対して，「正社員就業規則」に基づく賞与の支払請求および研修費用の支払，または，不法行為に基づく賞与・研修費用相当額の損害賠償請求をすることが考えられる。

　(2)　本件における争点

　Ｙ社が無期雇用の正社員ドライバーには賞与を支給し，会社の費用で研修を受ける機会を与えているのに，Ｘを含む有期雇用の契約ドライバーには賞与を支給せず，研修費用を負担しないことが，パート有期法8条（同条施行前の期間については旧労契法20条）に違反するか否かが争点となる。

　本件において，賞与や研修費用がパート有期法8条の適用を受ける「基本給，賞与その他の待遇」（旧労契法20条の「労働契約の内容である労働条件」）に当たる

ことは明らかであるから，これらの不支給が「不合理」な相違に当たるか否かが問題となる。なお，パート有期法8条の定める不合理性の判断基準は，旧労契法20条のそれと実質的に同様であると解されるため，以下では主にパート有期法8条に照らして賞与不支給等の不合理性を検討する。

　また，上記が「不合理」な相違に該当する場合には，同条違反の法的効果として，不法行為（民法709条）による損害賠償請求のほかに，労働契約に基づく請求権を認めうるかが問題となる。

　(3)　「不合理」性の有無について

　　(a)　賞与不支給について

　パート有期法8条によれば，有期雇用労働者と無期雇用労働者の労働条件の相違が不合理であるか否かは，①職務の内容（業務内容と責任の程度），②職務の内容や配置が変更されうる範囲，③その他の事情のうち，問題となる個々の待遇の性質や目的に照らして適切と認められるものを考慮して判断される。

　一般的にいえば，賞与は労務の対価の後払い，功労報償，労働者の意欲向上など多様な趣旨・目的を含むものであり，これを無期雇用の正社員のみに支給することは直ちに不合理とはいえない。しかし，本件の「正社員就業規則」によれば，本件賞与の額は月額賃金を基本として対象期間における欠勤日数に応じた金額を控除する（欠勤日が多いとゼロになる）ものとされている。このような算定方法からすると，本件賞与の趣旨目的は主として従業員の出勤率向上にあると考えられる。本件において，Xら契約ドライバーと正社員ドライバーの職務内容はほぼ同じであるが（①），後者に適用される「正社員就業規則」には配転に関する規定があり，実際に異職種への配転事例が存在する（②）。しかし，本件賞与の目的が主として出勤率の向上にあるとすれば，配転の有無にかかわらず，正社員ドライバーと同じ職務に従事する契約ドライバーを支給対象から排除することは不合理と考えられる。また，Y社では，契約ドライバーを正社員に登用する制度もなく，本件賞与不支給に関して労使間で話合いが行われたこともないという事情（上記③）を併せ考慮すると，本件賞与不支給は「不合理」な待遇の相違にあたり，パート有期法8条に違反するものと解される。

　また，パート有期法施行（2020年4月）以前の期間については，旧労契法20

条が適用されるが，本件では，上記と同じ判断理由から同様に違法と評価されるものと解される（(b)の研修費用不支給についても同様である）。

(b)　研修費用不支給について

本件において，Ｙ社が研修費用を負担する趣旨目的は，運転手に対して受講を促し安全運転技能を向上させることにあると考えられる。このような趣旨目的は，無期雇用・有期雇用にかかわらず，運送業に従事する運転手に同様に妥当する。そうすると，配転の有無にかかわらず，無期雇用の運転手と同じ職務に従事する有期雇用の運転手を支給対象から排除することは不合理と考えられる。その他の事情についても，(a)の賞与不支給と同様であり，研修費用の不支給はパート有期法8条に違反すると解される。

(4)　パート有期法8条等違反の法的効果

本件賞与不支給等はパート有期法8条および旧労契法20条に違反し，不法行為に該当するため，ＸはＹ社に対し賞与等相当額の損害賠償を請求することができる（民法709条。損害賠償請求権には3年間の消滅時効が適用される〔民法724条〕）。また，労働契約に基づく賞与等の請求については，判例は旧労契法20条の補充効を否定しており，パート有期法8条についても補充的効力を定めた法律規定は存在しない。また，Ｘらに適用される「契約社員就業規則」に賞与等に関する規定が存在しないことからすると，就業規則等の合理的解釈により請求権を導くことも困難であるから，労働契約に基づく請求は認められないと考えられる。

2

(1)　Ｘの請求

ＸはＹ社に対して，2022年4月1日から2023年3月31日までは従前と同一内容の有期労働契約上の地位にあること，2023年4月1日以降は無期労働契約上の地位にあること（予備的請求として，従前と同一内容の有期労働契約上の地位にあること）の確認請求をすることが考えられる。

(2)　本件における争点

Ｘ・Ｙ間の有期労働契約が労契法19条1号または2号に該当し，かつＸに対する雇止めが客観的に合理的な理由と社会的相当性を欠くものであるかが争点となる。さらに，19条に基づく契約更新が認められる場合，Ｘの労働契約

が労契法 18 条に基づいて無期労働契約に転換されたかが問題となる。

(3)　労働契約上の地位確認について

(a)　雇止め法理の適用と契約更新の有無

Y 社は，初回の契約締結時および各更新時において，有期雇用の契約書に更新の上限と最長契約期間を明記し（以下「本件更新限度条項」という），それに従って X を雇止めした（以下「本件雇止め」という）。そこでまず，X の労働契約について，労契法 19 条の雇止め法理の適用があるか，ある場合に同条に基づく契約更新が認められるかが問題となる。

X は Y 社との間で 1 年契約を 4 回更新してきたが，更新手続が形骸化していた等の事情はみあたらず，無期労働契約と同視しうる場合（労契法 19 条 1 号）にはあたらないと考えられる。契約更新に対する合理的期待（同条 2 号）は，契約更新限度が当初から契約書等に明記され，労働者が十分に理解・納得して契約を締結した場合には，限度を超えた更新について合理的な期待は生じないと考えられる。ただし，使用者が更新限度条項や不更新条項を契約書に明記しても，実際には限度を超える更新が行われている場合や，限度を超えた更新を期待させる使用者の言動等がある場合には，なお合理的期待が認められる可能性がある。

本件更新限度条項は，Y 社が，労契法 18 条に基づく無期契約への転換請求権の発生を避けるために設けたものである。しかし Y 社は，これまで契約書の定める更新限度が来ても，雇用継続を希望する運転手については有期労働契約を更新してきた。このような状況において X は 1 年契約を 4 回更新し 5 年間勤務してきたことから，他の有期雇用の運転手と同様に契約が更新されるものと期待することに合理的理由があったものと認められる（労契法 19 条 2 号）。

したがって，本件雇止めには労契法 19 条の雇止め法理が適用され，客観的に合理的な理由と社会通念上の相当性を欠く場合には同一内容の有期労働契約が更新される。本件更新限度条項は，労契法 18 条に基づく無期転換請求権の発生を回避するために設けられたものであり，他の有期雇用の運転手と異なり X のみを雇止めすることを正当化する特段の事情が認められない限り，本件雇止めに客観的に合理的な理由があるとはいえない。そして，X は雇用継続の希望を Y 社に伝えて更新の申込みをしたといえるから，X の労働契約は更新され

る。

　(b)　無期労働契約への転換の成否

　そうすると，ＸはＹ社に，有期労働契約を更新して通算5年を超えて雇用されたことになる。労契法18条によると，そのような場合に，労働者が通算5年を超える有期労働契約の満了日までに無期労働契約への転換の申込みをすれば，使用者はその申込みを承諾したものとみなされ，当該契約の期間満了日の翌日から無期労働契約が成立する（同条1項前段）。本件において，ＸはＹ社に対し，2022年4月1日に無期契約で雇用してほしい旨を伝え，有期労働契約の期間満了前に上記の申込みをしたといえるから，期間満了日の翌日すなわち2023年4月1日からＸ・Ｙ間には無期労働契約が成立することになる。

　したがって，ＸはＹに対し，労働契約上の地位の確認（2023年4月1日以降の期間については，期間の定めのない労働契約上の地位確認）を請求できる。

【Case 23- 7 】

　X₁ および X₂（以下「X₁ら」という）は，派遣会社である Y₁ 社との間で，雇用期間を 2021 年 10 月 1 日から 2022 年 3 月 31 日までとする労働契約を締結した（以下「本件労働契約」という）。その後 Y₁ 社は，Y₂ 社との間で，派遣労働者の業務内容，派遣期間，派遣料金等を記載した労働者派遣契約を締結し，2021 年 11 月より X₁ らを Y₂ 社の P 事業場に派遣していた。X₁ らは本件労働契約締結後，Y₂ 社の P 事業場にのみ派遣され，Y₂ 社従業員の指示のもとで業務に従事していた。なお，X₁ らの派遣はすべて Y₁ 社・Y₂ 社間の労働者派遣契約に基づいて行われ，X₁ らは毎月 Y₁ 社から賃金の支払を受けていた。

　本件労働契約締結にあたり，Y₁ 社は X₁ らに対し，本件労働契約の期間満了後も，契約期間が更新されることがあるが，最終的には勤務状況や会社の経営状況に応じて Y₁ 社が決定することとし，更新する場合も更新回数は 3 回を上限（継続雇用は合計 2 年まで）とする旨説明していた。X₁ らは，この説明だけでは自分が契約更新されるかわからず，6 か月で辞めざるをえないことも覚悟していたが，Y₁ 社に雇用されている者のうち 6 か月の契約期間で雇止めされた例はなく，Y₁ 社の労働者は継続雇用期間が 2 年となるまで契約更新されていることを知り，自らも継続雇用の期待を抱くようになった。実際，Y₁ 社は X₁ らとの労働契約を 2 回更新しており（契約期間はその都度 6 か月），X₁ らは，通常どおり勤務していれば，労働契約はもう一度更新され，2023 年 9 月 30 日までは Y₁ 社で働き続けることができると考えていた。

　その後，Y₂ 社は，経営状況の悪化のため P 事業場を閉鎖することとし，Y₁ 社・Y₂ 社間の労働者派遣契約を 2023 年 1 月 31 日付けで解除する旨を Y₁ 社に通知した。これを受け，Y₁ 社は，2022 年 12 月 20 日，P 事業場での業務がなくなることを理由に，労働者派遣契約の解除日と同一の 2023 年 1 月 31 日付けで X₁ らを解雇する旨を通知した。X₁ らは，いままで問題なく勤務していたにもかかわらず解雇される事実を受け入れられず，解雇撤回を求めたが，Y₁ 社は，重要な派遣先である Y₂ 社との契約が切

れたのであるから，X₁らを雇い続けることはできず，またこれ以上雇う
つもりもないと回答した。その後，X₁らは2023年1月31日付けで解雇
された（以下「本件解雇」という）。

Questions

Q1　X₁は，自分の法的地位についてどこに相談に行けばよいかわからず，
時間だけが過ぎていった。しかし，本件解雇にどうしても納得いかなかった
ため，2023年11月，Y₁社に対して何らかの請求ができないか，あなたの
所属する弁護士事務所へ相談に訪れた。弁護士であるあなたは，X₁に対し
てどのように回答するか。その場合に問題となる具体的な論点を挙げたうえ
で論じなさい。

Q2　X₂は，自分1人で会社と闘うのは無理と考え，本件解雇後，地域合同
労組であるA労働組合（以下「A組合」という）に加入し，組合による問題解
決を望んだ。これを受け，A組合は，2023年2月，Y₁社に対し，X₂のA
組合への加入を通知するとともに，X₂に対する本件解雇の撤回を求めてY₁
社に団体交渉を申し入れた。しかしY₁社は，別のB労働組合（以下「B組
合」という）との間で「B組合以外の組合とは団体交渉を行わない」という
内容の労働協約を締結していることを理由に，A組合との団体交渉を拒否し
た。

(1)　A組合は，Y₁社による団交拒否について，いかなる法的機関にいかな
る救済を求めることができるか。問題となる具体的な論点を挙げたうえで，
あなたの見解を述べなさい。なお，A組合は法適合組合である前提で論じる
こと。

(2)　Y₁社はA組合との団体交渉に応じる姿勢をみせなかったので，A組合
は方針の変更を検討した。A組合としては，本件解雇はY₂社によるP事業
場閉鎖を契機とするものであるから，Y₂社との間で，X₂の解雇撤回を議
題とする団体交渉を行うことはできないかと考えている。Y₂社に団体交渉
に応じさせるために，A組合としては，いかなる主張を行うことが考えられ
るか。また，その主張に基づき，Y₂社はA組合からの団交申入れに応じな
ければならないか。

Keypoints

　本 Case は，有期契約労働者の中途解雇の効力，雇止めの可否，唯一交渉団体条項の効力，団交拒否の不当労働行為の成否・救済，労組法上の使用者性などの基本論点を組み合わせた応用問題です。この Case は派遣労働者を題材としていますが，労働者派遣における固有の論点はありません。派遣労働者と労働契約を締結しているのは派遣元企業であることを押さえ，1 つひとつ論点を整理していけば，それほど複雑な問題ではないでしょう。

　Q 1 では，2023 年 1 月末での雇用終了は有期契約労働者の中途解雇であり，雇用期間満了に伴う雇止めではないことがポイントです。労契法 17 条 1 項の中途解雇規制と，同法 16 条の解雇権濫用法理および 19 条の雇止め制限法理の判断基準は異なるので，これらを区別して理解しておく必要があります。また，本件解雇が無効であるとしても，有期労働契約は当然に更新され続けるわけではないので，時期によっては認められる請求内容に違いが出ることに注意しましょう。

　Q 2 (1)では，いわゆる唯一交渉団体条項に基づく団交拒否に正当な理由が認められるかが主要論点となります。Y₁ 社による団交拒否に正当な理由がなく不当労働行為（労組法 7 条 2 号）が成立する場合は，労働委員会による行政救済と裁判所による司法救済の可否および内容の検討が求められます。団交拒否の司法救済については，労働組合に私法上の団体交渉請求権が認められるかが重要な論点となります。

　また本問では，団交拒否が同時に組合の弱体化行為にあたるとして支配介入の不当労働行為（労組法 7 条 3 号）が成立するかも問題となります。

　Q 2 (2)では，派遣労働者の労働契約の相手方でない派遣先企業が労組法 7 条の使用者にあたる場合があるかが問われています。この点については，朝日放送事件・最 3 小判平成 7 年 2 月 28 日民集 49 巻 2 号 559 頁が参考になります。

Example

① Q 1 について

　(1)　X₁ は Y₁ 社を相手方として，労働契約上の地位確認，未払賃金支払（民法 536 条 2 項），不法行為に基づく損害賠償（同法 709 条）を請求することが考えられる。

（2）　Y_1 社は X_1 との有期労働契約を 2 回更新した後，当該期間が満了する前の 2023 年 1 月末で X を中途解雇しているため，本件解雇の効力については「やむを得ない事由」（民法 628 条，労契法 17 条 1 項）の存否が問題となる。期間の定めのある労働契約では労使は契約期間に拘束されるのが原則であることから，「やむを得ない事由」とは，無期労働契約についての解雇権濫用法理（労契法 16 条）よりも厳格な基準であって，期間満了を待たずに契約を終了しなければならないほど，予想外で切迫した事情を要すると解すべきである。そして，本件解雇は派遣先企業における P 事業場での業務がなくなることによる経営上の理由に基づくものであるから，整理解雇の 4 要素（①人員削減の必要性，②解雇回避努力，③人選の合理性，④手続の妥当性）を無期契約の場合よりも厳格に適用したうえで，「やむを得ない事由」の有無を判断するのが妥当である。

　本件解雇は，重要な派遣先である Y_2 社との労働者派遣契約の解除を契機とするが，X_1 の雇用主である Y_1 社の経営状況が悪化しているわけではないため，①人員削減の必要性は低い。また，Y_1 社は X_1 の整理解雇の前に新たな派遣先を探したり，労働契約を維持して一時休業させたりすることもなく，Y_2 社による労働者派遣契約の解除日と同日に本件解雇を行っており，②解雇回避努力を行っていない。さらに，Y_1 社が③合理的な人選基準を設定・適用したとの事実や④ X_1 に人員削減の必要性等を十分説明したとの事実はない。したがって，本件解雇には 2023 年 3 月末までの期間満了を待つことのできないほどの重大な事由は認められず，「やむを得ない事由」を欠くため無効である（労契法 17 条 1 項）。

（3）　次に，本件解雇の効力が否定されるとしても，当該労働契約は 2023 年 3 月 31 日で期間満了となるので，その後労働契約がさらに更新され，X_1 が継続雇用されていたか否かは別問題である。

　この点，Y_1 社としては，本件解雇の時点で X の継続雇用の可能性を否定していたのであるから，本件解雇の意思表示には 2023 年 3 月末時点での雇止めの意思表示が含まれるとみるべきである。他方で，X_1 は，労働契約が 3 回更新されて 2023 年 9 月 30 日まで働けると期待している状況で本件解雇の撤回を求めたのであるから，この解雇撤回の要求には期間満了までの「労働契約の更新の申込み」（労契法 19 条柱書）が含まれると解される。そして，Y_1 社は X_1

に 3 回まで更新する可能性を説明していたこと，Y_1 社の有期契約労働者は合計雇用期間が 2 年となるまで雇止めされた例はないこと，X_1 の労働契約は 2 回更新されていたことからすると，X_1 がもう一度更新されると期待することに合理的な理由（同条 2 号）が認められるというべきである。

　以上から，2023 年 3 月 31 日での雇止めには客観的合理的理由と社会的相当性が必要であり（同条柱書），具体的には整理解雇の 4 要素に照らして判断すべきである。この点本件では，本件解雇の効力の判断で示したのと同じ理由で，Y_1 社は 4 要素のいずれも十分満たしていないので，2023 年 3 月末日での雇止めは違法である。したがって，X_1 の労働契約はもう一度更新されたのと同様の法律関係となる（同条柱書）。

　そうすると，X_1 の労働契約は 2023 年 9 月 30 日まで存続していたことになり，同日までの未払賃金請求が認められる（民法 536 条 2 項）。これに対し，X_1 には同年 10 月 1 日以降の雇用継続の期待はなく，X_1 が相談にきた時点（2023 年 11 月）で同年 9 月末の雇用期間が満了しているので，労働契約上の地位確認請求は確認の利益を欠き，認められない。

　最後に，本件解雇には少なくとも Y_1 社の過失があるため，本件解雇は不法行為（民法 709 条）に該当し，X_1 の損害（精神的損害）につき賠償請求が可能である。

2　Q 2 の(1)について

　(1)　A 組合は Y_1 社を相手方として，①労働委員会に対し，団交拒否およびそれによる支配介入の不当労働行為（労組法 7 条 2 号・3 号）を理由として，団交応諾命令およびポスト・ノーティス命令を求める救済申立てを行うこと（同法 27 条以下），および，②裁判所に対し，団体交渉を求めうる法的地位にあることの確認（同法 7 条 2 号）と，団交拒否および支配介入によって生じた損害の賠償（民法 709 条）を請求することが考えられる。

　(2)　まず，X_2 は Y_1 社から解雇された元従業員であるが，過去に労働契約上の使用者であった者も労組法 7 条の「使用者」に該当し，X_2 が加入した A 組合は「使用者が雇用する労働者の代表者」（労組法 7 条 2 号）にあたる。そして，義務的団交事項は，「組合員たる労働者の労働条件その他の労働者の待遇および団体的労使関係の運営に関する事項であって，使用者に決定権限がある

もの」と定義されるところ，X₂は解雇時点でA組合の組合員ではないが，団体交渉の申入れの時点で組合員であるため問題はなく，また解雇撤回という労働者個人の問題であっても義務的団交事項にあたると解するのが妥当である。

では，特定の労働組合とのみ団体交渉を行うことを定めるいわゆる「唯一交渉団体条項」を理由とした団交拒否は，「正当な理由」（労組法7条2号）によるものといえるか。この点，憲法28条はすべての労働組合に平等に団体交渉権を保障しているため，唯一交渉団体条項は憲法28条が設定する公序に反し無効（民法90条）であり，Y₁社は同条項を理由にA組合の団交申入れを拒否することは許されない。したがって，Y₁社による団交拒否には正当な理由が認められず，不当労働行為（労組法7条2号）にあたる。

また，団交拒否は労働組合としての信用を低下させる点で組合弱体化行為にあたり，団交を拒否したY₁社に支配介入意図が認められるため，支配介入の不当労働行為（労組法7条3号）が成立する。

以上から，Y₁社の団交拒否については，労働委員会において団交応諾命令（誠実交渉命令）およびポスト・ノーティス命令の救済が受けられると考える。

(3)　次に，労組法の不当労働行為救済制度は憲法28条の団結権保障を具体化したものであり，労組法7条違反の不当労働行為に対しては同条が司法救済の根拠にもなると解すべきである（判例もそのように解している）。したがって本件では，Y₁社による団交拒否および支配介入の不当労働行為（労組法7条2号・3号）は不法行為（民法709条）にあたり，A組合に損害が生じていれば損害賠償請求が認められる。これに対し，私法上の団体交渉請求権（団交応諾仮処分）は，誠実交渉という給付内容を具体的に特定することが困難であるため認められず，A組合は団体交渉を求めうる地位にあることの確認請求のみ可能と解すべきである。

3　Q2の(2)について

(1)　A組合としては，Y₂社が労組法7条の使用者にあたり，同条2号でA組合との団交義務を負うとして，Y₂社に本件解雇の撤回を求めて団交申入れをすることが考えられる。

(2)　労組法上の使用者は原則として労働契約上の使用者であり，労働者派遣においては労働契約を締結している派遣元がこれにあたるのが原則である。し

かし，不当労働行為制度の究極の目的が団体交渉による労働条件対等決定の実現にある（労組法1条1項参照）ことからすると，労働契約を締結している使用者以外に，労働条件等について現実的かつ具体的に支配・決定することができる地位にある者がいれば，その限りにおいて，不当労働行為の主体である「使用者」にあたると解するのが妥当である（最高裁朝日放送事件判決参照）。

　この点本件では，労働契約の相手方であるY_1社以外に，Y_2社がX_2の雇用について現実的かつ具体的に支配・決定できる立場にあったことをうかがわせる事実はないので，Y_2社は労組法7条の使用者に該当せず，A組合との関係で団交義務を負わないと考えられる。したがって，Y_2社は，本件解雇の撤回についてA組合からの団交申入れがあっても応じる義務はない。

【Case 23- 8】

　Y社は，海外家具等を輸入，販売する会社であり，国内に 12 の支店を有する，従業員 500 名の会社である。Xは，4 年制大学卒業後，3 社ほど転職した後，2012 年 4 月，物流企画課の課長としてY社に入社した。直前の会社では総合企画部において課長職にあり，Y社入社当時 40 歳であった。

　Xは，流通，営業企画，マーケティング等の業務を担当し，本件配転降格命令を受けるまで一貫して管理職として処遇されていた。また，本件配転降格命令直前においては，物流企画課の新商品開発部門において新商品等の企画を担当していた。従業員資格区分上のグレードはM13，月額基本給は 85 万円であった。

　Y社は，2023 年 3 月末で新商品開発部門を閉鎖することを決定し，同部門で就業していた 5 人の従業員についてそれぞれ異動を行ったが，Xについては適切なポジションをみつけることはできなかった。そこで，Y社人事部長Aは，下記［Y社の言い分］にある 2 つの選択肢をXに提示した。しかし，Xは退職を拒否したため，Y社は同年 4 月 1 日付けでXに対し，所属を人事部付きとし，従業員資格区分グレードをM11，月額基本給を40 万円に配転降格し（減額分を補填する調整給なし），役職を管理職（課長職）から一般職へ降職した。

　Aは，その後，Xに対し，警備業務（警備服を着用のうえ，視認によって来客，入館者を監視し，非常時の対応に備える）や安全確認業務（大会議室で会議が行われるに先立ち室内および付近の安全点検を行う），Y社の最寄り駅で行われる駅前統一美化デー・クリーンナップ活動協力業務を単発的に命じた。

［Xの言い分］

　2012 年 4 月，直前の会社で総合企画部課長職にあった私は，ヘッドハンティングされ，物流企画課の課長としてY社に入社した。私の従事する業務は，流通，営業企画，マーケティング，商品企画に限定されていた。また，私は課長職として採用されたのであって，一般職への降職は予定さ

れていない。

　2023年3月上旬，私はAに呼ばれ，新商品開発部門が閉鎖されること，私が退職しない場合には新しいポジションを用意するしかないことを告げられた。私は退職するつもりはなかったが，その新しいポジションの労働条件は悪くとても同意することなどできなかった。返事を渋る私に対して，Aは，「業務ははっきり与えられないし，ほぼないに等しい」，「所属は人事部ではあるが，席は人事部とは別のところに1人で座ってもらう」などと述べ，このまま在職すると冷遇されるようなことをほのめかした。そして，本件配転降格命令後，私は，警備業務，安全確認業務，駅前清掃業務といったこれまで担当した業務とは全く異なる業務を単発的に命じられるようになった。

　Y社は，本件配転降格命令および降職命令にあたって，私のこれまでの仕事ぶりに問題があったというが，そのような問題点についてこれまで指摘を受けたこともなく，改善や自覚を促すような指導を受けたこともない。また，私は，業務上あるいは業務を利用した私的行為等でY社に大きな損害を与えたり，評判を大きく低下させる行為を行ったこともない。私に懲戒歴がないことからもそれは明らかである。私の職務遂行能力に問題があるので今回の処遇に至ったというY社の主張はこじつけにすぎない。

［Y社の言い分］

　Y社は，Xの採用にあたって，特に業務を限定していない。Xが約11年の在職期間中，物流企画課の顧客サービス部門，マーケティング部門，新商品開発部門などで様々業務を経験していることからも明らかである。Y社の就業規則には業務上必要がある場合には配転を命じる旨の規定があり，従業員に周知されている。

　従業員資格は，従業員の果たす役割の大きさによってグレードを決めており，新しい業務に就いた場合には，その業務の役割の大きさに応じ，場合によってはグレードの昇格ないし降格もありうる仕組みになっている。このような取扱いについても，就業規則に規定され，従業員に周知されている。

　Ｘの業務遂行能力および社内での評価は採用された当初からかなり低いものであった。新商品開発部門においても，Ｘは当初新規商品の企画・販売を担当したが，上司の命令や同僚の意向を無視して自分勝手な判断と思いこみで独走し，周囲の者やＹ社に多大な迷惑，混乱，損害をもたらしてきた。

　新商品開発部門は，業績があがっていないとして，2023年3月末をもって廃止されることになり，同部門で働いていた従業員5名について配置を変更する必要が生じた。Ｘを除く4名は，すぐに異動先が決まったが，Ｘについては社内に適切なポジションをみつけることができなかった。そこで，Ｙ社人事部長Ａは，Ｘに2つの選択肢を提示した。

　　①会社都合による退職

　　　　退職日2023年4月末日／退職金940万円／

　　　　再就職支援サポートあり

　　②人事部への異動

　　　　グレードM11（月額給与40万円）／

　　　　人事部長の指示による単発業務に従事

　Ｘは断固として退職を拒んだため，Ｙ社は②のとおりの処遇を行うことにした。

　本件配転降格および降職は業務上の必要性に基づくものであり，Ｘの適性，能力，実績からしてやむをえない。

　なお，Ｙ社では，ポジションに空きのある部署がある場合，その旨を社員に広く伝えて，異動に意欲のある社員から応募を募集する制度（以下「社内公募制度」という）がある。しかし，2023年4月1日以降，ＸはＹ社の社内公募制度に応募したという実績はない。

Questions

Q1　弁護士であるあなたは，Ｘから，配転降格の無効確認とその間の賃金支払を求めて提訴したい旨，相談を受けた。Ｘの代理人として，いかなる内容

の請求を行い, またその請求をどのように法的に根拠づけるか, 具体的に述べなさい。

Q2　Q1の請求が認められるか, Y社の言い分から想定される反論に留意しつつ, あなたの考えを述べなさい。

Keypoints

この Case の Q1 では, 「配転降格」という, 配転と降格という2つの内容を含む権限の行使が問題となっています。このような場合, それぞれの権限の法的根拠は何か, また権利濫用についての判断をいかなる視点から行うかが重要になります。*Example* では, 「配転命令」と「降格措置」の2つの命令に分け, それぞれについて請求およびその法的根拠を示しています。

Q2 では, 配転命令, 降格措置および降職措置の適法性について論じることが求められています。判例法理（東亜ペイント事件・最2小判昭和61年7月14日労判477号6頁）の枠組みをきちんと理解しておく必要があります。この Case の特徴は, 労働者の抱える育児や介護といった家庭の事情ではなく, Xがこれまで積み上げてきた経験や知識（キャリアといい換えてもよいでしょう）の観点から, 権利濫用性を論じることを求めている点です。最近の裁判例においては, 労働者はキャリア形成に関する利益を有しており, 使用者はそれに対して配慮すべきであるという考え方がみられるようになってきています。こういった点を, どのように判断に組み込むかがポイントとなるでしょう。

Example

1

(1)　Xの請求内容

本件配転命令, 本件降格措置および降職措置は, それぞれX・Y社間の労働契約の範囲を超えており無効, あるいは, 人事権の濫用にあたり無効である。そこで, Xが人事部付き業務に従事する労働契約上の義務を負わないことの確認, 従業員資格M13の地位を有することの確認, 課長職の地位にあることの確認, および, 2023年4月以降, 従業員資格M11に基づいて実際に支給された賃金と従業員資格M13で算定した本来受け取るべき賃金との差額について支払を求める。

(2)　請求の根拠

(1)で示した請求の根拠として以下の3点が挙げられる。

第1に，Xの業務は，流通，営業企画，マーケティング等に限定されていたこと，かりに業務が限定されていなかったとしても，本件配転はXを退職に追い込むための不当な動機・目的をもって行われたものであることから，本件配転命令は無効である。

第2に，従業員資格M11への降格は，本件配転命令による業務変更に伴って行われたものであり，本件配転命令が無効である以上，本件降格も認められない。

第3に，管理職から一般職への降職について，Y社は裁量権を有するとしても，本件降職には合理的な理由はなく，Xに対し経済的な面からも，またキャリア形成の面からも著しい不利益を及ぼすものであることから，裁量権を濫用したものとして無効である。

2

(1)　本件配転命令の有効性について

(a)　Xの業務限定について

労働契約上，担当する業務が限定されている場合，当事者はその内容に拘束される。使用者は労働契約上，限定された業務を超える内容で，一方的に配転を命じることはできない。

本件においては，Xを中途採用する経緯に照らし，直前の会社で総合企画部の課長職に就いていたという経歴が重視されたと考えられること，またXは「物流部門の管理職」として採用されたことから，業務の限定があったものと考えられなくもない。しかし，たしかに同じ物流企画課の下にある部門ではあるものの，顧客サービス部門，マーケティング部門，新商品開発部門などで様々業務を経験しており，Y社の主張するように，採用に際し業務の限定が行われていたとまでは認めることができない。

(b)　不当な動機・目的の存否について

Y社には，業務上の必要がある場合には配転を命じる旨の就業規則がある。就業規則の規定が合理的でかつ従業員に周知されていれば，労働契約の内容となるところ（労契法7条），ここでいう「合理的」とは企業経営上の必要性があ

り，従業員の権利利益を著しく侵害しないことにあると解される。Y社には全国に12の支店があること，配転が柔軟な企業経営にとって必要であること，従業員にとってもキャリアを形成するために必要な経験を得られるものであるといったことに鑑みれば，当該就業規則の規定は合理性を有すると解される。また本件において，就業規則は従業員に周知されている。したがって，Y社は業務上の必要性がある場合には配転命令権を行使しうる。

　しかしながら，Y社に配転命令権が認められるとしても，その権利を濫用することは許されない。すなわち，配転命令に業務上の必要性がない場合や必要性があるとしても，不当な動機・目的に基づく場合，あるいは，当該労働者に通常甘受すべき程度を著しく超える不利益を負わせるものであるなどの特段の事情が存する場合には権利の濫用となる（労契法3条5項）。

　本件配転命令は，新商品開発部門の閉鎖に伴って行われたものである。したがって，業務上の必要性は認められる。しかし，Y社がXに対して行った配転に関わる一連の対応に鑑みると，本件配転はXを退職に追い込む不当な動機・目的をもって行われたものと考えざるをえない。すなわち，人事部長Aは，新商品開発部門の閉鎖を告げた際に，このまま在職すれば職場のなかに居場所がなくなるような事態をほのめかし，退職するよう仕向けている。そして退職を拒んだXに対し，警備業務や安全確認業務など，それまで管理職としてやってきたXのキャリアからすれば侮辱的ともいえる業務を割り当てている。またそういった業務に就くことによって，月額基本給がそれまでの額の半額以下に引き下げられることになった。このような一連の措置はXの自尊心を傷つけ，それに耐えかねたXが自発的に退職するよう仕向けるものといわざるをえない。したがって，本件配転命令は，不当な動機・目的をもって行われたものといわざるをえず，権利の濫用にあたり無効である。

　なお，XはY社から2つの選択肢を提示され，このうち退職については拒んでいるものの，そのことをもってもう1つの選択肢である人事部への異動に個別に同意を与えたとみることはできないことはいうまでもない。また，Y社の社内公募制度に応募したか否かは，本件配転の有効性判断には関係せず，これにより結論が左右されることはない。

　(2)　M13からM11への降格について

　Ｙ社は従業員資格上の降格について就業規則に規定し，新しい業務に就いた場合には，その業務の役割の大きさに応じ，場合によってはグレードの昇格ないし降格もありうる仕組みをとっているところ，そのような仕組みを不合理とする理由はない。またそれについて従業員に周知されていることに照らせば，Ｙ社は労働契約上従業員の従業員資格を降格する権限を有していると解される（労契法７条）。

　しかし，(1)(b)で検討したように，本件配転命令は無効であるから，本件配転命令後の業務に照らして行われた降格は，もはや根拠を失っており，無効である。

　(3)　管理職から一般職への降職について

　一般に，職制上の地位の昇進および降職については使用者に大きな裁量権が認められる。しかし，その裁量権も濫用されてはならない（労契法３条５項）。すなわち降職にあたって合理的な理由がなく，労働者が被る経済上，キャリア形成上の不利益の程度が大きい場合には権利の濫用となる。

　本件において，Ｙ社はＸの適性，能力，実績からして一般職への降職もやむをえないと主張する。しかし，Ｙ社がこれまでＸの仕事ぶりについて問題があると指摘したり，指導したことがないことに照らせば，その主張の妥当性には疑問があり採用しがたい。他方，Ｘが被る不利益の点からみると，業務を遂行するにあたってこれまで積み重ねてきた知識や経験を活かすことができないという多大な不利益を被る。また，本件降職はＸの自尊心を著しく傷つけるものである。これらの点を考慮すれば，本件降職には合理的な理由があるとはいえず，裁量権の濫用にあたり無効であるといわざるをえない。

　(4)　結　論

　以上のとおり，本件配転命令，降格および降職措置は違法無効であり，Ｘの請求はいずれも認められると解される。

【Case 23-9】

　Xは，IT 関連の企業Y社のプログラマーとして勤務していた労働者
（37歳）である。

　入社 15 年目，Y社の主力となっていたXは，Y社と同じく IT 関連企
業であるP社からヘッドハンティングを受けた。Xは，P社が示した部長
待遇での採用という好条件に惹かれ，Y社からP社へ移ることを決断した。
3月1日，XはY社の人事部長に3月末で退職する旨の退職届を提出した。
人事部長は，Xのプログラム技術の流出をおそれ，Y社としては1年間同
業他社に就職してほしくないということを伝えたが，Xは決断を変えるこ
とはなかった。

　Xは退職届を提出する際，3月3日から3月18日まで，これまで未消
化であった年休を使い休暇を取るため年休届を出した。Xがこのタイミン
グで年休届を出したのは，ちょうどH港から出発する日本国内の港を巡る
客船のチケットが入手できたためであった。

　Y社には，1週間を超える年次有給休暇を取得するにあたっては，年休
取得日の2週間前までに部署内で事前の調整をはかったうえ申請すること
を定めた年休規程がある。Xの年休届はこれに反するものであったが，
Y社はXに対し，「一応，年休は受け付けます。しかし，顧客対応の問題
があるので，旅先でも連絡がつくようにしておいてください」と伝えた。

　Xは妻と2人で旅行に出かけたところ，3月9日，Y社はXの携帯電話
に電話をかけ，「顧客に納品したプログラムに支障が出た。すぐに旅行を
中止し，明日には社に戻ってきてほしい。10 日から 18 日までの年休につ
いて時季変更権を行使する。出勤は業務命令だ」と伝えた。船は寄港中で，
すぐさま帰宅し翌日に出勤することは可能ではあったが，Xは，せっかく
高額のツアー代金を払って旅行をしているのだし，またいつこんなにのん
びり旅行できるかわからないからと思い，そのまま当初の日程で旅行を継
続することにした。

　ところで，Y社には，勤続3年以上の従業員が退職した場合には退職金
を支給することのほか，支給対象者，退職金の計算方法（算定基礎賃金に勤

続年数に応じた支給率を乗じて算出。支給率は勤続年数に応じて逓増），自己都合退職者の取扱いなどを詳細に定めた就業規則があり，周知されている。また同規則には，「退職後1年以内に同業他社に転職した場合，退職金は自己都合退職の場合の3分の1とする」旨の減額条項（以下「本件減額条項」という）があった。

　また，Ⅹは入社10年目に自宅を購入し，その資金の一部としてⅩ社の住宅財形融資制度を利用し600万円を借り入れている。住宅財形融資規程と，Ⅹ・Ⅹ社間で締結された住宅資金貸付に関する契約証書には毎月一定額を返済することのほか，退職の際に貸付金残高がある場合には一括返済するとの条項が置かれていた。なお，それ以外には住宅財形融資制度に関わって労使協定等は締結されていない。

　Ｙ社は，Ⅹの退職金は900万円であるところ，同業他社に就職するので，その3分の1の300万円と算定した。また，時季変更権を行使した日数分について，賃金カット（10万円）した。3月末の退職時の住宅資金貸付金の残額は340万円であったところ，Ｙ社は退職金（300万円）と賃金カット分を控除した3月分の給与（月給50万円－賃金カット分10万円＝40万円）の合算額が340万円になるとして，退職時一括返済条項を根拠に，相殺する旨をⅩに通告し，3月の給与支給日に給与および退職金の一切を支給しなかった。

Question

Q　この Case において，どのような法律上の問題点があるかを指摘し，それについてあなたの見解を述べなさい。

Keypoints

　この Case では，労基法上の賃金概念，競業避止義務，年休の時季指定権および時季変更権の行使，ならびに，賃金債権の保護についての理解が問われています。

　まず，本件減額条項について，競業避止義務を定めた規定と解釈するかどうか。肯定，否定，いずれの見解も成り立ちます。*Example* では，この点につい

て，直接的な競業避止義務を課したものではないと判断しつつ，「間接的な効果を持つ」と指摘したうえで，次の「3分の1」減額の合理性判断の際の一要素としています。

次に，「3分の1減額」の合理性をどのような視点から判断するかですが，*Example* では，間接的な競業避止の効果の程度という観点からみて，3分の1への減額はそれほど大きな経済的打撃ではないと判断し，合理性ありと結論づけています。見解の分かれるところでしょう。*Example* では退職金額900万円について，3分の1に減額されたとしても，もともとの額が高いので，具体的な金額としてはそれほど低額ではないと判断していますが，3分の1への減額は大きすぎるという主張も，十分成り立ちうると思います。

年休の成否については，Xが事前に十分な調整をせずに時季指定したこと，および，Yが年休開始後に時季変更権を行使したことをどのように判断するかが問われています。いったん年休を承認した後になされた時季変更権行使の可否については，広島県ほか（教員・時季変更権）事件・広島高判平成17年2月16日労判913号59頁も参照してください。

相殺の問題に関して，合意相殺を適法とするのが最高裁の見解（日新製鋼事件・最2小判平成2年11月26日民集44巻8号1085頁）ですが，学説には批判も多いところです。*Examlple* ではあえて判例法理とは異なる見解をとっています。これと異なり，最高裁の見解に沿った論理展開で考えてみることも勉強になると思います。その際，Case では「Xに通告し，……支給しなかった」とするのみで，その間にXが同意を与えたか否かに関する事実を提示していません。このような場合，Y社が一方的に行う相殺の場合と，Xが当該通告に対して同意を与えた場合について，分けて論じることが必要でしょう。

Example

⬜1　本 Case においては，以下の法的問題がある。すなわち，①同業他社に転職する場合に退職金を3分の1に減額する条項の有効性，②Xの年休届に対するYの時季変更権行使の有効性，および，③YがXに対して有する債権と，Xの有する賃金債権との相殺の可否である。以下，個々に論じていく。

⬜2　本件減額条項の有効性

（1）　本件退職金の法的性質

　本件減額条項の有効性を論じる前提として，本件退職金の法的性質を明らか
にする必要がある。なぜなら，本件賃金債権が全くの使用者の恩恵的給付であ
るとすれば，その支給要件をどのように設定するかは使用者の裁量に委ねられ
ると解され，他方，本件退職金がXに支払われるべき賃金の後払いであるとす
れば一方的な減額は許されずその全額が支給されるべきだからである。

　まず本件退職金については，その支給について就業規則に規定がある。退職
金を支給することは，特に内容的に不合理とはいえず，また周知の要件も満た
されていることから，退職金の支給はX・Y社間の労働契約の内容となってい
るといえる（労契法7条）。次に，退職金の計算方法は，算定基礎賃金に勤続年
数に応じて逓増する支給率を乗じて算出されるものであることから，賃金の後
払い的性格を有するものと解される。しかしながら，その支給率は勤続年数の
長さに応じて引き上げられることになっており，長期勤続者に対してその勤続
の功に報いる内容になっていることがわかる。これらの事実に照らせば，本件
退職金は，Yが労働契約上支払義務を負う「賃金」（労基法11条）に該当し，
賃金の後払い的性格と功労報償的な性格をあわせ有するものと解される。

(2)　競業避止義務と労基法16条違反の該当性

　ところで，本件減額条項は「退職後1年以内に同業他社に転職した場合」に，
本来支給される退職金の額を減額することを定めた規定である。そのため，本
件減額条項はXに対し競業避止義務を課す取り決めであり，それに反した場合
に退職金の3分の2を賠償額とする損害賠償の予定と解する余地がある。損害
賠償の予定であるとすれば，労基法16条に反し，そのような取り決めは無効
である。

　しかしながら，本件減額条項は間接的には労働者に対し競業避止義務を課し
ているといえるものの，競業避止義務自体を労働者と取り決めたものではなく，
また同業他社への就職を禁止するものでもない。そのため，本件減額条項を競
業避止義務を課した条項ととらえ，その観点から本件減額条項の適法性を判断
することは妥当ではない。そして，本件減額条項は，いったん有効に成立した
退職金債権を減額するというよりはむしろ，退職時ないし退職後1年以内の事
情に照らして退職金額を算定する方法を定めたものにほかならず，退職金債権
はその限度で発生するにすぎない。そうであれば，本件減額条項を競業避止義

務違反の場合の損害賠償の予定ととらえることは妥当ではない。したがって，本件減額条項について労基法 16 条違反の問題は生じない。

(3)　本件減額条項の合理性

しかし，本件減額条項が退職金の算定方法を定めたものにすぎず，労基法 16 条に反しないとしても，その内容の合理性については改めて検討する必要がある。その際，本件退職金が賃金の後払い的性格と功労報償的な性格をあわせもつこと（上記(1)参照），および，本件減額条項が間接的に競業避止の効果を有すること（上記(2)参照）が考慮されるべきである。すなわち，あまりに著しい減額条項は，労働者の職業選択の自由を著しく制限すると解され，また賃金の後払い的性格からも許されるべきではない。他方，支給額の点からみて競業避止の効果も緩やかで，かつ，一定期間内の同業他社への就職がこれまでの功労を減じるような事情があれば，当該減額条項には合理性があると解される。

以上の点を踏まえて，本件について検討する。IT 関連企業においてはプログラマーの個人的な技量が重要な意味をもち，X が Y 社においてプログラマーとして中核的な立場にあったことを考慮すると，Y 社が同業他社への就職をある程度の期間制限することの必要性は高い。そうであれば，当該制限に反することによってこれまでの功労に対する評価を減ずるのは無理からぬことである。また退職金が 3 分の 1 に減額されることによる経済的な打撃は，X にとって決して小さくはないが，X の受給する退職金が比較的高額であることを考慮すると，本件減額条項によって X の職業選択の自由が著しく制限されるほどの経済的打撃があるとは考えられない。したがって，本件減額条項には合理性があると解される。

本件減額条項は，周知されており，またその内容にも合理性があるから，X・Y 社間の労働契約の内容を規律し，それに従えば，X の退職金は 300 万円と算定される。

③　本件年休の成立の有無

この点に関しては，Y 社による時季変更権が適法に行使されたかが問題となる。年休権は労基法 39 条の要件を満たすことにより労働者に当然発生する権利であるが，その権利を具体化する時季指定権の行使に対し，使用者は時季変更権を行使することができる。しかし，時季変更権の行使にあたっては，①請

求された時季に有給休暇を与えることが「事業の正常な運営を妨げる場合」であること（労基法39条5項），および，②原則として年休開始の前までに①の存否を判断するに必要な合理的期間以上に遅延させることなく行われることが求められる。

　本件においては，Xの年休の時季指定は突然であり，本来予定されている事前の十分な調整を経たものでなかったために業務に支障が出たものということができ，その限りで，年休開始後にY社が時季変更権を行使したことは無理からぬことではない。また約2週間の比較的長期の年休取得にあたっては，事業への支障の有無を正確に判断することは難しいため，時季変更権の行使についてY社にある程度の裁量を認めるべきであるともいえる。

　しかしながら，本件における時季変更権の行使は，いったん認めた年休の中断を求めるものであり，また本件時季変更権の行使によってXは予期せぬ不利益を被ることになる。そうであれば，本件時季変更権の行使は上記①を判断するのに必要な合理的期間を超えて行われたものであり，できるだけ年休権の行使を実現すべきY社の配慮義務に反するものであって，違法かつ無効といわざるをえない。したがって，時季変更権の行使を前提とした，3月10日から18日までの分の賃金カットは無効である。

[4]　相殺の可否

　使用者が労働者に対して有する債権と，労働者が使用者に対して有する賃金債権を相殺することは，賃金全額払いの原則（労基法24条）に照らして違法であり，認められない。実務上の便宜性から，労使間の合意によって相殺を行うことが許されると解する見解もあるが，労基法24条が強行法規であることに照らせば，たとえ自発的なものであるとしても，合意による強行法規の逸脱を認めるべきではない。なお，Y社には一括返済分を賃金から控除することに関する労使協定（労基法24条）も締結されてない。

　以上より，Y社はXに対し，退職金300万円および3月分給与50万円の合算額350万円を支払う義務を負う。Y社がXに対して有している住宅資金貸付金債権340万円については，本件融資規程および契約証書に基づき，別途，返済を求めるべきである。

【Case 23-10】

　Yは，中高一貫の男子校であるM学園を設置している教職員数100名の学校法人（以下「Y法人」という）である。X労働組合（以下「X組合」という）は，2004年にM学園の教職員で結成された労働組合であり，発足当初は50名を超える組合員数を擁していたが，漸次減少し，現在の組合員数は30名である。AはX組合の執行委員長の立場にある。

　Y法人とX組合は，結成当初，比較的良好な関係を保っていた。X組合は，「職場ニュース」と題する機関紙を毎月1回作成し，X組合員のみならず，非組合員にも配布していた。「職場ニュース」は，X組合の日常的な活動報告のほか，組合が行う福利厚生（生命保険等の保険料割引やお歳暮商品の一括購入等）の案内，労働相談窓口の案内，野球大会やボーリング大会，梨や苺など味覚狩りのレクリエーション活動を誘う内容が主であった。

　配布活動を行う際には，まず配布予定の「職場ニュース」をY法人に提出し，配布許可を得てから，放課後（午後4時15分以降）に職員室にある全教職員の机の上に配布するという方法をとっていた。しかし，数年前に一度，「職場ニュース」の記事の内容に疑問があるとしてY法人が配布を不許可としたことを契機に，それ以降，X組合はY法人の許可を取ることなく，配布するようになった。Y法人は無許可の配布行為が行われている事実を認識していたが，「職場ニュース」の内容はいたって穏当なものであり，教職員間のコミュニケーション・ツールとして教職員が楽しんで読んでいたこともあって，特に苦情をいうこともなかった。

　Y法人は，少子化の影響を受けて逼迫する経営にテコ入れすべく，2023年1月に新しい理事長Bを迎え入れた。Bは県内の大手地方銀行で辣腕をふるった人物として知られ，経営の立て直しが期待されていた。

　2023年3月，X組合は，Y法人との間で2023年度の賃上げ交渉を開始したが，経営体制の強化を大きな目標とするB理事長の指揮のもと，交渉は難航していた。

　同年3月14日，X組合は，「臨時職場ニュース」を作成した。そして，これまでと同様，Y法人の許可を得ることなく，始業時刻（午前8時25

分）前の午前 7 時 55 分から 8 時 10 分までの間に，職員室内の各教職員の机上に印刷面を内側に二つ折りにして置く方法で配布した。当該「臨時職場ニュース」の記事は，県下の私立学校教員の 2023 年度の賃上げに関する妥結額や交渉状況等を知らせるとともに，良い人材をM学園に集めるためには労働条件の改善が必須であるところ，賃上げ交渉が妥結に至らないのは新しい理事長Bが目先の利益ばかりを追求するためであり，そのような経営方針では将来M学園の教育そのものが崩壊しかねない，ぜひ組合の取組に賛同してほしいと呼びかけるものであった。この「臨時職場ニュース」を目にしたM学園のC校長は，Aに対し，「臨時職場ニュース」の配布行為をしないよう注意した。

　しかしながら，X組合は，当該注意を聞き入れず，翌 15 日，さらに，同月 20 日にも，上記と同時間帯，同様の方法で，ほぼ同様の内容の「臨時職場ニュース」を配布した（以下「本件配布行為」という）。

　注意に応じないX組合の態度に対し，C校長は，同月 22 日，Aに対し，本件配布行為は就業規則 14 条 12 号（職員の遵守事項として「書面による許可なく，当校内で業務外の掲示をし，または図書もしくは印刷物等の頒布あるいは貼付をしないこと」と定めている）に違反するとして，同規則 67 条 1 号所定の懲戒処分のうち訓告（書面注意）に付する旨の処分を行った（以下「本件懲戒処分」という）。

　これに対して，X組合は，ただちにY法人に対し団体交渉を申し込み，同月 25 日に，本件懲戒処分の撤回を求めて団体交渉を行った。しかし，団体交渉に現れたB理事長およびC校長は，「就業規則違反は明白である」「職場の憲法は，労組法ではなく就業規則だ」「今後，校内での組合活動は一切認めない」などと述べて本件懲戒処分の撤回を拒否した。

　なお，この 3 回の「臨時職場ニュース」配布行為は平穏に行われており，また，始業に際して行われる職員朝礼に支障が生じることもなかった。

　M学園で教務主任をしているDは，かねてからX組合を好ましく思っていないところ，X組合・Y法人間の団体交渉の状況をB理事長やC校長から聞くにつれ，「臨時職場ニュース」が頻繁に配布される状況は教職員を動揺させると考えるようになった。そして，このような活動をやめさ

せるべく，同年3月下旬頃，B理事長やC校長等Y法人の役員に諮ること
なく独断で，終業後，X組合の組合員を順次，酒食の席に誘い，「X組合
の活動はかえって職場の雰囲気を悪くする。Y法人の経営を立て直すには，
教職員の皆が一丸となって協力することが必要だ。そうすればまた賃上げ
の可能性もある。このまま組合活動を続けているとボーナスの査定にも影
響するぞ」などと話した。その数日後，Dに誘われたこれら組合員のうち
5名がX組合から脱退した。なお，Dは，非組合員であり，教職員のとり
まとめ役としてC校長からの指示を伝える役割を負っていたが，Y法人の
役員ではない。また教職員の人事評価に際して，C校長から意見を求めら
れることはあったが，評価権者ではない。

　ところで，X組合は，発足後まもなく，Y法人との間でチェック・オフ
協定を締結し，3年ごとに更新していた。発足当時のX組合の組合員数は
教職員の過半数を超えていた。その後，X組合組合員数の変動はあったが，
両者ともそれについて気に留めることもなく，ほぼ形式的に協定更新の手
続を行ってきた。現在のチェック・オフ協定の直前の更新は，2000年7
月1日に行われており，その有効期限は2023年6月30日であった。

　Y法人は，2023年3月27日，X組合に対し，「そもそも事業場の過半
数を組織していないX組合とのチェック・オフ協定は違法である。今後，
同協定の更新は行わない」として，現在のチェック・オフ協定の期間満了
をもってチェック・オフを中止することを通告した。

　なお，M学園では就業規則は所轄の労働基準監督署長に届けられ，周知
されている。また，X組合は労組法2条および5条2項の要件を満たす労
働組合である。

Questions

Q1　この一連の事情のもとで，AおよびX組合は，Y法人を相手方として，
どのような法的機関に対して，いかなる法的救済を求めることができるか，
述べなさい。

Q2　Q1に挙げた法的救済の可否につき，法律上の問題点を挙げ，各問題点
に対するあなたの見解を述べなさい。

この Case の中心的な論点は，①使用者の施設管理権と衝突する場合の組合活動の正当性，②使用者以外の者の不当労働行為の帰責性，③チェック・オフ協定更新拒否と不当労働行為の成否の 3 点です。

このうち，②に関して，支配介入に該当する行為が経営者自身によって行われたのではなく，別の者によって行われた場合（本 Case においては教務主任 D），それが当該行為者の個人的行為なのか，それとも使用者の行為とみなしうるかが，不当労働行為該当性判断に際して問題となります。この点については，まず使用者と行為者の間に問題となった支配介入行為の実行について意思の連絡があれば，使用者への帰責は当然に認められます。しかし，そのような意思の連絡がない場合であっても，当該行為者が使用者の意を体して行ったといえる場合には，帰責性が認められると解されます。もっともその判断は容易ではなく，使用者の組合に対する日頃の態度や当該行為者の会社組織内での地位等の事実から導くことが求められます。

また③については，チェック・オフ協定更新拒否により不当労働行為は成立するとしても，不当労働行為救済命令の内容としてチェック・オフ協定の締結を認めるかは，慎重に考えたいところです。なぜなら，チェック・オフ協定の締結にあたって労基法 24 条 1 項ただし書の要件を満たすことを求める判例（済生会中央病院事件・最 2 小判平成元年 12 月 11 日民集 43 巻 12 号 1786 頁）の見解を前提にした場合，M 学園内において過半数代表組合とはなっていない X 組合についてチェック・オフ協定の締結を認めることは，あたかも当該要件を満たしているかのような事実上の状態を作り出してしまうからです。*Example* では支配介入の不当労働行為の成立を認めていませんが，以上に述べたことを勘案しつつ，不当労働行為の成立を認め，救済の内容としてポスト・ノーティス命令を発出するという結論もありうると思います。

1　 A ないし X 組合は，以下の法的救済を求めることが考えられる。

第 1　本件懲戒処分について（第 1 行為）

行政的救済として，所轄の労働委員会に対し，本件懲戒処分は不利益取扱いの不当労働行為（労組法 7 条 1 号）に該当するとして，懲戒処分の撤回命令およ

びポスト・ノーティス命令を求めて申立てを行う（同法27条1項，以下同じ）。

　また，司法的救済として，裁判所に対し，本件懲戒処分の無効確認を求める。

第2　教務主任Dの行為について（第2行為）

　行政的救済として，所轄の労働委員会に対し，本件第2行為が支配介入の不当労働行為（同法7条3号）に該当するとして，ポスト・ノーティス命令を求めて申立てを行う。

　また，司法的救済として，裁判所に対し，Y法人を相手取って，教務主任Dの行為は組合活動を侵害する不法行為に該当するとして損害賠償請求を行う（民法709条）。

第3　チェック・オフの中止について（第3行為）

　行政的救済として，所轄の労働委員会に対し，本件第3行為が支配介入の不当労働行為に該当するとして，チェック・オフ協定締結命令およびポスト・ノーティス命令を求めて申立てを行う。

　また，司法的救済として，Y法人にチェック・オフを継続する義務のあることの確認請求を行う。

２

第1　本件懲戒処分について

　(1)　行政的救済について

　　(a)　問題の所在

　不利益取扱いの不当労働行為の成立要件は，①労働組合の正当な行為であること，②故をもって，③不利益取扱いをしたことである。本件では，懲戒処分が不利益取扱いであること，および，それが本件配布行為を理由とするものであることは明らかであるので，②および③は明らかに満たす。そこで，①の要件該当性が問題となる。以下，検討する。

　　(b)　本件配布行為の性質

　まず，本件配布行為は労務の一部または完全の不提供およびそれを維持する行為にあたらないため，「争議行為以外の組合活動」にあたる。この場合の正当性判断においては，主体・目的・態様から判断すべきであるが，Xが労組法上の労働組合であること，および，本件配布行為が賃上げ交渉に関わるものであることから，主体・目的の点については問題はない。そこで，態様の正当性

が問題となるところ，一般にビラ配布行為については，当該行為の態様とビラの内容の観点から正当性判断を行うことが求められる。

　　　　㋐　本件配布行為の態様について　　本件配布行為は，M学園の職員室において許可を得ずに行われている。一般に，会社はその有する施設につき管理権を有しており，組合がそれを利用することを受忍しなければならない義務はない。そのため，会社の許可なく会社の施設を利用することは，その施設管理権を不当に侵害するものであり，原則として正当性を有しない。もっとも，会社がその利用を許諾しないことが施設管理権の濫用であると認められる特段の事情がある場合には，例外的に，許可を得ない行為であっても正当性が認められると解する。

　本件についてみると，Y法人はX組合がかねてから「職場ニュース」配布行為を無許可で行っている事実を認識していたが，教職員が楽しんで読んでいることから，これを黙認していた。また，本件配布行為は，印刷面を内側にして折り，配布するという方法で行われており，かつ，これによりトラブルが生じたり，朝礼に支障が生じたといったことは認められない。これらの事実に照らせば，本件配布行為に限り突如として就業規則違反を主張することは恣意的であり，施設管理権の濫用にあたるといいうる。したがって，本件配布行為の態様については組合活動としての正当性が認められる。

　　　　㋑　本件「臨時職場ニュース」の内容について　　一般に，組合活動として行われるビラ配布であっても，言論活動におけるルールが当然に妥当する。したがって，著しい事実の歪曲や虚偽を内容とするビラの配布は許されず，その場合には正当性が認められない。

　本件についてみると，「臨時職場ニュース」は，全体として穏当な表現で書かれており，一部，「目先の利益ばかりを追求」といった厳しい表現があるものの，著しい事実の歪曲や虚偽に該当するとまでは認められない。したがって，この点においても正当性を有する。

　　　　㋒　以上より，本件配布行為は態様および内容に照らし正当性が認められることから，上記①の要件を満たす。したがって，Y法人のAに対する本件懲戒処分は不利益取扱いの不当労働行為に該当し，また当該状態を是正するためには懲戒処分の撤回およびポスト・ノーティスを命じることが妥当である。

Ｘ組合およびＡの求める救済内容は認められる。

(2)　司法的救済について

懲戒は，懲戒することができる場合に，当該懲戒処分に①客観的に合理的な理由があること，②社会通念上相当であること（労契法15条）が求められるところ，(1)(b)(ウ)で述べたとおり，本件配布行為は組合活動としての正当性を有することから，これを理由に懲戒処分を行うことは客観的に合理的な理由を欠き無効である。したがって，Ａの請求は認められる。

第2　教務主任Ｄの行為について（第2行為）

(1)　行政的救済について

(a)　問題の所在

支配介入の不当労働行為の成立要件は，①使用者が，②支配介入行為を行ったことであり，②についてはそのような行為（反組合的行為）を行う意思があることが必要である（労組法7条3号）。

本件第2行為については，教務主任Ｄの行為が「使用者」の行為といえるか，またＤの行為について，反組合的行為を行う意思があったといえるかが問題となる。

(b)　Ｄの行為のＹ法人への帰責性について

本件教務主任Ｄは，Ｍ学園の教務主任として教職員のとりまとめを行いＣ校長の指示を伝える立場にはあったが，Ｙ法人の役員でもなく，またＭ学園の管理監督者ともいえない。また，理事長ＢやＣ校長に諮らず，独断で行っていることが認められる。そのような教務主任Ｄが行った行為が使用者の行為とみなしうるかがここでは問題となる。

この点，脱退勧奨などの支配介入行為が，使用者と行為者との間に当該行為の実行についての具体的な意思の連絡がなく行われた場合であっても，当該行為者が使用者の意（意向）を受けて，ないしはその意を体して当該行為を行ったといいうる場合には，使用者への帰責が認められると解する。その際，ここでいう「意」とは，組合からの脱退勧奨等具体的な行為を行う意欲ないし願望である必要はなく，当該組合に対する使用者の好悪の意向で十分であり，また，行為者が使用者の利益代表者に近接する職制上の地位にある場合には，当該行為者が個人的関係から行ったことが明らかであるという特段の事情がない限り，

使用者の意を体した行為であると解される。

　本件において，教務主任Ｄは教職員のとりまとめ役としてＹ法人の利益代表者の１人であるＣ校長に近接する立場にあったといえ，また当時Ｙ法人とＸ組合とは本件配布行為および本件懲戒処分の撤回をめぐって激しく対立する状況にあり，その状況をＤは十分に認識していた。そして，ＤはＸ組合の組合員を職場の友人として酒食に誘い，その際に話をしたというよりもむしろ，組合脱退勧奨を行うことを目的として本件行為に及んだというべきであるから，相手方との個人的関係からの発言であることが明らかであるといった事情もみあたらない。

　したがって，Ｄの行為が支配介入行為に該当する場合，その責任についてはＹ法人に帰責されるといいうる。

　　(c)　Ｄの行為の支配介入該当性について

　Ｄは，酒食に誘ったＸ組合員に対し，Ｘ組合を批判し，組合活動を続けることがボーナス査定にも影響すると述べている。たしかに，Ｄは人事考課における評価権者ではないものの，教職員のとりまとめ役としてＣ校長から意見を聴かれる場合もあることから，そのような話を聞いたＸ組合員が動揺すると推認するのが妥当である。そうであれば，Ｄの発言は，Ｘ組合員に対し脱退を勧奨する支配介入行為であるということができる。

　以上より，Ｄの本件行為はＹ法人の支配介入行為であるから，Ｘ組合の申立ては認められる。

　(2)　司法的救済について

　(1)(c)で述べたように，Ｄの行為はＸ組合の労働基本権に対する侵害であり，そのことにつき故意または過失も認められることから，Ｙ法人に対し不法行為責任（民法709条）ないし使用者責任（同法715条）に基づき損害賠償を請求することができる。もっとも損害は精神的損害にとどまる。

第３　チェック・オフの中止について（第３行為）

　(1)　司法的救済について

　チェック・オフも賃金から控除するものにほかならないことから，これを適法に行うためには過半数組合もしくは労働者の過半数代表者との間の労使協定を締結しなければならない（労基法24条１項ただし書）。Ｘ組合は，Ｙ法人の従

業員100名に対して組合員数25名であることから，上記労使協定の締結資格
を有していない。したがって，X組合の請求は認められない。

(2) 行政的救済について

支配介入の不当労働行為成立要件は，第2(1)(a)で述べたとおりであるところ，要件①が満たされることは明らかである。そこで，本件第3行為が反組合的行為を行う意思をもった，支配介入行為にあたるかが問題となる。

この点，X組合発足後，現在までの間においても，X組合の組合員数に変動はあったものの，X組合・Y法人は協定締結資格について問題視することはなく，チェック・オフ協定を更新してきたことが認められる。また，今回チェック・オフ協定の更新拒否は，本件配布行為や本件懲戒処分をめぐってX組合・Y法人間が激しく対立する状況のもとで行われている。このような事情のもとでは，Y法人が反組合的行為を行う意思をもって，本件第3行為に及んだといいうる余地がないわけではない。

しかしながら，第3(1)で述べたとおり，本来，チェック・オフ協定は過半数組合でなければ締結することができないところ，X組合にはそれが認められない。そうであれば，Y法人が本件チェック・オフを中止したことは反組合的意思に基づくものと認めることはできない。したがって，第3行為につき，支配介入の不当労働行為は成立せず，救済申立ては認められない。

【Case 23-11】

　Y社は国際総合航空貨物輸送会社であり，XはY社の日本支社A営業所で勤務する労働者である。Y社日本支社は，日本の主だった空港（羽田空港，成田空港，関西空港等の14空港）に営業所と，それぞれの空港所在地内に支所をもっていた。Y社には従業員の約40％が加入するZ組合があり，XはZ組合の組合員である。

　Y社日本支社の就業規則34条3項は，日本の祝祭日のほか，「社員の誕生日，年末年始（12月30日，同月31日，1月2日，同月3日），メーデー（5月1日）およびクリスマス（12月25日）」の7日間を休日と定めていた。また，同51条は，業務上の必要性がある場合には従業員を配置転換することができる旨を規定しており，従業員は配転命令が出された場合には，それに従って全国転勤に応じていた。

　Y社は，2008年秋に生じた世界的な経済危機の影響を受け，業績が著しく落ち込み，なかなか業績を回復することができない状況にあった。

　そこで，2010年1月には，役員および取締役全員について基本給を恒久的に5％削減し，また，2011年末までの昇格停止等を内容とする経費削減施策を行った。しかしいまだ業績の回復の見込みがなかったため，2014年4月には，役員および管理職全員について基本給を恒久的に5％削減し，希望無給休暇制度の導入や海外駐在員等の本国帰国の推進等を内容とする追加の経費削減施策を行った。

　その後，2023年には，経済は回復し，また諸施策の甲斐もあり，Y社の業績も前年比で著しく改善したが，輸送量，売上高および収益性の面ではまだ不況以前の水準までは回復していなかった。そこで，Y社は，2023年4月，①会社休日のうち「5月1日，12月25日，12月30日および社員の誕生日」の4日間についてこれを廃止すること，②新たな勤務地限定制度の導入とそれに伴う賃金規程の改訂を決定し，Z組合に提案した（以下，それぞれ，「提案①」，「提案②」という）。Y社とZ組合との間の団体交渉は，同年4月27日，5月10日，同月18日の3回行われた。

　まず，提案①に関して，Y社は，4月27日の交渉において，書面や資

料の準備をしておらず，会社休日廃止の決定について口頭で説明を行った。5月10日の交渉において，Z組合は，給料額の増額を伴うことなく年間労働時間が32時間増えることについての説明を求め，その時点までにおいて管理職の賃金は5％カットされているのであるから削減目標が達成されているのではないかと疑問を提示したが，Y社はこれに対して回答することはなかった。同月18日の交渉においては，Y社は，日本の休日の平均は約118日であり，本件休日削減によっても，Y社では122日の休日があると説明を行った。もっとも，これに対して，Z組合は，別の統計資料から，日本の企業の60％以上において年間休日は120日から130日間あると反論した。それに対して，Y社は，本件会社休日が廃止されたとしても，従業員は年次有給休暇（年休）を取得することにより休日をとることができるのであるし，多くの従業員が年休日を次年度に繰り越している実態に照らせば，実質的に不利益は生じないと反論した。また，Z組合は，会社休日廃止を行うにしても，恒久的に行うのではなく，期限を区切って一時的に行うべきであると主張し，会社休日の廃止を恒久的に実施しなくてはならないことについて説明を求めたが，Y社はそれはできないというのみで，Z組合の納得のいく説明を行うことはなかった。

　次に，提案②に関して，Y社はZ組合に対し，次のように説明を行った。すなわち，勤務地限定制度は，Nコース（全国転勤が命じられる），Rコース（各営業所管内の支所間の異動が命じられる），Hコース（配転を命じられることはない）に分かれ，従業員はいずれかのコースを任意に選択することができる。それぞれのコースにおいては，Nコースであれば基本給額は現状維持であるが，RコースではNコースの基本給の85％，HコースではNコースの75％にそれぞれ減額される。これは，経営立て直しのための施策というよりもむしろ，従業員が自己のライフスタイルに応じたコースの選択を可能にするために設けられた制度であり，自らの意思によって転勤の範囲を限定し，それによって各従業員の生きがいや働きがいを高め，より働きやすい職場環境を作ることを通じて，会社の発展を促進するものであると説明された。これに対して，Z組合が，基本給額の減額のほかにコース選択によって生じる影響を尋ねたところ，将来の昇級や昇格に差が

生じること，退職金の算定ベースにも影響が及ぶことが説明された。

　Y社は，同年5月21日，本件就業規則変更に先立って，各営業所の従業員代表から意見聴取を行った。その際，ある地区の従業員代表は，提案①について，他の無駄遣いの廃止をしていないこと，時限的なものであればともかく，恒久的な休日廃止は認められないこと，会社休日廃止の代償措置が設けられていないこと，また，提案②について，勤務地限定は労働者のワーク・ライフ・バランスに資する面は否定できないが，従事する業務内容に変更がないにもかかわらず15％ないし25％の基本給削減は従業員の生活に打撃を与えるものであることなどを理由に，本件就業規則の変更に反対し，意見書を提出しなかった。

　その後，Y社は，同年6月1日付けで，就業規則34条3項に定める休日のうちから上記4日間について，休日から削除（廃止）する旨の就業規則の変更を行った。また，同51条に追加する形で，Rコース選択者については各営業所管内における支所間の異動に限定されること，Hコース選択者については配転を命じないことを明記し，またそれにあわせて賃金規程を改訂した。Y社は，変更された就業規則を，意見書の提出があった事業所についてはそれを添付し，提出がなかった事業所についてはその事情を明らかにしたうえで，所轄の労働基準監督署長に届け出た。

　Y社は日本の全従業員に対し，同年5月30日をもって，本件会社休日を廃止し，恒久的に通常の労働日とする旨，告知するとともに，Y社従業員であれば誰でも社内のパソコンから容易に閲覧が可能であるY社日本支社のオンラインシステム上で公開している就業規則の全文（変更履歴付きのもの）を，本件就業規則変更を反映したものに更新し，本件就業規則変更を周知した。また，Y社は，全従業員に対し，同年6月末日までに，N，R，Hコースのいずれを選択するか届けを出すよう命じた。

　4歳の子をもつXは，最近，両親の介護にも時間がとられるようになってきたことから，私生活への影響を考え，Hコースを選択する旨の届出を提出した。Xは同年7月以降，従来の賃金額から25％削減された額の賃金を受け取っている。

Questions

Q1 Xの代理人であるあなたは，提案①および②に係る本件就業規則変更について，いかなる請求を行うか，述べよ。

Q2 Q1の請求の可否について，あなたの考えを述べよ。

Keypoints

このCaseでは就業規則の不利益変更が問題となっています。就業規則の不利益変更が，労働者および使用者間の労働契約の内容を規律するかという問題は，労契法10条の要件に照らして判断されます。Caseに挙げられている事実をきちんと把握し，それを丁寧に評価していくことが求められます。

このCaseでは，会社休日日の削減と勤務地限定制度の導入が問題となっています。*Example*は1つの例にすぎません。いずれについても，様々な事実の評価がありえます。Caseに挙げられている諸事実について，どのように考えるか，自分なりに検討してみることはとても有意義な勉強となると思います。

Example

① Xは，本件就業規則の変更が不利益変更にあたり，労契法10条の要件を満たさないため，X・Y社間の労働契約の内容とはならないとして，提案①に関して会社休日日の確認請求，および，提案②に関して基本給25％分につき，2023年7月1日から口頭弁論終結時までの未払分の賃金支払請求を提起する。

②

(1) 問題の所在

本件就業規則の変更は，①会社休日日のうち4日について削除し，また②勤務地限定制度の導入は基本給の削減を伴うものであるため，不利益変更にあたる。不利益に変更された就業規則は，周知され，また，その変更内容に合理性が認められない限り，当事者間の労働契約の内容とはならない（労契法10条）。

本件就業規則変更により，X・Y社間の労働契約の内容が変更されたというには，同条の要件を満たすことが必要になる。上記要件のうち，「周知」とは，労働者が知ろうと思えば知りうる状態にあることを意味する。Y社は本件就業規則の変更を，従業員であれば誰でも社内のパソコンから容易に閲覧できる同社のオンラインシステム上において公開したというのであるから，同要件は満

たすと解される。そこで，本件では，本件就業規則変更が，合理性を有するか否かが問題となる。

合理性の有無は，同条に従い，変更された就業規則により，①労働者の受ける不利益の程度，②労働条件の変更の必要性，③変更後の就業規則の内容の相当性，④労働組合等との交渉の状況，および，⑤その他の事情に照らして判断される。以下，検討する。

(2)　提案①に関して

(a)　Y社従業員の受ける不利益の程度

Y社従業員は，給料額の増額を伴うことなく会社休日日が4日間削減され，年間総労働時間数が32時間増加することにより，賃金の時間単価が現在よりも減少することになる。この不利益は，賃金という労働者にとって重要な労働条件に関するものであるから，その不利益を受忍させることを許容することができるだけの高度の必要性に基づいた合理的な内容のものでなければならない。

(b)　労働条件変更の必要性

Y社は，2008年に業績が著しく落ち込み，なかなか業績を回復できない状況にあった。これに対応するため，役員，取締役，そして管理職について基本給の削減を行い，また希望無給休暇制度の導入や海外駐在員等の本国帰国の推進等を内容とする経費削減施策を行ってきた。2023年においても，輸送量，売上高および収益性の面ではまだ不況以前の水準まで回復していない。もっとも，経費削減施策および世界経済回復の影響を受け，業績は前年比で著しく改善しているという状況にある。

(c)　変更後の就業規則の内容の相当性

提案①は，会社休日日4日について，恒久的に，廃止するものである。またこれについて代替措置等が予定されているわけではない。

なお，Y社は，本件会社休日が廃止されたとしても，従業員は年次有給休暇を取得することにより休日をとることができ，実際に多くの従業員が年休日を次年度に繰り越しているのであるから，実質的な不利益はないと述べる。しかしながら，年休日は労働者の権利として保障されているものであり，その趣旨は会社休日日とは全く異なる。また，年休日の次年度繰越が常態化していたとしても，そのことによって会社休日日削減の代替措置とならないことは明らか

である。

(d)　Z組合との交渉状況

一般に，就業規則の不利益変更は，企業と従業員間の利益調整の問題であることから，合理性判断においては，交渉のプロセスに照らして，労使が真剣かつ公正に交渉を行ったかどうかが審査されるべきである。

この点，Y社は，Z組合と3回にわたって交渉を行っている。しかし，その交渉の態様は，1回目については書面や資料の準備をしておらず，口頭での説明にとどまっており，また2回目，3回目においてZ組合から出された疑問や反論に誠実に対応するものとなっているとはいいがたい。さらにZ組合は，会社休日日の廃止を恒久的なものではなく，一時的な措置にとどめるよう提案をしているが，Y社は，これを受け入れないとしても，Z組合がそのことについて納得するような説明を行っていない。

(e)　その他の事情

提案①に関して，Y社は，日本の休日の平均は約118日であり，本件会社休日日削減によってもY社では122日の休日日が確保されているとする。もっとも，この点については，Z組合が，日本の企業の60％以上は年間休日日が120日から130日あると反論している。しかし，いずれにせよ，提案①は，日本の一般的な状況から逸脱するものとはいえない。したがって，不合理性を基礎づける要素とはならない。

また，提案①に関して，意見書の提出を拒んでいる事業所もあるが，意見聴取自体は行っているのであるから，このことは不合理性を基礎づける要素とはならない。

(f)　結　論

以上の点を勘案すると，Xが被る不利益に比較して，変更の必要性および変更後の内容の相当性，ならびに，Z組合との交渉状況は，いずれも提案①の合理性を根拠づけるものということはできない。

したがって，提案①に係る本件就業規則の不利益変更には合理性が認められないため，Xの会社休日日確認の訴えは認められる。

(3)　提案②について

(a)　Xが被る不利益の程度

　Ｘは，勤務地限定制度の導入により，賃金額が 25％も減額されるという不利益を被っている。またコースの選択によって，将来の昇級や昇格に差が生じ，退職金の算定ベースにも影響が及ぶ。(2)(a)で述べたように，賃金という重要な労働条件の変更については，高度の必要性が必要とされる。もっとも，今後転勤を命じられないというメリットを享受することには留意が必要である。

　(b)　変更の必要性および変更後の内容の相当性

　Ｙ社は，変更の必要性について，経費削減施策のためではなく，従業員が自らの意思によって転勤の範囲を限定し，それによって働きやすい職場を実現することにあると述べる。

　勤務地限定制度が導入されることにより，従業員は，自らのライフスタイルに応じて，転居に応じるか否かを自ら決定することができるため，従業員のワーク・ライフ・バランスに資するものということができる。一方，選択するコースによって，賃金額が 15％〜25％減額されることになり，またそのような賃金の減少に際して，移行期間の設定や生じる経済的不利益に対する代償措置は講じられていない。

　(c)　Ｚ組合との交渉の状況およびその他の事情

　Ｙ社がＺ組合と３回の交渉を行っていることは前述のとおりである。また，Ｙ社はＺ組合が説明を求めた，同制度導入に伴う影響について対応しており，それ以外にＺ組合から反論や意見が出された様子はうかがわれない。

　また，昨今，育児や介護等，家庭的責任と両立できるような人事管理のあり方を求める声は大きくなってきており，提案②のいう勤務地限定制度はそれに沿ったものとみることができる。

　なお，一部の営業所において意見書の提出がなかったことについては，不合理性を基礎づける要素とはならないことは前述のとおりである（(2)(e)）。

　(d)　結　論

　提案②については，たしかに，賃金額の減少幅は大きいものの，各コースの選択は全く従業員本人の選択に委ねられており，自らそのメリット・デメリットを計算することができること，また，これまでと同様の仕事をしながら賃金額が減少することは大きなデメリットといえなくもないが，他方で転勤による転居や単身赴任といった事態を回避できることのメリットも小さくないこと，

さらに，Y社はZ組合と交渉し，Z組合は特に反対意見を述べていないこと，加えて，勤務地限定制度の導入は現在の重要なテーマであるワーク・ライフ・バランスにも資することといった諸般の事情に照らせば，合理性がないとはいえない。

　したがって，提案②に係る本件就業規則の変更は，XとY社間の労働契約の内容となるということができ，変更後の就業規則に従って，Hコースを選択したXの未払賃金請求は認められない。

事例演習労働法〔第 4 版〕
Cases and Practice: Labor and Employment Law, 4th ed.

2009 年 3 月 30 日　初　版第 1 刷発行	2019 年 11 月 15 日　第 3 版補訂版第 1 刷発行
2011 年 3 月 10 日　第 2 版第 1 刷発行	2023 年 9 月 20 日　第 4 版第 1 刷発行
2017 年 3 月 30 日　第 3 版第 1 刷発行	

編著者　　水町勇一郎，緒方桂子
発行者　　江草貞治
発行所　　株式会社有斐閣
　　　　　〒101-0051 東京都千代田区神田神保町2-17
　　　　　https://www.yuhikaku.co.jp/
印　刷・製　本　　共同印刷工業株式会社